1975
Jahrbuch des Fußballs
1976

Bild Jahrbuch
des
Fußballs 1975/1976

Copress-Verlag München

Das „Jahrbuch des Fußballs"
erscheint im Copress-Verlag
Münchner Buchgewerbehaus GmbH
in Zusammenarbeit mit der
BILD-Sportredaktion

HERAUSGEBER:

Karl-Heinz Huba
und
Gerhard Pietsch

KOORDINATION:
Werner Bremser

GRAPHISCHE GESTALTUNG:
Helmut Müller-Imbeck

DOKUMENTATION:
Ursula Erdtmann

MITARBEITER:

Klaus Bockelkamp
Joachim Eggebrecht
Karl-Heinz Heile
Raimund Hinko
Jörg F. Hüls
Karl Erich Jäger
Jürgen Meyer
Jörg Mierel
Klaus Müller
Robert F. Neuber
Paul Palmert
Klaus Schlütter
Otto Stubbe
Bernd Stubmann

Copyright 1976 by
Copress-Verlag
Münchner Buchgewerbehaus GmbH
8000 München 40
Schellingstraße 39

GESAMTHERSTELLUNG:
Münchner Buchgewerbehaus GmbH,
München
Printed in Germany

ISBN 3-7679-0093-9

Vorwort

Wenn man mir die Frage stellt, ob der DFB-Präsident mit den Leistungen des deutschen Fußballsportes in der Saison 75/76 zufrieden sein könne, so muß ich sagen: Ich kann es nicht nur sein, ich muß es sein! Wobei ich gleich anfügen möchte, daß die Erfolge unseres Spitzenfußballs weit über unsere engen Grenzen hinaus fast schon beängstigend sind. Beängstigend, weil aus der Erfolgsserie gar zu schnell ein Erfolgszwang wird.

So gesehen, war es vielleicht nicht einmal so schlecht, daß unsere Nationalmannschaft – zwar unbesiegt in dieser Europameisterschaft – dann doch nicht den Titel gewann. Gewiß – wir hätten den Pokal gerne wieder mit nach Frankfurt genommen. Das Quentchen Glück fehlte dazu. Eines aber sollte man in diesem Zusammenhang einmal sagen: Auch anderenorts in Europa und in anderen Kontinenten wird ein guter, moderner Fußball gespielt ...

Was mich bei der leisen Enttäuschung, die da ja doch im Innern verborgen blieb, in Belgrad am meisten beeindruckte, war die Haltung unserer Mannschaft, wie sie das Pech verkraftete, wie sie sportlich fair den glücklicheren Spielern gratulierte. Das kann nur eine Mannschaft, die von einem besonders guten Geist beseelt ist. Genau dieser Geist war es auch neben dem großen Können, der sie mit großen Leistungen jeweils ein 0:2 aufholen ließ.

Glänzend auch das Abschneiden unserer Clubs in den verschiedensten Wettbewerben der UEFA. Die Krone gebührt dabei – wer wollte davon auch nur einen Deut abstreichen? – dem FC Bayern aus München. Die Elf um den auch im zurückliegenden Jahr wieder vorbildlichen Franz Beckenbauer schaffte den dritten Sieg hintereinander im Pokal der Meister. Der „Pott" bleibt damit für immer in den Souvenirschränken des renommierten Clubs. Und da ich sehr genau weiß, daß die meisten der UEFA-Offiziellen diesmal gerne einen anderen Ausgang gesehen hätten – ganz allein schon, um den „Cup der

Meister" nicht zu eintönig werden zu lassen –, freute mich der Erfolg von Glasgow doppelt.

Auch alle übrigen Clubs unterstrichen durch ihre teilweise begeisternden Spiele – hier denke ich vor allem an das Ausscheiden unseres Meisters Mönchengladbach, obschon kein Spiel verloren wurde (welche Parallele zu Belgrad!) –, daß das Kind von 1963, das sich da „Bundesliga" nennt, inzwischen zu einem ausgewachsenen, starken Mann wurde. Die Bundesliga hat so schnell keine vergleichbare Ebene in Europa.

Was bringt uns das Spieljahr 1976/77? Die Ungewißheit ist genauso Reiz wie das einfache Regelwerk Stärke unseres Fußballsports. Sicher werden sich alle unsere in europäischen Wettbewerben spielenden Clubs bemühen, den deutschen Fußball erneut würdig zu vertreten. Es kann nicht immer ein Europatitel herausspringen; es braucht nicht immer. Unsere Nationalmannschaft aber kennt ihren nächsten Zielpunkt: die Fußball-Weltmeisterschaft 1978 in Argentinien. Auf ihn gilt es hinzuarbeiten ...

HERMANN NEUBERGER
Präsident des Deutschen Fußball-Bundes

INHALT

Europa-
meisterschaft
1976

Das Elfmeter-Drama der Nac

„Die Faust des Torwarts wurde immer größer. Da machte ich die Augen zu und hielt den Schädel hin ..."

Dieses kühne Wagnis von Bernd Hölzenbein war Rettung in letzter Sekunde. Denn gnadenlos war die Uhr des italienischen Schiedsrichters Gonella der 90. Spielminute entgegengeeilt, und Außenseiter CSSR führte im Europameisterschafts-Finale gegen Weltmeister Deutschland mit 2:1 Toren.

Doch da war Hölzenbein zur Stelle: „Als ich die Augen wieder aufmachte, lag der Ball im Tor."

2:2. Verlängerung!

Bundestrainer Helmut Schön scharte seine Mannen um sich und gab die Order: „Leute, Sicherheit geht vor. Keine sinnlosen Angriffe. Wir spielen auf Elfmeterschießen."

Elfmeterschießen? Erst kurz vor Anpfiff hatten die deutschen Spieler in der Kabine erfahren: „Es gibt kein Wiederholungsspiel." Auf Anregung von Bundestrainer Helmut Schön („ein drittes Spiel wäre doch mörderisch") hatte sich DFB-Boß Hermann Neuberger am Tag des Endspiels mit Gegner CSSR und der Europäischen Fußball-Union

(UEFA) auf die Strafstoß-Exekution bei unentschiedenem Spielstand nach Verlängerung geeinigt.

Und so, als habe ein genialer Regisseur die Dramaturgie dieser Europameisterschaft in die Hand genommen, kam's nach vier Verlängerungen im Endspiel zum Nonplusultra: zum Elfmeter-Duell.

Zuvor allerdings durchlebte Helmut Schöns Assistent Jupp Derwall die aufregendsten Minuten seiner Trainerlaufbahn. Derwall machte sich auf die Suche nach den fünf deutschen Strafstoßschützen. Bis er das Häuflein der letzten Aufrechten zusammen hatte, erlebte er gar Wunderliches:

Dietz: „Nein, ich nicht. Ich fall auf der Stelle um. Ich bin kaputt."

Beckenbauer: „Oje. Ich weiß nicht, ob ich mit meiner verletzten Schulter schießen kann."

Hoeneß: „Ich kann nicht. Ich bin völlig ausgepumpt."

Schwarzenbeck: „Ich habe neun Jahre keinen Elfmeter geschossen. Warum soll ich ausgerechnet heute ..."

Da mischt sich kühn Sepp Maier ein: „Dann

Elfmeter Nr. 1: Masny schießt das 3:2

Elfmeter Nr. 2: Bonhof trifft voll. 3:3

t von Belgrad

schieße eben ich." Doch Franz Beckenbauer wehrt ab: „Kommt nicht in Frage. Du gehst ins Tor. Basta. Ich schieße schon."

„Dann schieße ich für den Uli", bohrt Sepp weiter. Hoeneß: „Laß mal Sepp. Ich schieße schon."

Mittlerweile versuchte auch Helmut Schön sein Glück. Er wandte sich an Müller: „Dieter, schieß du doch." Müller: „Ich hab' nicht die Nerven dazu. Das ist doch erst mein zweites Länderspiel." Da meldete sich Flohe tapfer: „Ich fühle mich sicher."

Mit Bonhof (er war von Anfang an als Elfmeterschütze Nummer eins vorgesehen), Hoeneß, Beckenbauer und Flohe standen also vier von fünf Schützen fest. Die Suche ging weiter. Schließlich nahm Bongartz seinen ganzen Mut zusammen: „Okay. Ich bin auch dabei."

Das Elfmeter-Drama in neun Akten konnte also beginnen:

● Masny läuft an. Wuchtig knallt er den Ball in die linke Ecke. Maier fliegt nach rechts. 3:2.

● Bonhof legt sich den Ball zurecht. Kurzer Anlauf. Halbhoch in die rechte Torecke. Viktor reagiert falsch. 3:3.

● Nehoda gegen Maier. Diesmal ist der Sepp auf dem richtigen Weg. Doch der Schuß in die rechte Ecke ist zu hart. 4:3.

● Flohe täuscht Viktor. Er schneidet den Ball mit dem linken Fuß an und dreht ihn in die rechte Ecke. 4:4.

● Ondrus zappelt wie eine Marionette, um Maier zu täuschen. Doch der Sepp ahnt die linke Ecke – leider zu spät. 5:4.

● Bongartz ist dran. Mit der Innenseite des rechten Fußes wuchtet er in die rechte Ecke. 5:5.

● Jurkemik wählt ebenfalls die rechte Torecke. Gegen seinen harten Schuß ist Maier machtlos. 5:6.

● Hoeneß! Der Münchner versucht seine letzte Kraft und Konzentration zu sammeln. Es reicht nicht. Übers Tor. 6:5.

● Des Dramas letzter Akt: mit Verzögerungstrick schickt Panenka Maier in die rechte Ecke und schlenzt dann den Ball in der Mitte ins Tor. 7:5.

Der CSSR-Triumph ist perfekt. Beckenbauer braucht nicht mehr zum Strafstoß anzutreten.

Nach dem verlorenen Elfmeter-Roulette spielten sich auf dem Rasen ergreifende Szenen ab. Alle ver-

lfmeter Nr. 3: Nehoda schlägt Maier, 4:3

Elfmeter Nr. 4: Flohe täuscht Viktor. 4:4

suchten Uli Hoeneß zu trösten, der völlig entnervt und apathisch durchs Stadion taumelte.

Auch Sepp Maier war mit sich uneins. Er lud seine Enttäuschung bei den Zuschauern ab. Zeigte ihnen unverfroren den Vogel. Maier: „Die haben sich doch unmöglich benommen. Das Pfeifkonzert beim Elfmeterschießen war einfach unfair."

Pfeifkonzert hin, Pfeifkonzert her – die Gründe für die unerwartete Niederlage im Finale hatten andere Ursachen.

Da erreichten Spieler wie Beer, Wimmer, Hoeneß, Vogts und Hölzenbein nicht ihre Normalform. Da gab sich die sonst so sattelfeste Hintermannschaft sträfliche Blößen (bereits nach 25 Minuten führte die CSSR 2:0). Da vergaben Beer (18., 23., 47., 55. Minute) und Hoeneß (59.) todsichere Torchancen. Da verweigerte Schiedsrichter Gonella nach Fouls an Beckenbauer (83.) und Müller (86.) klare Elfmeter.

Die Diskussion um Wenn und Aber, um Glück und Pech, dauerte in dieser Nacht lange, reichte über den Morgen hinaus.

Für Kapitän Franz Beckenbauer war die wertvolle Goldtrophäe, die ihm DFB-Präsident Neuberger nach Mitternacht fürs hundertste Länderspiel überreichte, nur ein schwacher Trost. Wie

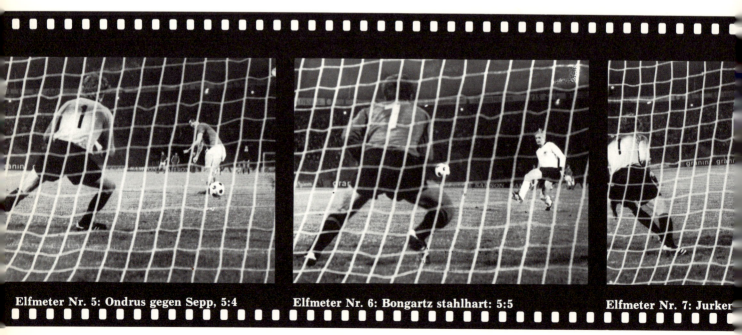

Elfmeter Nr. 5: Ondrus gegen Sepp, 5:4   Elfmeter Nr. 6: Bongartz stahlhart: 5:5   Elfmeter Nr. 7: Jurker

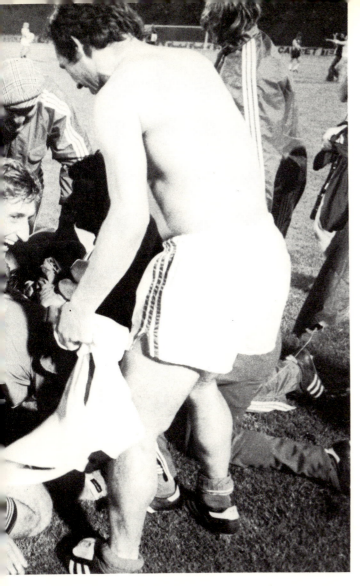

gerne hätte „Kaiser" Franz gerade dieses Spiel gewonnen, wie hatte er sich gegen die drohende Niederlage aufgebäumt.

Derweil kabelten CSSR-Journalisten die Freudenbotschaft in die Heimat („Ein Weihnachtsmärchen wurde wahr…"), und Joao Havelange, der Präsident des Fußball-Weltverbandes, zog sein fachmännisches Fazit: „Dieses Endspiel hätte eigentlich zwei Sieger verdient gehabt, aber die CSSR hatte das Glück, das den Deutschen fehlte. Dieses Finale war eine glänzende Werbung für den Fußball. Wenn alle Länder diesem Beispiel folgen, wird der Fußball noch eine Ewigkeit leben." ■

Und so freuten sich die Spieler der CSSR, nachdem Panenkas Elfmeter-Schuß das Spiel entschieden hatte. Die Tschechoslowakei war Europameister.

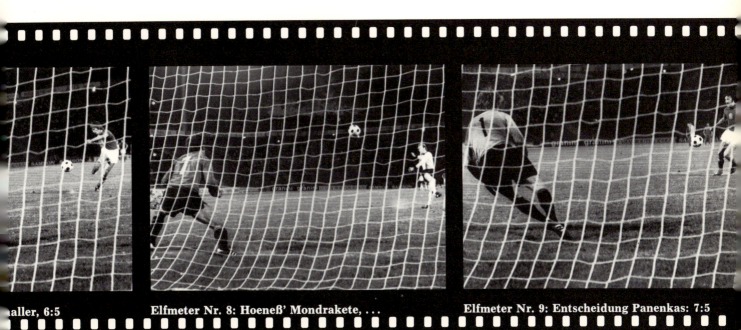

…aller, 6:5   Elfmeter Nr. 8: Hoeneß' Mondrakete, …   Elfmeter Nr. 9: Entscheidung Panenkas: 7:5

Ulis' Alptraum: Anlauf, Schuß ... über die Latte

Auf einer einsamen Insel in der Karibik („Wo mich keiner kennt") versuchte Uli Hoeneß den Schock von Belgrad zu vergessen, das „grausame Bild" zu verdrängen, das immer wieder da ist, wenn er die Augen schließt.

Wie oft hat er es durchlitten: Anlauf, Schuß – über die Latte. Der Elfmeter-Fehlschuß, der Deutschland den schon sicher geglaubten Europameister-Titel kostete.

„Ich war in diesem Moment völlig apathisch, alles um mich herum rückte in weite Ferne, wurde grau, ich registrierte nichts mehr", erinnert sich der blonde Münchner. Er weiß nicht mehr, daß Bundestrainer Helmut Schön auf ihn zulief. Ihn in beide Arme nahm und ihm Trost zusprach.

Schön: „In solchen Minuten durchlebt ein Fußballer ein Höllental. Er glaubt, er müsse die ganze Last der Niederlage alleine tragen. Aber hier in Belgrad hat die gesamte Mannschaft verloren. Ein verschossener Elfmeter – das kann doch jedem passieren."

Doch damit wollte sich Hoeneß nicht zufriedengeben. Er klagte sich nach dem Fehlschuß selbst an: „Ich hätte eigentlich gar nicht schießen dürfen. Ich war fix und fertig, die Hitze im Stadion hat mich kaputtgemacht."

Und warum schoß er trotzdem? Hoeneß: „Weil sich kein Ersatzmann fand und weil ich der Verantwortung nicht ausweichen wollte."

Seiner Erschöpfung schreibt es der Münchner auch zu, daß er in Belgrad seine Elfmetergewohnheit änderte: „Normalerweise achte ich auf den Torwart und schiebe den Ball in die Ecke. Weil ich jedoch so ausgelaugt war, wollte ich kein Risiko eingehen und den Ball mit voller Wucht ins Tor jagen."

Die Konsequenz nach dem Debakel von Belgrad: „Vorerst schieße ich keine Elfmeter mehr!" ■

1:0 durch Heynckes – aber sonst kein Grund zum Jubeln. Die deutsche Mannschaft spielt deprimierend schwach und muß mit einem 1:1 zufrieden sein.

Deutschlands Weg ins Endspiel
Es begann mit bösen Pfiffen

Düsseldorf, 11. Oktober 1975, 17.12 Uhr: Fußball-Deutschland hat seinen absoluten Tiefpunkt nach dem Gewinn der Fußball-Weltmeisterschaft erreicht. 67 000 Zuschauer im Düsseldorfer Rheinstadion verabschiedeten die deutsche Nationalelf nach ihrem blamablen 1:1 gegen Griechenland mit einem gellenden Pfeifkonzert. Kapitän Franz Beckenbauer winkte enttäuscht ab.

Die elf Griechen hatten dieser deutschen Elf ihre Schwächen aufgezeigt. Nur Bundestrainer Helmut Schön behielt in diesem Augenblick die Ruhe. Im Hinterzimmer des Düsseldorfer Hotels „Interconti" versicherte er mit Mannesworten: „Keine Angst, wir werden zur Europameisterschaft eine schlagkräftige Mannschaft haben."

Für ihn war in diesem Augenblick klar: Diese Mannschaft mußte ohne die Gastarbeiter Netzer und Breitner antreten. Die beiden hatten sich gegen die Griechen selbst aus der Mannschaft gespielt.

Die Folge: Der Bundestrainer holte die Gladbacher Tempobolzer Bonhof, Wimmer, Danner und Stielike. Und dann lief's: Ein hochverdienter 1:0-Sieg am 19. November 1975 gegen die Bulgaren in Stuttgart und ein 8:0-Schützenfest gegen Fußball-Zwerg Malta am 28. Februar 1976 in Dortmund.

Der Gruppensieg war klar – Spanien hieß der nächste Gegner in der Qualifikation für die Endrunde in Jugoslawien.

Und nach dem 1:1 im Hinspiel in Madrid hatte der Bundestrainer eine weitere typisch deutsche Fußball-Eigenschaft entdeckt: „Niemand kämpft so wie unsere Mannschaft."

Die Jugoslawen können ein Lied davon singen. Nach ihrem 2:4 in der Verlängerung von Belgrad stöhnte Mittelfeld-As Branko Oblak: „Furchtbar! Wie eine Maschine."

Und noch heute gibt es deutsche Nationalspieler, die nach dem kurzfristig angesetzten Elfmeterschießen im Endspiel gegen die CSSR einem Entscheidungsspiel nachtrauern. Kapitän Beckenbauer: „Mit unserer Kondition hätten wir sie im zweiten Spiel niedergekämpft . . ."

13

Drei Tore – und Dieter war Deutschlands Müller II

Das erste Tor nach 40 Sekunden mit dem Kopf – Ausgleich! Das zweite wuchtig unter die Latte – Sieg! Das dritte lässig abgestaubt – zur Beruhigung! Und das alles in nur 40 Minuten!

So beginnt die sensationelle Karriere des neuen Torjägers der National-Elf, Dieter Müller. Er heißt nicht nur so wie der erfolgreichste Torschütze aller Zeiten, er schießt auch genauso Tore wie der alte. Deshalb rennt Kapitän Franz Beckenbauer nach Müllers drittem Treffer gegen die Jugoslawen auf den Kölner zu und ruft: „Endlich haben wir wieder einen Müller . . .“

Ein Einstand ohne Beispiel: Drei Tore im ersten Länderspiel – das hatte selbst Gerd Müller nicht geschafft. Als Dieter Müller an diesem 17. Juni 1976 nach dem 4:2-Sieg in der Verlängerung gegen Jugoslawien nachts in das Belgrader Hotel „Jugoslavia“ zurückkommt, ist aus dem vorher unbeachteten Reservisten ein Star geworden: Schulterklopfen, Sprechchöre, Autogramme, Interviews.

Die Geschichte des 22jährigen Junggesellen, dem die Mädchen nachrennen, der einen roten Porsche fährt und gern italienisch ißt, erscheint genauso ungewöhnlich wie seine drei Tore in seinem ersten Länderspiel.

So heißt er erst seit vier Jahren Müller. In seiner Geburtsurkunde steht: Dieter Kaster. Ein halbes Jahr nach seiner Geburt ließen sich seine Eltern scheiden. Erst als er achtzehn war, adoptierte ihn sein Stiefvater, ein Bauunternehmer namens Müller, der Dieters gutaussehende Mama geheiratet hatte.

Über seinen Stiefvater, der starb, als Dieter 20 Jahre alt war, sagt der neue Torjäger: „Ich wollt', er hätte das alles noch erlebt mit mir, denn ich habe ihn sehr gemocht.“

Er war zwar jetzt ein Junge aus reichem Hause, etwas verwöhnt, aber dennoch ehrgeizig. Er wollte auf eigenen Füßen stehen:

„Die Leute sollen nicht sagen, daß ich mich in ein gemachtes Bett gelegt habe.“ Er trainierte besessen bei den Offenbacher Kickers. Doch da fällte Trainer Gyula Lorant das vernichtende Urteil: „Aus dem wird nie etwas.“

Für 120 000 Mark wurde Dieter an den FC Köln verkauft. Das beste Geschäft, das die Kölner jemals gemacht haben. Anfangs verdiente er 70 000 Mark jährlich. Dann schoß er 26 Tore in einer Saison. Seine Gage stieg wie die Zahl seiner Tore: 150 000 Mark!

Als Dieter Müller dann auf dem Sprung in die National-Elf stand, verhinderte eine Zerrung seinen Einsatz beim Europameisterschaftsspiel in Sofia gegen Bulgarien. Den zweiten Anlauf vermasselte ihm Trainer Tschik Cajkovski. Aus Verärgerung darüber, daß Dieter Müller nicht den kleinen Jugoslawen, sondern den DFB-Jugendtrainer Herbert Widmayer als seinen Entdecker nannte, nahm Cajkovski seinen Torjäger vor dem Länderspiel gegen Holland vorzeitig vom Platz.

Dann kam die schlimme Krankheit: nasse Rippenfellentzündung, Lungenentzündung, Tuberkulose; Krankenhaus, Sanatorium. Vier Monate ohne Hoffnung: „Da hat keiner mehr von mir gesprochen.“

Dann kam das für ihn schönste Geschenk zu Weihnachten 1975. Die Ärzte entlassen ihn; er ist geheilt.

Als ob er eine Million im Toto gewonnen hätte: Der dreifache Torschütze gegen Jugoslawien, Dieter Müller. Sein Kölner Mannschaftskamerad Flohe läuft auf das „Jubeldenkmal" zu. Wann gab es schon einmal einen Nationalspieler, der einen solchen Einstand feierte.

Und er schießt wieder Tore. Manchmal drei in einem Spiel.

Der Anruf des Bundestrainers Anfang Juni änderte viel im Leben des etwas schüchternen Profis: „Dieter, du bist in Jugoslawien bei der Europameisterschaft dabei."

Im Spiel gegen die Jugoslawen aber sitzt Dieter Müller auf der Reservebank. „Der Bundestrainer hatte mir gesagt, daß er mich einsetzt, wenn wir im Rückstand sind", erzählt Müller später.

Er hat lange warten müssen. Bis zur 75. Minute. Er hatte schon alle Hoffnung aufgegeben. Da sagte Jupp Derwall zu ihm: „Los Dieter, lauf dich warm, zieh dich um."

Einige kurze Sprints, ein paar Lockerungsübungen, dann läuft Dieter Müller mit der Nr. 9, als „Joker" angekündigt, auf den Platz.

Es geht alles blitzschnell. Ecke von Rainer Bonhof, der den Ball wuchtig mit Effet in den Strafraum schlägt. Dieter Müller springt hoch, köpft —

Tor! Ausgleich 2:2. Das ist die Verlängerung.

25 Minuten später: Flohe zu Hölzenbein, ein Rückpaß, Müller donnert den Ball aus sechs Meter Entfernung unter die Latte. 3:2! Sieg! Endspiel! Er rennt instinktiv auf die Reservebank los, umarmt Bongartz und Kaltz. Es ist ein Dank an die Reservisten: „Die hatten mir während des Spiels immer Mut gemacht."

Als er auch noch ein drittes Tor schießt, das 4:2, läuft selbst Sepp Maier aus seinem Tor und gratuliert. In der Kabine sagt er: „Es wird wieder gemüllert in der National-Elf."

Das Tor, das Dieter Müller gegen die Tschechen im Endspiel schießt, ist die Bestätigung: Dieter Müller – er verdient nun 260 000 Mark beim 1. FC Köln – ist der Mann, nach dem Bundestrainer Helmut Schön gesucht hat: Müller Nummer zwo. ■

3:2 für Deutschland! Und wieder schlug Dieter Müller zu. Knapp unter die Latte knallte er diese Granate. Unhaltbar für Viktor.

Oh, Sepp, jetzt ist der Titel weg . . .

Die Hände mit den übergroßen Handschuhen hat er vor das Gesicht gelegt. Der Körper liegt auf dem Rasen. Erschöpfung? Enttäuschung? In diesem Moment weiß Sepp Maier: Der Traum von der erfolgreichen Titelverteidigung ist – leider – zu Ende.

**Die Nacht,
in der ein neuer
Müller kam**

Die Winzigkeit von 40 Sekunden befand
sich Dieter Müller aus Köln erst im
Spiel. Er hatte noch keine Ballberührung
gehabt. Da kam der Eckball von
Bonhof scharf in den jugoslawischen
Strafraum. Kopfball von Müller –
Tor. Es steht 2:2.

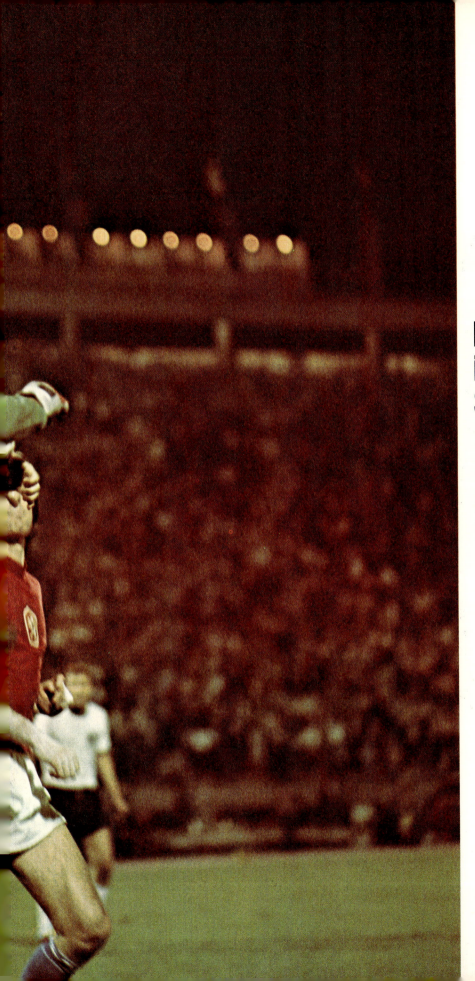

Das Tor in der letzten Sekunde

Der großartige CSSR-Tor-wart Viktor machte im Spiel gegen Deutschland nur einen Fehler: Er führte zum 2:2 und zur dramatischen Verlängerung. In der 90. Minute hatte Hölzenbein nach einem Eckball von Bonhof den Kopf hingehalten. Das Spiel begann von neuem.

Der Schuß,
der Uli
einsam machte

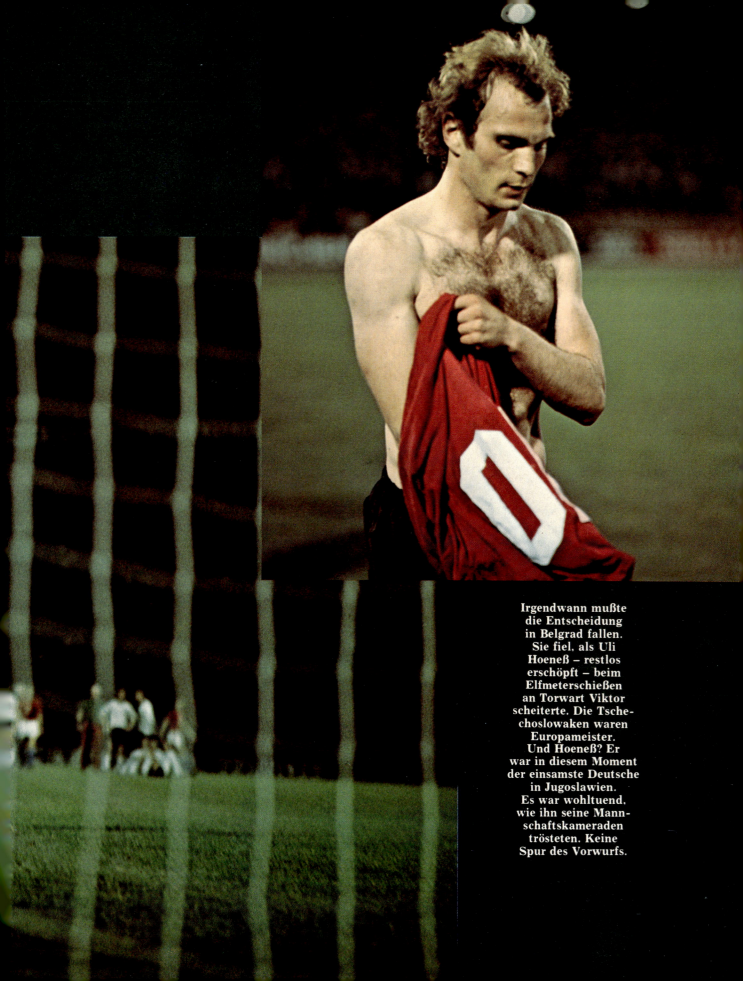

Irgendwann mußte
die Entscheidung
in Belgrad fallen.
Sie fiel, als Uli
Hoeneß – restlos
erschöpft – beim
Elfmeterschießen
an Torwart Viktor
scheiterte. Die Tsche-
choslowaken waren
Europameister.
Und Hoeneß? Er
war in diesem Moment
der einsamste Deutsche
in Jugoslawien.
Es war wohltuend,
wie ihn seine Mann-
schaftskameraden
trösteten. Keine
Spur des Vorwurfs.

Wie aus Franz der Frantisek wurde

Im Trikot des neuen Europameisters ČSSR sieht Franz Beckenbauer, der Kapitän des Titelverteidigers Deutschland, mit an, wie der Gegner für die Europameisterschaft geehrt wird. Die Blicke von Beckenbauer, Maier, Hölzenbein und Bonhof sagen alles.

CSSR – die Meisterelf aus dem Nichts

In der Altstadt von Prag stiegen Raketen in den nächtlichen Himmel. In den Bierstuben von Preßburg, Kaschau und Brünn schäumte das Pilsner über. Am 20. Juni 1976 feierte die ganze Tschechoslowakei den größten Triumph ihrer 75jährigen Fußball-Geschichte: den Gewinn der Europameisterschaft. Nach einem 2:2 wurde Weltmeister Deutschland im Elfmeterschießen bezwungen.

Die Freude der 22 Millionen Tschechoslowaken war grenzenlos. Zehntausend Fans pilgerten zum Flughafen von Prag, um ihre Lieblinge nach der Rückkehr aus Belgrad enthusiastisch zu feiern. Der Jubel war noch größer als zwei Monate zuvor, als die Eishockeyspieler der CSSR in Kattowitz den Weltmeistertitel gewonnen hatten.

Verständlich. Der Sieg der Fußballer war eine Sensation. Nie zuvor hatte die CSSR einen großen Titel erringen können. 1934 und 1962 stand sie jeweils im Finale der Weltmeisterschaft. Beide Male

wurde sie bezwungen.

Im dritten Anlauf schaffte es eine Mannschaft, die aus dem Nichts kam. Vor drei Jahren fristete die Nationalelf der Tschechoslowakei noch ein Schattendasein in der internationalen Zweitklassigkeit. Länderspielerfolge waren rar geworden nach der Ära Pluskal, Masopust, Popluhar, Adamec, Tichy, Lala oder Schrojf, den letzten ganz Großen des CSSR-Fußballs.

Bis Jezek und Venglos kamen. Dieses ideale Trainergespann – Jezek ist eine Art technischer Direktor, Venglos arbeitet nach wissenschaftlichen Methoden „am Mann" – testete in drei Jahren 72 Spieler. Die Besten blieben übrig.

Aus ihnen formten die beiden eine schlagkräftige EM-Truppe. Das Gerippe der Mannschaft bildeten die Spieler der mehrmaligen Meisterelf von Slovan Preßburg. Diese Blockbildung förderte die Harmonie der Mannschaft. Den Trainern gelang es ferner, die traditionellen Spannungen zwischen Tschechen und Slowaken abzubauen.

Auffallendste Eigenschaften der CSSR-Spieler: Sie sind komplette Athleten. Sie können spielen und kämpfen. Sie sind schnell, haben Ausdauer und sind im Zweikampf hartnäckig wie die Deutschen.

Das hervorstechendste Merkmal ihrer Spielweise: die rasche Spielentwicklung. Das fächerartige Ausbrechen auf die Flügel, wenn sie dem Gegner den Ball abgenommen haben.

Trainer Jezek nach dem Endspiel: „Wir wollten nicht versuchen, uns dem Gegner anzupassen. Uns ging es vielmehr darum, der deutschen Mannschaft unsere Spielweise aufzuzwingen."

Nach dem EM-Finale war die Tschechoslowakei in 21 Länderspielen ungeschlagen. In zwei Jahren gab es zehn Siege und elf Unentschieden bei einem Torverhältnis von 41:16. ■

Ein König fiel vom Thron

Ivo Viktor ergriff ehrfürchtig die Hand von Johan Cruyff und machte eine tiefe Verbeugung. Ein Sieger katzbuckelte vor dem Verlierer. Gerade eben hatte die CSSR in einer dramatischen Wasserschlacht den großen Favoriten Holland im Halbfinale der Europameisterschaft 3:1 nach Verlängerung geschlagen.

Viktor, bester Torwart der Europameisterschaft, hatte im Siegestaumel noch nicht erfaßt, daß der holländische Superstar seinen Ruf als einer der besten Fußballer der Welt in den Pfützen des Stadions von Zagreb ertränkt hatte. Später spotteten die Tschechen dann: „Der große Cruyff spielte wie ein kleiner Amateur."

Johan Cruyffs unrühmliches Ende! Die gelbe Karte, die ihm hier der Schiedsrichter Clive Thomas (Wales) zeigt, bedeutet für Cruyff die Heimfahrt. Die Tschechen gewannen 3:1.

Die Holländer standen nach der 1:3-Pleite vor den Scherben der Vizeweltmeister-Mannschaft von 1974:
● Cruyff war wegen seiner gelben Karte (Meckern!) im Tschechenspiel für das Spiel um den dritten Platz gesperrt. (Es war seine zweite gelbe Karte während der EM.)
● Neeskens und van Hanegem waren des Feldes verwiesen worden. Der Waliser Schiedsrichter Clive Thomas hatte gründlich aufgeräumt.
● Dazu zwei Verletzte. Nur zwei der vier Reservespieler reisen nachträglich aus Holland an.
● Der Verband nahm unter dem Eindruck des Reinfalls von Zagreb die Kündigung von Trainerdirektor George Knobel an.

Und dennoch gewann der „Rest von Holland" drei Tage später das Spiel um den dritten Platz. 3:2 wurden die Jugoslawen nach Verlängerung geschlagen. Es war das Spiel von Ajax-Stürmer Ruud Geels, der zwei Tore erzielte.

Johan Cruyff aber war zu diesem Zeitpunkt längst wieder in Barcelona und wurde dort am entzündeten Schleimbeutel des rechten Knies operiert. Er war als König gekommen, der dem deutschen Fußball-Kaiser Franz Beckenbauer dessen Rang streitig machen wollte. Er ging als „Bettelmann". ■

Europapokal
1976

Der Bayern-Triumph: Schuß!

Graue Wolken hingen über der grauen Stadt. Es war der regnerische Morgen des 12. Mai. Bayern-Präsident Wilhelm Neudecker blickte mißmutig zum Himmel und winkte nach einem Taxi. Wenige Minuten später stieg er vor der altehrwürdigen Aloisius-Kirche aus.

Dort begann ein schon traditionelles Ritual; vor dem Marien-Altar entzündete Neudecker eine Kerze. Blieb ein paar Minuten in stummer Haltung stehen und verließ dann mit einem zufriedenen Lächeln die Kirche.

Gottes Segen sollte also auch diesmal die Münchner begleiten. Denn noch nie wurde nach Neudeckers Kerzen-Wallfahrt ein Spiel verloren.

Während der Präsident um überirdisches Glück heischte, liefen siebzig Kilometer entfernt im Nobel-Hotel Turnburry die letzten Vorbereitungen. Trainer Dettmar Cramer hatte Sorgen. Hansen, Roth, Dürnberger, Schwarzenbeck und Kapellmann waren nicht hundertprozentig fit. Nicht auszudenken, wenn man in einem so bedeutenden Spiel die Mannschaft durcheinanderwürfeln würde.

Hochbetrieb für Mannschaftsarzt Dr. Erich Spannbauer. Kurz vor der Abfahrt des Busses zerstreute der Medizinmann die letzten Bedenken von Trainer Cramer. Alle können spielen.

Als der Bus knirschend auf dem Kies der Hotelanfahrt anrollte, verabschiedeten die Rolling Sto-

nes, die sich dort ebenfalls eingenistet hatten, die Bayern mit einem Victory-Zeichen.

Sieg! Ja, darauf vertrauten die Bayern, die noch nie ein Endspiel verloren hatten.

Gut eine Stunde später näherte sich der schwarze Luxusbus der Innenstadt von Glasgow. Und dort war das Grau längst dem Grün gewichen.

Les Verts, die Grünen aus St-Etienne, hatten Glasgow fest im Griff. Über 20 000 Franzosen waren in Schottland eingefallen. Klar erkennbar an ihren grün-weißen Schals, den Mützen, den Blousons. Verstört verzogen sich da die in die Minderzahl geratenen Bayern-Fans in einen speziell für sie umfunktionierten „Bayerischen Bierkeller".

Der Regen, der derweil dem altehrwürdigen Hampden Park das letzte Staubkörnchen von seinen verwitterten Holzfassaden gewaschen hatte, war rechtzeitig vom rauhen Seewind vertrieben worden.

Das große Spiel konnte beginnen.

Kaum zwei Minuten war das Finale alt, da mischten sich für Sekunden Jubel und Entsetzen. Bayern-Bomber Müller hatte das Leder ins Tor der Franzosen katapultiert. Doch Schiedsrichter Palo-

Bayerns Weg ins Finale

Bayern München – Jeunesse Esch 5:0 und 3:1 (am 17. September und 1. Oktober 1975)

Bayern München – Malmö FF 0:1 und 2:0 (am 22. Oktober und 5. November 1975)

Bayern München – Benfica Lissabon 0:0 und 5:1 (am 3. und 17. März 1976)

Bayern München – Real Madrid 1:1 und 2:0 (am 31. März und 14. April 1976)

Endspiel: Bayern München – AS St-Etienne 1:0 (am 12. Mai 1976)

or! Sieg!

tai aus Ungarn, ein Könner seines Fachs, winkte energisch ab. Abseits! Dann zweimal Glück für die Bayern:

● 34. Minute: Sepp Maier blickt entgeistert hinter sich. Über ihm kracht der Ball, abgefeuert von Bathenay, an die Latte, springt zurück vor den Körper von Herve Revelli. Doch der sonst so treffsichere Franzose köpft den Ball Maier genau in die Arme.

● 41. Minute: Sarramagna fliegt mit dem Kopf in eine Flanke von Santini. Maier steht zu weit vor dem Tor, wieder ist die Latte Retter in höchster Not.

Bundestrainer Helmut Schön, der unter den 85 000 saß, witzelte auf der Ehrentribüne: „Ein Glück, daß die Schotten so sparsame Leute sind ..."

Der Bundestrainer spielte damit auf eine Kuriosität an: Im Gegensatz zu allen internationalen Fußball-Stadien hat man im Hampden Park statt des abgerundeten noch eckiges Torgebälk. Vermutlich hat dieser schon sprichwörtliche schottische Geiz den Bayern einen frühen Rückstand erspart.

Trotz der beiden Latten-Kracher – die Bayern

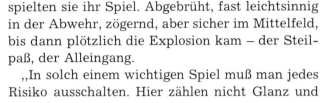

ließen sich nicht nervös machen. Eiskalt und clever spielten sie ihr Spiel. Abgebrüht, fast leichtsinnig in der Abwehr, zögernd, aber sicher im Mittelfeld, bis dann plötzlich die Explosion kam – der Steilpaß, der Alleingang.

„In solch einem wichtigen Spiel muß man jedes Risiko ausschalten. Hier zählen nicht Glanz und Gloria. Hier zählt allein der Sieg", hatte Cramer seine Männer vorher beschworen.

Und dann kam jene 57. Minute, die den Namen Franz „Bulle" Roth mit dem Europacup auf immer und ewig verknüpfen wird. Der Mann, der schon zweimal zuvor in einem Europacup-Finale siegbringende Treffer erzielte – 1967 in Nürnberg das 1:0 gegen die Rangers und 1975 in Paris das 1:0 gegen Leeds – hatte auch in Glasgow wieder seine Sternstunde.

Doch lassen wir Roth selbst schildern, wie er „sein" 1:0 erlebt hat:

„Wenn ich die Augen zumache, erinnere ich mich noch an jede Einzelheit. Freistoß 20 Meter vor dem Tor von St-Etienne. Franz Beckenbauer hat den Ball. ,Franz', frag ich ihn, ,willst du schießen oder soll ich?' Franz sagt: ,Mach du, Bulle!'

,Gut', flüstere ich und vergesse ganz, daß die Franzosen ja kaum deutsch verstehen. ,Tipp den Ball nur ganz leicht an, dann schlenz' ich ihn hoch ins Eck.'

„Franz und ich bückten uns beide nach dem Ball. Bei den Franzosen ist derweil ein Riesentheater im Gange. Sie wußten nicht, wie sie ihre Mauer stellen sollten.

„Der Franz hat das sofort erkannt. ,Bulle' schreit er plötzlich (ich bin ehrlich erschrocken), ,hau drauf', und schon schiebt er den Ball drei Meter nach rechts, damit ich einen besseren Schußwinkel habe. Ich renne los und denke nur noch an eines:

In diesem Moment ist Bayern München wieder Europapokal-Sieger. In der 57. Minute hat Franz Roth bei einem Freistoß den Ball voll mit dem rechten Spann getroffen. St-Etiennes Torwart Curkovic fliegt vergeblich.

,Mensch, leg' deinen Körper über den Ball, sonst geht der Schuß in die Wolken.'

„Sofort spüre ich, daß ich den Ball richtig mit dem rechten Vollspann getroffen habe. Das Leder fliegt rechts an der Mauer vorbei. Ich fühlte gleich – entweder der Curkovic hält wie ein Weltmeister oder das Ding ist im Netz."

Es war im Netz. In diesem Moment spielten sich verständlicherweise wüste Szenen ab.

Erinnert sich Torschütze Roth: „Der Franz Bekkenbauer schrie, ‚Mensch, Bulle' und wuchtete mir die Faust in die Rippen, daß ich fast umgefallen wäre. Uli Hoeneß zerrte an meinem Trikot, Gerd Müller zerrte an meinen Haaren. Und irgendeiner, ich glaub, es war der Johnny Hansen, küßte mich richtig auf die Stirn."

Derweil wartete Herr Palotai schon ungeduldig an der Mittellinie auf den Anstoß. Auch die Franzosen wußten, daß ihnen die Zeit unter den Nägeln brannte. Doch vermutlich hat sie das aus dem Rhythmus gebracht. Denn fortan gab's einige brenzlige Situationen vor dem St-Etienne-Tor.

Müller hatte sich frei durchgespielt, krachte mit Torwart Curkovic zusammen und blieb benommen liegen. Hoeneß startete einen Alleingang. Curkovic parierte. Roth wagte es auf eigene Faust, aber wiederum verhinderte der großartige Schlußmann der Franzosen ein weiteres Bayern-Tor.

Da, endlich der Schlußpfiff. Zum vierten Male in ihrer Geschichte und zum drittenmal hintereinander hatten die Bayern den Europacup gewonnen. Auf dem Rasen spielten sich die gleichen Szenen ab: Umarmungen, Küsse, Händeschütteln, stummes Verharren, Trikottausch, Ehrenrunde mit dem fast einen halben Meter hohen Silberpott, der nun endgültig in den Besitz der Bayern übergeht.

Es war kein lauter Jubel, eher die gedämpfte Freude von abgebrühten Profis, die sofort wieder zur Tagesordnung übergehen: Wo ist der nächste Gegner, den wir schlagen sollen?

In der Kabine war Sekt bereitgestellt. Präsident Neudecker erschien, fuhr „Bulle" Roth über die klatschnassen Haare und murmelte: „Herr Roth, wir haben schon schwere Zeiten mit Ihnen verlebt, ich bin froh, daß ich immer zu Ihnen gehalten habe." Neudecker spielte damit auf das zähe Rin-

gen um die zuvor gerade abgeschlossene Vertragsverlängerung an.

Dann zückte der Bayern-Boß seine Krokodil-
leder-Brieftasche, entnahm ihr einen rötlich
schimmernden 500-DM-Schein und drückte ihn
Bomber Müller in die Hand.

Es war die dritte 500-DM-Wette, die Neudecker
gegen Müller verloren hatte. Gerne verloren hatte.
Denn schon gegen Benfica und Real hatte Neudek-
ker seinen Bomber angestachelt: „Wetten, daß ihr
verliert ...“

Nachdem die um 30 000 DM Sieg-Prämie reiche-
ren Bayern-Stars das Bankett der Europäischen
Fußball-Union mit viel Murren (Müller: „Da werden lange, nichtssagende Reden gehalten und wir
müssen schön stillsitzen“) überstanden hatten, ver-
sammelte man sich gegen Mitternacht in einem Ne-
bensaal des Hotels Albany zur vereinsinternen
Feier.

Dort verbeugte sich Präsident Neudecker artig
vor Trainer Cramer und sprach: „Ihnen gilt unser
aller Dank. Sie haben unsere Mannschaft wieder
aus dem Tief nach oben geführt.“

Es dauerte erstaunlich lange, ehe der Beifall für
den kleinen großen Trainer verebbt war ...

Heimkehr der Bayern im Morgengrauen. Nicht
einmal zwanzig Fans am Flughafen. Kein
Triumphzug, kein Jubel. Unbeachteter kann kein
Verlierer nach einem Europacup-Endspiel empfangen werden. Schuld daran hatte der Zeitungs-
streik.

Dennoch: Es ist die Hypothek der erfolgreichen
Bayern geworden. Siege dieser Machart werden
von den Fans längst als Selbstverständliches gewertet. ■

*Die Pose, in der die Bayern ihren Mannschaftskapitän
am liebsten sehen; ganz links: Nach dem 1:0-Sieg
über St-Etienne läßt sich Beckenbauer von seinen
Fans vom Platz tragen. In seinen Händen – der
begehrte Europa-Pokal. Daneben: Es ist weit nach
Mitternacht im Hotel Albany in Glasgow. Bei der
privaten Feier der Bayern ist der Europa-Pokal
sogar dabei, als Torschütze Roth seine Inka küßt.*

Die Schlägerei von Madrid

Die Nacht von Madrid, in der der Sport mit Füßen getreten wurde. Nach dem Schlußpfiff wurden Schiedsrichter

Schlußpfiff im Madrider Bernabeu-Stadion. Bayern-Bomber Gerd Müller streckt beide Arme in den sternenklaren Abendhimmel. So, als wolle er nach dem wunderschönen 1:1 gegen Real die ganze Welt umarmen. Genau in diesem Moment begann ein angetrunkener Fußball-Rowdy seinen folgenschweren Amoklauf.

„Ich wollte gerade auf Sepp Maier zulaufen, ihm in die Arme fallen. Da machte es rums", erinnert sich Müller. „Ein knallharter Schlag unters rechte Auge. Bei mir drehte sich alles. Ich sank zu Boden."

Der Fanatiker, blind vor Wut über das enttäuschende Europacup-Ergebnis, raste dann auf Schiedsrichter Erich Linemayr zu. Auch hier kam's zum klassischen Knockout. Der Österreicher: „Ich sah zwar jemand auf mich zurasen, aber da war es schon passiert. Ohne daß ich mich wehren konnte, traf mich ein Schlag an der Kinnspitze. Dann fiel ich um..."

Ehe der Twen mit der schmächtigen Figur weiteres Unheil anrichten konnte, war Bayern-Torwart Sepp Maier zur Stelle. Mit einem katzenhaften Satz, so als würde er einen Ball aus der Torecke hechten, griff sich der Sepp den schlagkräftigen Burschen an den Beinen, warf ihn zu Boden und saß schließlich wie ein Jockey auf dem Amokläufer.

Was in den Sekundenbruchteilen dazwischen geschah, umschreibt der Sepp so: „Der Bursche hat bekommen, was er verdient hat."

Inzwischen waren dann auch die aufgeschreckten Polizisten zur Stelle und führten den Amokläufer ab.

Gespannt wartete die Fußball-Welt darauf, wie die UEFA-Gerichte nun mit Real verfahren würden. Erstes Urteil: Real wurde aus allen internationalen Wettbewerben ausgeschlossen. Dann kam's wie erwartet doch anders: Real wurde begnadigt.

■

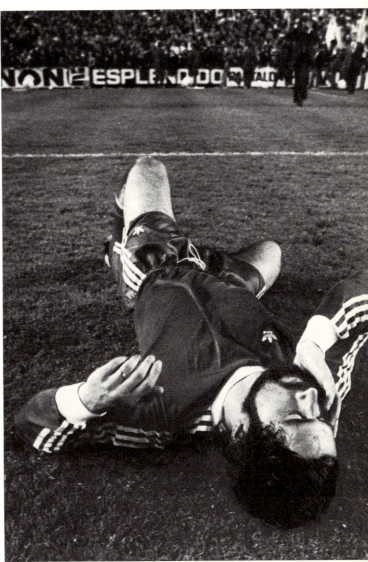

Linemayr (unten rechts) und Gerd Müller (oben rechts) zu Boden geschlagen. Sepp Maier und Uli Hoeneß (oben links) stürzen sich auf den Fanatiker, der wenig später von der Polizei abgeführt wird (unten links).

Cramer – ein Geschenk des

Als Dettmar Cramer Anfang 1975 die abgeschlafften Bayern übernahm, da mokierten sich die Spieler über seine langen Vorträge. Und Präsident Neudecker meckerte gar: „Cramer trainiert zu viel die Hinterköpfe der Spieler. Am Ende haben zwar alle Abitur, aber der FC Bayern keine Punkte."

Nach zwei Europacup-Siegen hat sich die Stimmung längst gewandelt. Cramers Reden sind kürzer geworden, die Spieler haben begriffen, was er will. Manche denken schon so wie Cramer und sprechen gar mit seinen Worten.

„Unterhaltungsmusik", pflegt Cramer etwas geringschätzig die Spekulationen einiger Presseleute abzutun. Was sagt heute Sepp Maier? „Unterhaltungsmusik."

Auf Fragen der Journalisten antwortet Franz Beckenbauer neuerdings mit Vorliebe: „Wait and see." Wo hat er's her? Von Dettmar Cramer.

Es gilt hier falschen Vorstellungen entgegenzutreten. Tröster der Witwen und Waisen – frei nach Blödel-Otto – so könnte man Cramer auf den ersten Blick charakterisieren. Pastorales hängt ihm an. „Ein Geschenk des Himmels", sagt Gerd Müller.

Ihn könnte aber auch der Teufel geschickt haben. Ging es denn mit rechten Dingen zu, daß er den Kurs einer untergehenden Mannschaft nach oben wendete? Ja. Aber die Mittel hatten nicht nur Pastorales an sich.

Aus der Warte von Ehefrau Anna Maria sieht das so aus: Durchschnittlich 50mal am Tag klingelt das Telefon. Gut 40mal sagt die Strohwitwe: „Mein Mann ist leider nicht da."

Aus der Warte von Dettmar Cramer sieht sein Beruf so aus:

„Ein 24-Stunden-Job. Das heißt zwar nicht, daß ich 24 Stunden arbeiten muß. Aber ich muß bereit sein, so lange zu arbeiten." Seine Philosophie heißt: „Red nicht drüber, tu es." Er tut's.

An dieser Stelle muß noch ein anderes Vorurteil ausgeräumt werden: Das, daß er nur Theoretiker sei.

Im vergangenen Jahr hielt Cramer nicht nur vor Fußballern Vorträge. Vor IBM-Managern sprach er

über die Ausbildung von Managern, vor Schulräten über die Bedeutung der Psychologie in der Erziehung und vor der American Highschool über die Bedeutung einer Meisterschaft. Warum holen sie ihn? Weil er alles so schön praktisch beschreibt.

Es muß nicht immer Fußball sein. Auch dann nicht, wenn Cramer mit seinen Bayern spricht.

Mit Beckenbauer redet er gerne über Musik, mit Horsmann über Soziologie, mit Rummenigge über die Stellung des jungen Mannes in der Gesellschaft, mit Müller über die Erziehung der kleinen Nicole, mit Maier über die Finanzierung von Tennis-Anlagen, mit Kapellmann über angewandte Medizin.

„Mein Aufgabengebiet reicht nicht nur von Tor-

Himmels

Als Cramer zu den Bayern kam, sagten viele: Der schafft's nie. Doch der Mann mit dem 24-Stunden-Arbeitstag beißt sich durch. In den Münchner Zeitungen erscheint Cramer als Napoleon.

zu-Tor-Linie und von Seiten-zu-Seiten-Linie", sagt Cramer.

Präsident Neudecker neigte am Ende der Saison 1975/76 dazu, Cramer einen langfristigen Vertrag zu geben. Der Mann nützt sich nicht ab. Er poliert sich eher ab, zum Vorschein kommt Edelmetall.

„Der hat doch im Sudan die Neger gelehrt, wie man Kakteen ausspielt", spöttelte Max Merkel über den „Laufenden Meter" (Spottname des 1,65 Meter kleinen Trainers). „Meine Erfahrung aus 70 Ländern kann mir keiner nehmen", schmunzelt Cramer, „die habe ich vielen voraus. Ich weiß, was es heißt, sich auf neue, überraschende Situationen einzustellen." ■

Müller: Angst um mein Bein

Erst ein halbes Jahr später, als Gerd Müller wieder aus allen Lagen schoß, gab der Bayern-Bomber zu: „Meine Verletzung war so schlimm, daß sogar eine Amputation des rechten Beines drohte."

Am 17. September 1975 beim Europacup-Spiel gegen Jeunesse Esch in Luxemburg begann sein Leidensweg. Müller: „Bei einer Reflexbewegung tat es einen Knall und ich spürte, daß der Muskel im rechten Oberschenkel richtig herunterschoß."

Auf dem nächtlichen Rückflug schießt ihm der Schweiß aus den Poren, er schreit vor Schmerzen. Am Tag danach klettert das Fieber auf 40 Grad. Müller reißt die Schiene weg („Ich dachte, das Bein ist schon abgestorben."). Tagelang quält er sich zu Hause herum, bis es Ehefrau Uschi zu dumm wird. Sie packt ihren Mann ins Auto und rast mit ihm ins Krankenhaus „rechts der Isar". Operation am 25. September. Trotzdem Komplikationen, der Arzt (Professor Maurer) erwägt eine zweite Operation (er schweigt darüber, ob er eine Amputation meint).

Dann kommt endlich die Wende: Am 13. Oktober wird Müller entlassen. Immer noch klafft ein Loch im rechten Oberschenkel. Aber Müller ist genauso stur und konsequent, wie bei seinem Rücktritt aus der Nationalelf: „Ich zeig' es allen, die mich totgesagt haben."

Am 13. Dezember spielt er wieder: Im Pokalspiel gegen Tennis Borussia Berlin (3:0) schießt er das zweite Tor. Aber dann kommen Nackenschläge. Wochenlang reagiert er die berühmten Zehntelsekunden zu spät, seine Reflexe scheinen erschöpft.

Aber Müller ist nicht unterzukriegen. Am Ende der Saison hat er, beispielsweise, ein Europacup-Spiel (2:0 gegen Real Madrid) und ein Bundesligaspiel (beim 7:4 über Hertha BSC Berlin schießt er fünf Tore) allein entschieden.

Müller sagt stolz: „Besser war ich nie in Form." Keiner widerspricht. ■

Der große Betrug

Eine Blitz-Meinungsumfrage ergab nach dem Skandal von Madrid: 80 Prozent aller Deutschen waren überzeugt, daß Borussia Mönchengladbach am 17. März durch handfesten Betrug aus dem Europa-Pokal geflogen war. Die internationale Presse – vom Nordkap bis Sizilien – war sich einig: „Borussia ist in Madrid betrogen worden."

Den Verdacht auf Betrug hatte Paul Breitner, der deutsche Weltmeister im Real-Trikot, ganz unbewußt ausgeplaudert. Unbefangen hatte er im Fernsehen erklärt: „Borussia Mönchengladbach kann überall gewinnen, nur nicht in Madrid."

Für seinen Entdecker und Freund Udo Lattek war dies in der ersten Erregung in der schlimmen Nacht von Madrid Beweis genug. Er kündigte Breitner die Freundschaft: „Mit dem will ich nichts mehr zu tun haben, der hat doch genau gewußt, was er da gesagt hat."

Betrug? Bestechung? Es gibt keine Beweise, nur Gerüchte, Vermutungen.

Tatsache ist nur dies: das Tor, das Henning Jensen in der 68. Minute im Estadio Bernabeu beim Stand von 1:1 erzielte, war korrekt. Die Zeitlupenaufnahme des Fernsehens zeigte es hundertfach.

Als Jensen den Ball an der Strafraumgrenze nach einem Doppelpaß mit Klinkhammer annahm, stand Real-Libero Pirri fünf Meter näher zum Tor als Jensen. Auch der auf gleicher Höhe stehende Linienrichter Ben Hoppenbrouwer deutete an: „Kein Abseits."

Doch Leonardus van der Kroft, der holländische Schiedsrichter, entschied aus großer Entfernung: „Abseits."

Was die Borussen dann an ein Komplott glauben ließ, war das ebenfalls annullierte Tor von Wittkamp in der 83. Minute.

Diesmal zeigte van der Kroft zur Mitte. Aus dem grenzenlosen Jubel der Borussen wurde in Sekunden blankes ungläubiges Entsetzen. Mijnheer Hoppenbrouwer hatte die Fahne oben: „Es war Hand im Spiel", berichtete er seinen Kollegen.

Im Kreuzverhör der Journalisten sagte van der Kroft: „Nicht der Torschütze hat Hand gemacht."

Dann wurde gefragt: „Wer hat denn den Ball mit der Hand berührt?" Hoppenbrouwer: „Ich weiß es nicht."

Frage: „Kann es nicht auch ein spanischer Spieler gewesen sein?"

Hoppenbrouwer: „Nein, es war ein Deutscher."

Frage: „Wer?"

Hoppenbrouwer: „Es war ein Deutscher, das sagte ich doch schon."

Seltsam: Hoppenbrouwer erinnert sich genau, daß es der Torschütze nicht war. Er weiß auch sicher, daß es kein Spanier war. Aber welcher deutsche Spieler und wo, das kann er nicht sagen. Das Fernsehen zeigte später ein Foul. Real-Kapitän Pirri war dem jungen Hannes ins Kreuz gesprungen.

Und seltsam ist auch jener Bericht, den UEFA-Beobachter Jacques Georges (Frankreich) schrieb: „Die Deutschen haben sich trotz des harten Schlags absolut korrekt verhalten."

Was soll man von einem Bericht halten, der nicht den Tatsachen entsprach?

Die Wahrheit sah so aus: Als Leonardus van der Kroft Wittkamps Treffer nicht anerkannte, schrie Jupp Heynckes erregt: „Der ist bestochen."

Herbert Wimmer, von einer Büchse getroffen, ein immer besonnener Spieler, rannte zu van der Kroft und beschimpfte ihn.

„Der hat ein schlechtes Gewissen gehabt. Sonst hätte er uns doch vom Platz gestellt", sagte Wimmer später. Rainer Bonhof, Dietmar Danner und Uli Stielike wollten das Spiel abbrechen.

Bonhof: „Da können wir doch Tore schießen, soviel wir wollen, der erkennt doch keines an, was sollen wir da überhaupt noch weiterspielen?"

Kapitän Berti Vogts, ebenfalls erregt, hält seine aufgebrachten Kameraden zurück: „Weitermachen, sonst werden wir gesperrt."

Und was soll man von Monsieur Jacques Georges halten, wenn er direkt nach dem Spiel dem Gladbacher Manager Helmut Grashoff sagt: „Ich habe nichts gesehen, alles war korrekt." In seinem Bericht teilte er der UEFA-Kommission dann aber

*„Kein Tor!" Der holländische Schiedsrichter
Leonardus van der Kroft erkennt das Tor von
Henning Jensen nicht an. Berti Vogts (rechts)
ist ratlos und Pirri grinst.*

mit: „Der Schiedsrichter hat einen Fehler gemacht, das Mönchengladbacher Tor in der 83. Minute war regulär."

Die Spieler bestürmten auf dem Flug von Madrid nach München den Vorstand. Kapitän Berti Vogts, der noch nachts im Hotel Eurobuilding seinem alten Freund Günter Netzer vorgeworfen hatte: „Real hat das Spiel gekauft", sprach für seine Kameraden: „Borussia muß bei der UEFA protestieren."

Manager Grashoff: „Da kommen wir nicht durch, das kennen wir doch, das kostet nur Geld."

Berti Vogts ließ nicht locker. „Wir müssen uns gegen dieses große Unrecht wehren, auch wenn es teuer ist."

Während auf dem Markt in Mönchengladbach die holländischen Händler nach zwei Stunden ihre ·Waren wieder einpacken, weil die Gladbacher Hausfrauen keine niederländischen Produkte kau-

fen wollen; während Geschäftsleute aus Holland im deutschen Fußball-Westen unfreundlich empfangen werden, „bastelten" Manager Grashoff, DFB-Justitiar Eilers und Anwalt Dr. Rütten an dem Protest. Sie fanden in der Regel No. 5 einen Grund. „. . . eine einmal getroffene Entscheidung kann nicht mehr zurückgenommen werden."

Manager Grashoff: „Der Schiedsrichter hatte Wittkamps Tor erst anerkannt, später wieder annulliert. Das ist ein Regelverstoß."

Im Zürcher Hotel Belle Rive verkündete der UEFA-Kontrollausschußvorsitzende Dr. Alberto Barbé am 25. März, 17.47 Uhr: „Der Protest ist abgelehnt." Und auch in der Berufung hieß es: „Abgelehnt." Aufhorchen ließ allerdings das Abstimmungsergebnis: nur 3:2 gegen Borussia. Damit hatten immerhin zwei UEFA-Funktionäre offiziell bescheinigt: das 1:1 von Madrid war irregulär.

In den Berichten über den Skandal um die gestohlenen Tore ging das tolle Spiel (in Düsseldorf hatte es ein enttäuschendes 2:2 für die Borussen gegeben) der Gladbacher unter. Dabei hatten die Borussen elegant und kraftvoll, sicher und schnell, raffiniert und lässig aufgetrumpft. „An diesem Tag konnte uns keine Mannschaft stoppen, nur ein Schiedsrichter...", kommentierte Udo Lattek die Superleistung seiner Männer.

Das größte Lob schließlich kam von Real-Trainer Miljan Miljanic: „Borussia hat sensationell gespielt. Besser als die deutsche Nationalmannschaft!"

Für die ehrgeizigen Borussen jedoch waren Worte nur ein schwacher Trost! ■

Mönchengladbachs Weg im Cup der Meister

Borussia Mönchengladbach – Wacker Innsbruck 1:1 und 6:1 (am 17. September und 1. Oktober 1975)

Borussia Mönchengladbach – Juventus Turin 2:0 und 2:2 (am 22. Oktober und 5. November 1975)

Borussia Mönchengladbach – Real Madrid 2:2 und 1:1 (am 3. und 17. März 1976)

Weil Real auswärts ein Tor mehr schoß, schied Gladbach aus dem Pokal aus.

Das ist der Mann, der das Europa-Pokal-Unglück über Borussia Mönchengladbach brachte. Leonardus van der Kroft, 47 Jahre alt, Familienvater und Schiedsrichter aus Leidenschaft. „Ich hab' doch nichts Unrechtes getan", sagt der Holländer, der Gladbach zwei Tore stahl.

Der Sündenbock des Jahres

Der Fernsehstar Rudi Carrell ist Holländer und in Deutschland der populärste TV-Mann.

Der FIFA-Schiedsrichter Leonardus van der Kroft ist auch Holländer. In Deutschland wünscht man ihn zum Teufel.

Was Rudi und Leo außer ihrer niederländischen Heimat noch gemeinsam haben? – Sie sind Sündenböcke.

Leo als „Sündenbock Nr. 1" hat am 17. März dem Deutschen Meister Borussia Mönchengladbach im Europacup-Halbfinale gegen Real Madrid zwei Tore „geklaut".

Doch das ficht Mijnheer van der Kroft nicht an. Der 47 Jahre alte Familienvater (seit 16 Jahren Schiedsrichter aus Leidenschaft) bleibt cool und smart: „Ich habe nichts Unrechtes getan."

Und „Sündenbock Nr. 2", Showmaster Carrell?

Als der deutsche Fußballzorn wegen des Madrider Schiedsrichter-Desasters seinen Höhepunkt erreicht hatte, kam Rudi eine Idee: Er ließ in seiner Show „Am laufenden Band" das Konterfei van der Krofts zum Spaß von Millionen deutscher Fernsehzuschauer mit faulen Eiern und faulen Tomaten bewerfen.

Das brachte wiederum die Holländer auf die Palme.

Die Zeitung „Voetbal International", die Fehlleistungen auf dem Gebiet des Sports und der Unterhaltung wöchentlich mit Minuspunkten bewertet, kürte Carrell zum „Sündenbock der Woche".

Es waren keine faulen Eier, aber ein blauer Brief,

REFEREE

der van der Krofts so steile Karriere abrupt zu beenden schien. Hatte Leo im April noch geschwärmt: „Montreal – das ist für meine Laufbahn der krönende Abschluß", so sah seine Fußballwelt zwei Monate später ein bißchen trüber aus. Sein Einsatz beim olympischen Fußballturnier in Montreal wurde gestrichen.

So saß der gehaßte und geschaßte Schiedsrichter (gekräuseltes Haar, große Ohren, tiefliegende Augen, Grübchen am Kinn) nun vorübergehend als „Fußball-Rentner" in seinem Vier-Zimmer-Eigenheim am Stadtrand von Den Haag.

Töchterchen Yvonne (16), ein hübscher, langbeiniger Teenager, ärgert den Vater noch immer, wenn von dem Fußballskandal von Madrid die Rede ist: „Papi, Wittkamps Tor war doch korrekt." Mit einem resoluten Blick und ziemlich barschem Ton gebietet der Papa dann Schweigen.

Morgens fährt Leo mit seinem Ford Taunus in sein Büro, raucht täglich höchstens drei Filter-Zigaretten und blättert abends in seinem Lieblingsroman „Papillon" oder Büchern ähnlicher „Machart" herum. Er hört auch gerne Sinatra-Schallplatten, spielt Tennis und Bridge und macht einmal in jeder Woche einen 90-Minuten-Waldlauf. Um fit zu sein.

Der Mann, der den deutschen Fußballmeister „um eine Einnahme von 1,5 Millionen Mark gebracht hat, weil er durch seine Entscheidungen unsere Mannschaft aus dem Wettbewerb brachte" (Manager Grashoff), weiß sonst mit Menschen umzugehen. Er ist Personalchef einer Baufirma mit 1800 Beschäftigten.

Und im Fußballgeschäft hat er auch sehr gute Freunde. Seine Frau Rietje zum Beispiel ist die Schwester des Generalsekretärs der 1200 niederländischen Profispieler.

Und weil dem so ist, saß der Skandal-Schiedsrichter von Madrid auch nicht lange auf Eis. Drei Wochen vor der Eröffnung des Turniers kam ein rosaroter Brief von der FIFA bei van der Kroft an.

Inhalt: „Sie sind rehabilitiert. Sie sind unser Schiedsrichter beim Olympia-Turnier."

Im Tresor von Borussia Mönchengladbach indes lagern die Beweise vom Fußball-Skandal in Madrid, bei dem van der Kroft eine unrühmliche Rolle spielte. Auf Zelluloid belichtet. ■

Gladbach und der Pokal: Die Geschichte des Zorns

Luggi Müller schlägt die Hände vor dem Gesicht zusammen. Evertons Torhüter Rankin hat gerade seinen Elfmeter gehalten. Damit war das Drama von Everton entschieden.

Borussia Gladbach und der Europapokal, das ist die Geschichte von Tränen, Verzweiflung, Zorn und Dramatik.

Erinnern wir uns an jenen 4. November 1970 im Goodison-Park von Liverpool, als Borussia gegen Englands Meister FC Everton spielte: An das Elfmeterschießen nach dem 1:1 in Gladbach und dem 1:1 im Liverpooler Rückspiel.

So war's: Sieloff trifft als erster Elfmeterschütze ins Tor. Laumen schießt als zweiter daneben. Heynckes als dritter: Tor. Auch Köppel trifft ins Schwarze. Luggi Müller läuft als fünfter an – es steht 4:3 für Everton – sein Elfer wird gehalten...

Daraufhin Tränen der Verzweiflung. Gladbach war aus dem Europapokal ausgeschieden. Ungeschlagen. Meinte Luggi: „Ich habe alles vermasselt!"

Berti Vogts richtete ihn auf: „Es gehört Mut dazu, in einer solchen Situation anzutreten!" Günter Netzer hatte gekniffen.

Kommentierte Helmut Schön: „Ich war immer gegen das Los, weil es nicht sportlich ist. Nach diesem Drama habe ich meine Meinung geändert. Beim Losen verliert eine ganze Mannschaft, beim Elfmeterschießen der einzelne Spieler!"

Tränen der Wut gab's in Gladbach am 20. Oktober 1971. Damals, als Inter-Star Boninsegna in der 28. Minute von einer 55-Gramm-Dose getroffen wurde. Er hatte sich fallen lassen und wurde in die Kabine gebracht. Borussen-Arzt Dr. Gerhards: „Ich habe ihn betrachtet, er hatte nichts."

Die Gladbacher hatten Inter Mailand in diesem Spiel mit 7:1 völlig auseinandergenommen. Nie hatte Borussia schöner gespielt. Aber das dicke Ende kam nach: Die UEFA annullierte das sensationelle 7:1 und ordnete eine Wiederholung in Berlin an. Die endete 0:0. Vorher hatte Inter das Rückspiel in einem „Knochenspiel" 4:2 gewonnen. Aus für Gladbach!

Wehe, wenn der Bulle kommt...

Zu den schönsten Zweikämpfen des Europapokal-Endspiels in Glasgow gehörten die Duelle zwischen Franz Roth und dem Franzosen Larque. Klarer Punktsieger: Torschütze Roth.

Der Kaiser bittet zum Tanz

*Vergeblich versuchen drei Franzosen
(im Vordergrund rechts: Piazza)
die Kreise von Franz Beckenbauer zu stören.
Doch Münchens Fußball-Kaiser
entscheidet auch diesen Tanz für sich.
Sein Paß zu einem Mannschaftskameraden ist
bereits unterwegs.*

Pardon, Monsieur

Nein, besonders elegant und vornehm war das nicht, was Münchens Vorstopper Georg Schwarzenbeck mit St-Etiennes Kapitän Larque hier anstellte. Aber wer fragt nach Eleganz – bei 30 000 Mark Siegprämie . . . ?

**Achtung,
gleich knallt's**

*Feuer frei auf das Bayern-Tor. An der Münchner Mauer (v. l.
Schwarzenbeck, Horsmann, Roth, Dürnberger und Hansen) vorbei
schießt St-Etiennes Mannschaftskapitän Larque den Freistoß
genau in die Arme von Sepp Maier.*

Müllers grüne Garde

Schon nach wenigen Minuten war Gerd Müller seiner „grünen Garde" entwischt und setzt von der Torraum-Linie zum Schuß an.
Sein Vorstopper Piazza kommt zu spät. Glück für ihn: Müllers Schuß trifft nicht.

Günter Netzer hatte schon vor der UEFA-Verhandlung im Genfer Hotel „Du Rhone" geunkt: „Die Italiener machen aus dem Dosenwurf etwas. Ihre Beziehungen reichen weit."

Und zuletzt flossen am 17. März 1976 in Madrid Tränen des Zorns, als Schiedsrichter van der Kroft den Gladbachern im Spiel gegen Real (1:1) zwei einwandfreie Tore „stahl". Wieder ohne Niederlage ausgeschieden. Das ewige Pech der Borussen will nicht aufhören.

Borussen-Manager Grashoff rechnet vor, daß dieses dreimalige Ausscheiden den Verein zwei bis drei Millionen gekostet hat. Er sagt aber auch: „Das Pech im Europacup hat uns viele Sympathien eingebracht. Die Leute mögen uns." ■

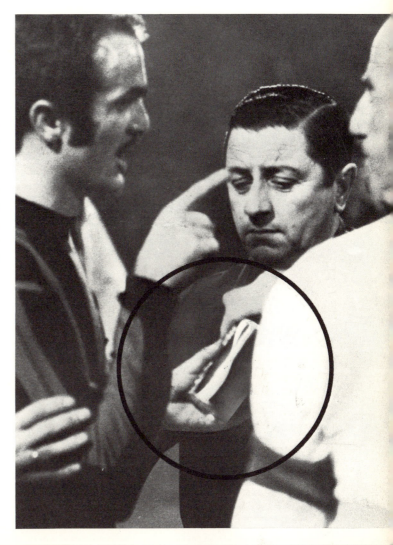

Zwei Dosen, die in der sportlichen Bilanz Borussia Mönchengladbachs eine Rolle spielten: Die eine flog 1971 Inter-Star Boninsegna an den Kopf. Das hatte fatale Folgen. Mazzola (Foto rechts) zeigt sie dem Schiedsrichter. Die zweite Dose traf am 17. März 1976 in Madrid „Hacki" Wimmer (Foto unten). Das rief stürmische Proteste hervor.

Leise, leise, ging Herr Weise

Im Mannschaftsbus bricht Panik aus. Eintracht Frankfurt hängt im Londoner Osten fest. Hoffnungslos eingekeilt in eine unüberschaubare Autoschlange. Schwitzend vor Aufregung legen sich die Spieler auf den engen Plüschsitzen ihre Bandagen an, reiben sich selbst die Muskeln mit Massageöl ein. Deutschlands Pokalsieger kommt zu seinem wichtigsten Spiel, dem Halbfinale im Europacup, zu spät.

Das ist Teammanager Dietrich Weise, dem sonst so akkuraten Ex-Buchhalter, sein Lebtag noch nie passiert. Diese Panne steht am Anfang vom Untergang des erfolgreichsten Frankfurter Trainers.

Von diesem 14. April 1976 an, nach der 1:3-Niederlage gegen West Ham, ging es Schlag auf Schlag bergab. Im nächsten Heimspiel gegen Essen (1:3) schrien die Fans: ,,Weise raus!" Das verdaute der leise Weise nie.

Nach zwei Pokalsiegen hintereinander, nach stolzen Europacup-Erfolgen gegen Spaniens Spitzenmannschaft Atletico Madrid, Sturm Graz und Coleraine warf er enttäuscht das Handtuch.

Wochenlang hatte Weise mit diesem Entschluß gerungen. Immer wieder ließ er sich die Phase seines Scheiterns durch den Kopf gehen. Denn in wenigen Wochen war alles zerstört, was er sich in zweieinhalb Jahren aufgebaut hatte: Eintracht

schied aus der Runde der deutschen Spitzen-Clubs aus und verpaßte sogar die Teilnahme am UEFA-Cup 1976/77.

Weise: ,,Ich kam zu dem Entschluß, daß man Optimales nur unter optimalen Bedingungen erreichen kann. Und die hatte ich in Frankfurt nicht!"

So sah Weise die Frankfurter Situation nicht immer. Bis zum 14. April, dem Tag des Spiels im Upton Park von West Ham, war am Main die Welt noch in Ordnung.

Weise hatte wie schon oft einen verblüffenden Schachzug getan: Der 1,85 m große Linksaußen Lorenz wurde zum Vorstopper umgeschult, um seine kopfballschwache Abwehr gegen West Ham zu verstärken.

49 Minuten lang ging es gut. Lorenz köpfte und zerstörte wie ein leibhaftiger Brite. Aber mit den in der Verzweiflung weggebolzten Bällen konnten die Supertechniker Grabowski, Hölzenbein und Nikkel nichts anfangen. So blieb der von den Engländern gefürchtete Kombinationswirbel aus. Nickel voller Selbstkritik: ,,Ich war noch auf keinem Fußballfeld so hilflos wie in West Ham!" Zu diesem nervlichen Druck kam noch Pech: Beim Stand von 0:1 wehrte Verteidiger Lampard einen Schuß Wenzels mit der Hand auf der Torlinie ab. Der Schweizer Schiedsrichter Hungerbühler versagte den pro-

Typisch Grabowski. Umringt von vier Atletico-Spielern zaubert er in Frankfurt.

Eintracht Frankfurts Weg im Cup der Pokalsieger

Eintracht Frankfurt – FC Coleraine 5:1 und 6:2 (am 16. und 30. September 1975)

Eintracht Frankfurt – Atletico Madrid 2:1 und 1:0 (am 22. Oktober und 5. November 1975)

Eintracht Frankfurt – Sturm Graz 2:0 und 1:0 (am 2. und 16. März 1976)

Eintracht Frankfurt – West Ham 2:1 und 1:3 (am 31. März und 14. April 1976)

Damit war die Eintracht im Halbfinale ausgeschieden.

testierenden Frankfurtern den klaren Handelfmeter. **In der Fernsehaufzeichnung nach Spielschluß** im Hotel Dorchester wird sein Fehler noch einmal deutlich sichtbar. Doch da haben die Frankfurter ihren Kummer längst in Whisky ertränkt.

Am 5. Mai im Brüsseler Heysel-Stadion bestreiten West Ham und Belgiens Pokalsieger RSC Anderlecht das Endspiel um den Cup der Pokalsieger. West Hams Kämpfer werden nach der Pause mit 4:2 an die Wand gespielt. Die technisch überlegenen Belgier zeigen die Grenzen der Engländer deutlich auf, sie zeigen auch, wie Eintracht hätte spielen müssen.

Aber am 14. April in London war alles anders. Da hatte nach dem trockensten englischen Frühling seit 150 Jahren zwei Stunden vor Spielbeginn der typisch englische Regen eingesetzt und das Spielfeld in eine riesige Wasserlache verwandelt. Im Schlammbad von West Ham versank die Eintracht, auf die Dietrich Weise so stolz war.

„Männer", hatte der kluge Statistiker seinen Spielern an jenem denkwürdigen 14. April vorgerechnet, „ihr seid jetzt die erfolgreichste Rückrunden-Mannschaft der Bundesliga, weil ihr endlich, endlich auch kämpfen gelernt habt."

Kampfgeist, das war in Weises Augen das, was seiner Eintracht zur absoluten Spitze noch fehlte. In West Ham kämpfte Eintracht Frankfurt bis zum Umfallen. Doch es reichte nicht. Da sah Weise keinen Ausweg mehr. Er ging still und leise. ■

West Ham-Torhüter Day klärt vor den anstürmenden Eintrachtlern Kraus und Wenzel.

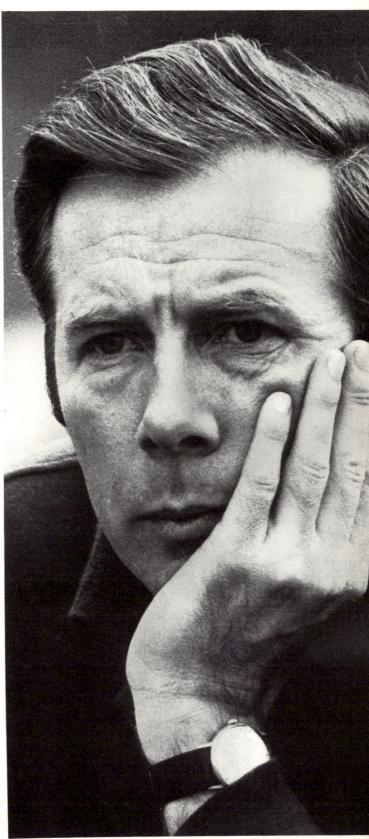

Der „Dieb" im HSV-Trikot

Beatmusik dröhnt aus den Lautsprechern. Zigarettenqualm hat die Luft in der Diskothek in Brügge stickig gemacht. Es ist kurz vor Mitternacht.

Hemdsärmelig serviert in einer schummrigen Ecke HSV-Libero Horst Blankenburg seinen Kameraden Björnmose, Hidien, Memering und Kaltz die erste Runde – einen kräftigen Schluck Whisky.

Und zu Kaltz sagt er: „Hör auf zu grübeln. Niemand macht dir Vorwürfe. Jetzt ist alles vorbei. Prost, Manfred!"

Doch für Manfred Kaltz hat der erste Schluck einen sehr bitteren Nachgeschmack. Zwei Stunden vorher war der HSV vor 30 000 Zuschauern im Halbfinale um den UEFA-Cup mit 0:1 (am 14. April 76) gegen den FC Brügge ausgeschieden.

Und das Tor für die Belgier hatte Manfred Kaltz geschossen.

Es war die 86. Minute im ausverkauften Olympia-Stadion von Brügge. Ersatzspieler Dirk Sanders, gerade für Brügges Star Ulrik Le Fevre eingewechselt, taucht im HSV-Strafraum auf. Er

Aus für den HSV im UEFA-Pokal! Kaltz hat gegen Brügge den Ball ins eigene Tor gelenkt.

Der Weg des HSV im UEFA-Cup

Erste Runde: HSV – Young Boys Bern 0:0 und 4:2 (am 17. September und 1. Oktober 1975). Foto 1 zeigt das 2:0 für den HSV. Zweite Runde: HSV – Roter Stern Belgrad 1:1 und 4:0 (Memering schießt das 3:0 gegen Belgrad, Foto 2). Dritte Runde: HSV – FC Porto 2:0 und 1:2 (am 26. November und 10. Dezember 1975). Zaczyk (Foto 3) knallt zum 1:0 ins Netz. Vierte Runde: HSV – Stal Mielec 1:1 und 1:0 (am 3. und 17. März 1976). Jubel und Sekt in der HSV-Kabine (Foto 4). Das Halbfinale HSV – Brügge endete 1:1 und 0:1 (am 31. März und 14. April 1976). Damit war der HSV ausgeschieden.

täuscht einen Flankenball an. Kaltz fällt auf diesen Trick rein. Als Sanders zum Torschuß ansetzt, reagiert Kaltz: Er hält seinen Fuß in den Schuß ...

Aber was für ein Pech! Von seiner Hacke wird der Ball abgefälscht und trudelt aufreizend langsam neben dem linken Pfosten über die Torlinie. HSV-Torwart Rudi Kargus muß ohnmächtig zusehen – er stand schon in der anderen Ecke. 0:1!

Fassungslos sehen sich die Hamburger an. Stumm. Kein Wort des Vorwurfs an den großen Pechvogel Manfred Kaltz. Auf der Reservebank schlägt Trainer Kuno Klötzer die Hände vors Gesicht – ade UEFA-Cup-Finale!

Auf den Rängen brüllen die 30 000 ihre Schlachtgesänge. Melodie: „Im Wald, da sind die Räuber ...“

Brügge hat dem HSV einen großen Triumph gestohlen. Der Dieb aber war Manfred Kaltz.

Auf der Rückfahrt ins noble Hotel „Holiday Inn“ kann sich der ehrgeizige HSV-Manager Dr. Peter Krohn die bissige Bemerkung „das muß ausgerechnet unserem Nationalspieler passieren“ nicht verkneifen.

Dabei blieb es. Sonst keine Kritik. Nur Ole Björnmose trauert der Prämie nach: „10 000 Mark! Was hätte man dafür alles kaufen können?“

Erst spät in der Nacht taut der wortkarge Manfred Kaltz auf. Einige Whsiky und der zaghafte Versuch, eine Zigarette zu rauchen, haben ihn gesprächig gemacht.

„Ich hätte mich verkriechen können, als der Ball im Netz lag“, sagt er. „Mein erstes Eigentor.“ Dann tröstet er sich mit Galgenhumor: „Der Beckenbauer hat ja schließlich auch schon Sepp Maier bezwungen.“

Das Ende des MSV

Dienstag, 4. November, 20.48 Uhr Ortszeit in Sofia: Noch sieben Minuten muß Pokalfinalist MSV Duisburg vor 55 000 entfesselten Bulgaren das 1:1 gegen Lewski/Spartak halten. Das Heimspiel am 21. Oktober hat er nach 0:2-Rückstand 3:2 gewonnen.

Da passiert es: Der verängstigte Schiedsrichter Brigulio aus Malta pfeift bei einem Foul an Kapitän Pirsig Freistoß für Sofia (!). Lewski/Spartaks Spielmacher und Torjäger Panow schießt, Milanow köpft, und Duisburgs Nationalverteidiger Dietz kann den Ball nur noch aus dem Tor fausten. Den Handelfmeter verwandelt Panow zum 2:1.

Der Treffer kostet den MSV, wie sich später herausstellt, weit über eine Million Mark: Bulgariens Vize-Meister schlägt den überraschend schwachen Weltpokalsieger Ajax Amsterdam und scheitert erst an Duisburgs Wunschgegner FC Barcelona. MSV-Präsident Paul Märzheuser: „Das wäre zweimal ein volles Haus gewesen."

In der ersten Runde hatte Duisburg Paralimni Famagusta (Zypern) 7:1 und 3:2 besiegt. Die Zyprioten hatten ihr Heimrecht an Duisburg verkauft.

Der Kopfball von Dietz (links) geht über das Tor. Sofia ist für den MSV Duisburg Endstation.

Hertha in Not

Herthas Vormarsch im UEFA-Pokal wurde schnell gestoppt. Nach zwei mühelosen Siegen über Finnlands HJK Helsinki (4:1, 2:1) war Ajax Amsterdam (1:0 in Berlin, 1:4 in Amsterdam) Endstation.

Ausgerechnet gegen die Holländer scheiterte Hertha, wo doch der Berliner Coach Georg Kessler selbst sechs Jahre lang (1964–70) Hollands Nationaltrainer war.

Köln nix guttt

Als der Russe Lowtschew am 22. Oktober 1975 in der 89. Minute das 2:0 für Spartak Moskau gegen den 1. FC Köln erzielte, gab es folgenden Dialog zwischen Trainer Tschik Cajkovski und Heinz Simmet:

Tschik: „Habt ihr nicht gesehen zwei Uhren im Stadion? Zwei Minuten nur noch spielen, muß man schießen Ball in Wolken.''

Simmet: „Waren aber keine Wolken da.''

Tschik: „Egal, muß man schießen in Tribüne.''

Da Hannes Löhr beim Rückspiel (0:1) auch noch einen Elfmeter verschoß, flog der 1. FC Köln sang- und klanglos aus dem UEFA-Cup.

In der ersten Runde hatte der erst 21jährige Matthias Brücken den 1. FC Köln in seinem ersten internationalen Spiel vor einer Blamage bewahrt: Brücken schoß in Kopenhagen gegen BK nach einem 0:2-Rückstand in der Verlängerung drei Tore. Das Hinspiel hatte Köln nur 2:0 gewonnen.

Die Spiele: Köln – Kopenhagen 2:0 und 3:2 (am 17. 9. und 1. 10.); Köln – Spartak Moskau 0:2 und 0:1 (am 22. 10. und 5. 11.). ■

Tor für Ajax Amsterdam durch Torjäger Geels. Mit 4:1 gewannen die Holländer gegen Hertha.

50 000 Berliner pfiffen am 22. Oktober 1975 beim 1:0 im Vorspiel Ajax aus. Nur Ajax-Stürmer Steffenhagen (früher Hertha) bekam Beifall.

Am 5. November im Rückkampf wurde es noch hektischer. 50 000 fanatische Holländer bombardierten Herthas Stars mit Sitzkissen, Kessler wurde als „Nazi'' beschimpft. „Mit Holland bin ich fertig'', grollte Kessler und strich das geplante Trainingslager für Juli 76 in Zeist.

Herthas Einnahme im UEFA-Cup: knapp 500 000 Mark. Erfolgreichster Torschütze: Kostedde (4). ■

Drei Russen gegen einen Kölner. Das war zu viel. Köln scheidet gegen Spartak Moskau aus.

Europacup der Meister

1956 **Real Madrid**
4:3 gegen Stade Reims

1957 **Real Madrid**
2:0 gegen AC Florenz

1958 **Real Madrid**
3:2 (n. V.) gegen AC Milan

1959 **Real Madrid**
2:0 gegen Stade Reims

1960 **Real Madrid**
7:3 gegen Eintracht Frankfurt

1961 **Benfica Lissabon**
3:2 gegen FC Barcelona

1962 **Benfica Lissabon**
5:3 gegen Real Madrid

1963 **AC Milan**
3:1 gegen Benfica Lissabon

1964 **Inter Mailand**
3:1 gegen Real Madrid

1965 **Inter Mailand**
1:0 gegen Benfica Lissabon

1966 **Real Madrid**
2:1 gegen Partizan Belgrad

1967 **Celtic Glasgow**
2:1 gegen Inter Mailand

1968 **Manchester United**
4:1 (n. V.) gegen Benfica Lissabon

1969 **AC Milan**
4:1 gegen Ajax Amsterdam

1970 **Feyenoord Rotterdam**
2:1 (n. V.) gegen Celtic Glasgow

1971 **Ajax Amsterdam**
2:0 gegen Panathinaikos Athen

1972 **Ajax Amsterdam**
2:0 gegen Inter Mailand

1973 **Ajax Amsterdam**
1:0 gegen Juventus Turin

1974 **Bayern München**
4:0 gegen Atletico Madrid in der Wiederholung

1975 **Bayern München**
2:0 gegen Leeds United

1976 **Bayern München**
1:0 gegen AS St-Etienne

Cup der Pokalsieger

1961 **AC Florenz**
2:0 und 2:1 gegen Glasgow Rangers

1962 **Atletico Madrid**
3:0 gegen AC Florenz in der Wiederholung

1963 **Tottenham Hotspur**
5:1 gegen Atletico Madrid

1964 **Sporting Lissabon**
1:0 gegen MTK Budapest in der Wiederholung

1965 **West Ham United**
2:0 gegen 1860 München

1966 **Borussia Dortmund**
2:1 (n. V.) gegen FC Liverpool

1967 **Bayern München**
1:0 (n. V.) gegen Glasgow Rangers

1968 **AC Milan**
2:0 gegen Hamburger SV

1969 **Slovan Bratislava**
3:2 gegen FC Barcelona

1970 **Manchester City**
2:1 gegen Gornik Zabrze

1971 **Chelsea London**
2:1 gegen Real Madrid in der Wiederholung

1972 **Glasgow Rangers**
3:2 gegen Dynamo Moskau

1973 **AC Milan**
1:0 gegen Leeds United

1974 **1. FC Magdeburg**
2:0 gegen AC Milan

1975 **Dynamo Kiew**
3:0 gegen Ferencvaros Budapest

1976 **RSC Anderlecht**
4:2 gegen West Ham United

UEFA-Pokal

1972 **Tottenham Hotspur**
2:1 und 1:1 gegen Wolverhampton Wanderers

1973 **FC Liverpool**
3:0 und 0:2 gegen Borussia Mönchengladbach

1974 **Feyenoord Rotterdam**
2:2 und 2:0 gegen Tottenham Hotspur

1975 **Borussia Mönchengladbach**
0:0 und 5:1 gegen Twente Enschede

Bundesliga
1975/76

Das Jahr nach Hennes

Für 16 von 18 Bundesliga-Trainern war vor dem ersten Spieltag klar: „Borussia Mönchengladbach wird den Titel erfolgreich verteidigen."

Aber Hennes Weisweiler, der nach elf Jahren Trainerarbeit überraschend seine Borussen verlassen hatte, witzelte über seinen ungeliebten Nachfolger: „Borussia wird wieder Meister, das wird auch der Udo Lattek nicht verhindern."

Eine schwere Hypothek also für Lattek, der sich aber nach den ersten Erfolgen sofort revanchierte: „Der Hennes ist wie ein Mann, der seine Frau verlassen hat und dann sauer ist, wenn seine Frau mit einem anderen gut zurechtkommt."

Borussia wurde wieder Meister. Zum vierten Male seit 1970 – so erfolgreich waren in der Bundesliga nur die Münchener Bayern.

Aber: Der große Glanz fehlte bei diesem Titelgewinn. Deshalb fehlte auch die spontane Begeisterung, als die Borussen am 4. Juni beim 1:1 in Offenbach den zur Meisterschaft noch fehlenden Punkt geholt hatten.

Nur zwei einsame Fans standen mit der grünweißen Borussen-Fahne nachts um 1.30 Uhr am Bahnhof in Gladbach, um den heimkehrenden Meister zu grüßen.

Eine Stadt verschlief den Meister.

Manager Grashoff wollte zunächst sogar die Jubelfahrt durch die Straßen der Stadt ausfallen lassen. „Wir wollen uns eine Blamage ersparen. Das hat die Mannschaft nicht verdient!" sagte er. Doch dann kamen Proteste, die Fans wurden mobil, packten Transparente und Fahnen aus, und beim 2:1 gegen den 1. FC Köln im letzten und unwichtigen Spiel jubelten dann doch 35 000 Zuschauer dem neuen und alten Meister zu.

100 000 standen beim Triumphzug an den Straßen: „Da wußten wir endlich, daß wir Meister waren", freute sich Kapitän Berti Vogts.

Woran lag es eigentlich, daß nach der Begeisterung in der ersten Serie mit Superspielen in Köln und Kaiserslautern das große Zittern begann, daß der beruhigende Vorsprung von fünf Punkten zum Schluß bis auf einen einzigen zusammengeschrumpft war?

Bleiben wir zunächst bei den Superspielen. Nach dem 3:0-Sieg gegen Kaiserslautern schwärmte Real Madrids Trainer Miljan Miljanic: „Schöner kann man nicht spielen." Und als die Borussen im neuen Kölner Stadion 4:0 gewannen und dabei 90 Minu-

ten lang Traumfußball demonstrierten, als 60 000 Kölner die Gladbacher feierten, sagte Torjäger Jupp Heynckes überwältigt: „Das war Fußball aus dem Jahre 2000." Selbst der damalige Kölner Trainer Tschik Cajkovski lobte: „Simmonsen, Jensen und Heynckes, das ist der beste Sturm der Welt."

Und als die Borussen in Baden-Baden von den deutschen Journalisten zur „Mannschaft des Jahres" ausgezeichnet wurden, da schwärmte der weltbekannte Fußball-Manager Julius Ukrainczyk: „Borussia – das ist die Mannschaft, die den Zuschauern für Geld Tore schenkt, deshalb kann ich sie im Ausland so gut verkaufen."

Selbst Franz Beckenbauer reihte sich in die Reihe der Schwärmer ein: „In dieser Mannschaft würde ich gern mal spielen. Leider ist das wegen des Geldes utopisch."

Im Herbst gab es dann kleine Anzeichen für eine Krise. Die Spieler, an die Autorität Weisweilers gewöhnt, wußten mit der kameradschaftlichen Art von Lattek nur wenig anzufangen. Da nahm Jupp Heynckes seinen Freund Berti Vogts beiseite: „Du, Berti, du mußt uns zusammenstauchen, wenn es nicht läuft. Auf dich hören doch alle."

Die richtige Krise kam im Frühjahr. Zweifellos hatte die Umstellung Latteks vom Weisweiler-Stil (bedingungslose Offensive mit zeitweiligen Verschnaufpausen) zum neuen Lattek-Stil („So defensiv wie notwendig, so offensiv wie möglich") nicht hundertprozentig funktioniert.

Der empfindliche Lattek aber begründete den Leistungsabfall mit miserablen Spielen (0:2 in Bochum, 1:2 gegen RW Essen, 1:1 gegen Berlin, 0:2 gegen Schalke) so: „Der Vorsprung von fünf Punkten hat uns zu selbstsicher und nachsichtig gemacht."

Außerdem führte Lattek an: „Der Betrug von Madrid hatte auch in der Bundesliga seine Auswirkungen. Wir verloren in München 0:4, fast ohne Gegenwehr." Aber er nannte noch andere Argumente: „Bonhof und Heynckes fehlten uns in einigen wichtigen Spielen, niemand hat das vermerkt."

Wie nervös die Gladbacher waren, wie abergläubisch sie schließlich wurden, das zeigen diese Beispiele: Rainer Bonhof wollte sich seinen Bart erst

Es grüßt der alte und neue Deutsche Fußballmeister Borussia Mönchengladbach. Stolz hält Trainer Udo Lattek die „Salatschüssel" in die Höhe. Neben ihm seine Stützen Berti Vogts und Torwart Kleff.

dann abnehmen, wenn Borussia Meister ist. Udo Lattek trank wochenlang keinen Alkohol: „Erst wieder wenn wir Meister sind. Wer mich vorher erwischt, dem zahle ich 500 Mark."

Als Lattek dann nach der 0:2-Niederlage gegen Schalke (das sollte das Meisterstück werden) entnervt doch zwei Glas Bier trank, mußte er die 500 Mark in die Mannschaftskasse zahlen. Und Manager Helmut Grashoff, der zum Spiel gegen Schalke elf Flaschen Champagner in den Kühlschrank gelegt hatte, weigerte sich in Offenbach, Sekt im voraus zu kaufen: „Dann wird das wieder nichts."

Daß diesmal der Meister-Glanz etwas fehlte, lag auch an der vorprogrammierten Meisterschaft: 23 Spieltage standen die Gladbacher ununterbrochen an der Tabellenspitze – vom 12. bis zum 34. Spieltag, und schon vorher waren sie viermal Spitzenreiter gewesen. „Für die Leute war das doch alles selbstverständlich und für uns wohl auch", bestätigte Berti Vogts.

Der Beweis dafür, daß Gladbach in dieser Saison klar die beste Mannschaft war, sind diese Zahlen:

Nur fünf Niederlagen, vier Punkte Vorsprung,

Gladbach ist Meister – Offenbach muß absteigen. Das war die traurige Wahrheit für die Offenbacher nach dem 1:1 gegen Borussia. Oben: Bitz (links) und Stielike gehen gemeinsam vom Platz.

Das war der Titel für Gladbach. In dieser Sekunde hat Simmonsen das Ausgleichstor zum 1:1 erzielt.

mit 19:15 Punkten die beste Auswärtself. Mit zwölf Spielen ohne Niederlage und 20:4 Punkten die beste Serie.

Franz Beckenbauer gratulierte Vogts: „Ihr seid die beste und ausgeglichenste Mannschaft."

Obwohl die Borussen am Bökelberg oft nur mühsam gewannen und dort nie (ausgenommen das 3:0 gegen Duisburg und das 4:1 gegen die Bayern) berauschend spielten, kamen mehr Zuschauer als im Meisterschaftsjahr davor. 1975 waren es 340 351 – jetzt kamen 386 152.

Und wo die Borussen spielten, waren die Stadien ausverkauft. 60 000 in Hamburg, 77 000 in München, 60 000 in Köln. Insgesamt lockten die Gladbacher auswärts 730 000 Fans an. Deshalb sagt Manager Helmut Grashoff: „So schlecht können wir ja nicht gewesen sein." Dennoch ärgert er sich: „Den anderen machen wir die Kassen voll, wir aber müssen mit unserem bescheidenen Stadion Kopfstände machen, damit wir mit unserer teuren Mannschaft über die Runden kommen."

Wie teuer die Gladbacher sind, zeigen diese Zahlen: Bonhof, Vogts und Heynckes verdienten im

Schon auf dem Platz beginnt die Meisterfeier der Borussen. Bonhof gratuliert dem Torschützen Simmonsen.

letzten Jahr jeder 240 000 Mark. Jensen, Simmonsen, Danner und Wimmer lagen bei rund 200 000 Mark. Den Liebhaberpreis seiner Mannschaft für das Ausland bezifferte Manager Grashoff auf 20 Millionen Mark. „In der Bundesliga hat unsere Mannschaft wohl einen Marktwert von 12 Millionen Mark", rechnete Grashoff aus.

Um diese gutverdienenden Stars bei einem kleinen Stadion gut bezahlen zu können, verkauften Präsident Dr. Beyer und Manager Grashoff das Trikot mit der Aufschrift „Erdgas-Heizung" für 750 000 Mark jährlich an die Ruhr-Gas-AG in Essen.

Wenn man Berti Vogts fragt, warum diese Borussen denn nun erneut Meister wurden, dann hat er eine einfache Antwort: „Weil wir wohl mehr als alle anderen trainieren."

Für den neuen Trainer Udo Lattek war dies die positivste Erkenntnis seines ersten Meisterjahres: „Die sind nicht nur im Spiel begeisterungsfähig, sondern auch im Training." ■

Auf einem Bus fährt die Gladbacher Meisterelf durch die jubelnde Menge (oben). Und hier noch drei Stationen auf dem Weg zum Triumph: Foto 1: Wittkamp jubelt beim 4:1 gegen Bayern. Foto 2: Stielike macht beim 1:1 gegen den HSV den „sterbenden Schwan". Foto 3: Gladbach zeigt beim 4:0 in Köln Super-Fußball. Simmonsen schießt gerade das 1:0.

Bundesliga nach Noten

Franz Beckenbauer
In zehn Jahren – neunmal der Beste

64 BILD- und BILD-am-Sonntag-Reporter haben die Zahlen- und Noten-Reihen zusammengetragen. Sie haben alle Bundesligaspiele besucht und dabei jeden einzelnen Spieler bewertet. Und zwar in der umgekehrten Reihenfolge der Schulnoten. Sechs ist bei uns Weltklasse, 5 = länderspielreif, 4 = stark, 3 = guter Durchschnitt, 2 = mäßig, 1 = sehr schwach, 0 = hat das Geld nicht verdient. Alle Noten wurden in den BILD-Computer gegeben und dort gespeichert. Der hat sie für das „Fußball-Jahrbuch" wieder ausgespuckt. So können Sie jetzt lesen, was Ihre Lieblinge im Lauf des Jahres geleistet haben. Wieviel Tore sie schossen, was die ausländischen Stars auf der Pfanne hatten und ob Kaiser Franz auch mal nur „mäßig" spielte. Wenn Sie wollen, können Sie die Mannschaft der Besten zusammenbauen oder andere Spielereien anstellen.

An anderer Stelle haben wir die je drei besten Bundesligaspieler seit Einführung der Benotung 1965 dem Computer entlockt. Klarer Fall, daß wir auch die Schiedsrichter berücksichtigt haben. In diesem Jahr war zum Beispiel der Oberhausener Weyland Erster. Ausgerechnet in dem Jahr, in dem er seinen Schwarzkittel für immer ausziehen will.

Wir wünschen Ihnen auf jeden Fall viel Spaß beim Zahlen- und Noten-Spiel. ■

1. Beckenbauer (Bayern)	4,24	
2. Vogts (M'gladbach)	4,06	
3. Grabowski (Frankfurt)	3,94	
4. Maier (Bayern)	3,91	
5. Neuberger (Frankfurt)	3,71	
6. Popivoda (Braunschweig)	3,67	
7. Hölzenbein (Frankfurt)	3,65	
8. Dietz (Duisburg)	3,65	
9. Beer (Hertha BSC)	3,65	
10. Wimmer (KSC)	3,65	
11. Zander (Hertha BSC)	3,60	
12. Hellström (K'lautern)	3,59	
13. Kargus (HSV)	3,59	
14. Heinze (Duisburg)	3,59	
15. Wimmer (M'gladbach)	3,59	
16. Burdenski (Werder)	3,58	
17. Rüßmann (Schalke)	3,55	
18. Müller (Bayern)	3,55	
19. E. Diehl (K'lautern)	3,52	
20. Riedl (K'lautern)	3,52	
21. Nogly (HSV)	3,50	
22. Hahn (Uerdingen)	3,50	

23. Helmschrot (Offenbach)	3,50	
24. Oblak (Schalke)	3,48	
25. Geye (Düsseldorf)	3,48	
26. Wolter (Hertha BSC)	3,47	
27. Wittkamp (M'gladbach)	3,47	
28. Fischer (Schalke)	3,47	
29. Roentved (Werder)	3,47	
30. Franke (Braunschweig)	3,47	
31. Tenhagen (Bochum)	3,47	
32. Bonhof (M'gladbach)	3,45	
33. Melzer (K'lautern)	3,44	
34. Dürnberger (Bayern)	3,44	
35. Zaczyk (HSV)	3,43	
36. Diefenbach (Hertha BSC)	3,42	
37. Nickel (Frankfurt)	3,42	
38. E. Kremers (Schalke)	3,42	
39. Höttges (Werder)	3,41	
40. Fichtel (Schalke)	3,41	
41. Hollmann (Braunschweig)	3,41	
42. Görts (Werder)	3,41	
43. Horr (Hertha BSC)	3,40	
44. Lippens (RW Essen)	3,40	

45. Wienhold (Frankfurt)	3,39	
46. Schäfer (KSC)	3,39	
47. Damjanoff (Hannover)	3,39	
48. Nigbur (Schalke)	3,38	
49. Schumacher (1. FC Köln)	3,38	
50. Pauly (Hannover)	3,38	
51. Bongartz (Schalke)	3,38	
52. Heynckes (M'gladbach)	3,38	
53. Volkert (HSV)	3,37	
54. Lameck (Bochum)	3,35	
55. Kaltz (HSV)	3,35	
56. Seel (Düsseldorf)	3,35	
57. Scheer (K'lautern)	3,35	
58. Simmonsen (M'gladbach)	3,35	
59. Danner (M'gladbach)	3,35	
60. Schwarzenbeck (Bayern)	3,34	
61. Konopka (1. FC Köln)	3,33	
62. Cullmann (1. FC Köln)	3,33	
63. Dittel (Hannover)	3,33	
64. Topalovic (1. FC Köln)	3,33	
65. Theis (Offenbach)	3,33	
66. Handschuh (Braunschweig)	3,33	

Eins, zwei, drei, wer hat den Ball?

34 Spieltage in der Bundesliga-Saison, 34mal Höchstleistung im Fußball. Diese Szene aus dem Spiel Bayern – Frankfurt ist typisch für viele packende Szenen der vergangenen Spielzeit. Die Bundesliga – sie war der Grundstein für zahlreiche internationale Erfolge.

*Berti am Ball – und die Bayern laufen
hinterher (Horsmann und Kapellmann). So war es auch
in der Bundesliga: Die Mönchengladbacher
holten sich wieder den deutschen Meistertitel, die Bayern
leisteten sich in den Punktspielen zuviele Ausrutscher.*

Berti gibt Gas

Alle Jahre wieder... Auf dem heimischen Bökelberg präsentiert sich Borussia Mönchengladbach nach dem Spiel gegen den 1. FC Köln als alter und neuer Deutscher Fußballmeister.

Der Meister

Bundesliga –
an jedem Samstag
Spannung

Ein Torwart in der Krise

Es war nicht das beste Bundesliga-Jahr, das der Gladbacher Torwart Wolfgang Kleff in der Saison 75/76 hinter sich brachte. Viele „Schnitzer" und Verletzungen warfen ihn sportlich zurück. Er gehörte nicht mehr zum Kreis der Nationalelf und seine Kameraden in Gladbach frotzelten: Wartet nur ab, wenn wir eines Tages wieder mit Torwart spielen... Immerhin: Kleff überwand seine Formkrise und sicherte so seiner Elf den Titel. Das Foto zeigt Kleff bei einer Parade im Spiel gegen Bremen.

67. Pirrung (K'lautern)	3,32
68. Kapellmann (Bayern)	3,31
69. Roth (Bayern)	3,31
70. Zewe (Düsseldorf)	3,30
71. Jensen (M'gladbach)	3,30
72. Kliemann (Hertha BSC)	3,30
73. K. Toppmöller (K'lautern)	3,28
74. Brück (Hertha BSC)	3,27
75. Stielike (M'gladbach)	3,27
76. Blumenthal (Hannover)	3,26
77. W. Schneider (Duisburg)	3,26
78. Grau (Hertha BSC)	3,26
79. Björnmose (HSV)	3,25
80. Hesse (Düsseldorf)	3,25
81. Herzog (Düsseldorf)	3,25
82. Zimmermann (1. FC Köln)	3,25
83. Gersdorff (Braunschweig)	3,25
84. Trinklein (Frankfurt)	3,25
85. Overath (1. FC Köln)	3,24
86. Bast (RW Essen)	3,24
87. Köper (Bochum)	3,24
88. Reichel (Frankfurt)	3,23
89. Kaczor (Bochum)	3,23
90. Schäffner (KSC)	3,23
91. Worm (Duisburg)	3,23
92. Frank (Braunschweig)	3,21
93. Körbel (Frankfurt)	3,21
94. Kalb (KSC)	3,21
95. Zimmermann (Düsseldorf)	3,21
96. Weiner (Hertha BSC)	3,21
97. W. Weber (1. FC Köln)	3,20
98. Ripp (HSV)	3,20
99. Erler (Braunschweig)	3,19
100. Rausch (Offenbach)	3,18
101. Kleff (M'gladbach)	3,18
102. Bredenfeld (KSC)	3,18
103. Bella (Duisburg)	3,17
104. D. Müller (1. FC Köln)	3,16
105. Anders (Hannover)	3,16
106. Flohe (1. FC Köln)	3,15
107. Kontny (Werder)	3,14
108. Grzyb (Braunschweig)	3,14
109. Woyke (Düsseldorf)	3,14
110. Memering (HSV)	3,14
111. Jara (Duisburg)	3,14
112. Frosch (K'lautern)	3,13
113. Stiller (Hannover)	3,13
114. Merkhoffer (Braunschweig)	3,13
115. Haebermann (Braunschweig)	3,13
116. Blasey (RW Essen)	3,13
117. Krobbach (HSV)	3,13
118. Kübler (KSC)	3,13
119. Hoeneß (Bayern)	3,13
120. Lütkebohmert (Schalke)	3,12
121. Held (Offenbach)	3,12
122. Köstner (Uerdingen)	3,12
123. Brei (Düsseldorf)	3,12
124. Hrubesch (RW Essen)	3,10
125. Dremmler (Braunschweig)	3,10
126. Versen (Bochum)	3,10
127. Gede (Schalke)	3,10
128. Kroth (K'lautern)	3,09
129. Pirsig (Duisburg)	3,09
130. Sandberg (K'lautern)	3,09
131. Hermandung (Hertha BSC)	3,09
132. Hansen (Bayern)	3,08
133. Kraus (Frankfurt)	3,08
134. Burgsmüller (RW Essen)	3,07
135. Scholz (Bochum)	3,06

136. Röber (Werder)	3,06
137. Meier (K'lautern)	3,06
138. Eggeling (Bochum)	3,06
139. Assauer (Werder)	3,05
140. Kriegler (Düsseldorf)	3,04
141. Brinkmann (Uerdingen)	3,03
142. Hidien (HSV)	3,03
143. Löhr (1. FC Köln)	3,03
144. Berger (KSC)	3,00
145. Hiller (Werder)	3,00
146. Jung (KSC)	3,00
147. Trimhold (Bochum)	3,00
148. Komorowski (KSC)	3,00
149. Berg (Offenbach)	3,00
150. Ettmayer (HSV)	3,00
151. Müller (Frankfurt)	3,00
152. Kostedde (Hertha BSC)	3,00
153. Simmet (1. FC Köln)	3,00
154. Trenkel (KSC)	3,00
155. Ulrich (KSC)	3,00
156. Höfer (Hannover)	3,00
157. Eigl (HSV)	3,00
158. Lorant (RW Essen)	3,00
159. Struth (KSC)	3,00
160. Wieczorkowski (RW Essen)	3,00
161. Horsmann (Bayern)	3,00
162. Walbeek (Hertha BSC)	3,00
163. Kessler (KSC)	3,00
164. Dietrich (Werder)	3,00
165. Linders (Duisburg)	3,00
166. Fuchs (KSC)	3,00
167. Schmidradner (Offenbach)	3,00
168. Zobel (Bayern)	3,00
169. Flindt (KSC)	3,00
170. Neumann (1. FC Köln)	3,00
171. Strack (1. FC Köln)	3,00
172. Konschal (Braunschweig)	3,00
173. Fromm (Bochum)	2,97
174. Sobieray (Schalke)	2,97
175. Weber (Hannover)	2,96
176. Kamp (Werder)	2,96
177. Bregman (Duisburg)	2,96
178. Ritschel (Offenbach)	2,96
179. H. Kremers (Schalke)	2,95
180. Bertl (HSV)	2,95
181. Wilhelmi (K'lautern)	2,94
182. Bitz (Offenbach)	2,94
183. Wenzel (Frankfurt)	2,94
184. Sperlich (HSV)	2,94
185. Blankenburg (HSV)	2,93
186. Franke (Bochum)	2,93
187. Schlief (Werder)	2,93
188. Thies (Duisburg)	2,92
189. Huhse (RW Essen)	2,91
190. Meyer (Hannover)	2,91
191. Schäffer (M'gladbach)	2,91
192. Rummenigge (Bayern)	2,91
193. Baltes (Düsseldorf)	2,91
194. Bücker (Duisburg)	2,91
195. Lenzke (Uerdingen)	2,91
196. Bruns (Schalke)	2,91
197. Lüttges (Hannover)	2,90
198. Neues (RW Essen)	2,90
199. Eggert (Bochum)	2,90
200. Stegmayer (Hannover)	2,90
201. Klinkhammer (M'gladbach)	2,89
202. Stickel (K'lautern)	2,89
203. Bracht (Werder)	2,88
204. Dr. Kunter (Frankfurt)	2,88

205. Wloka (Uerdingen)	2,88
206. Kaemmer (Hannover)	2,87
207. Zembski (Braunschweig)	2,86
208. Thiele (Schalke)	2,86
209. Rohr (Offenbach)	2,85
210. Pochstein (Bochum)	2,85
211. Hickersberger (Offenbach)	2,85
212. Kroke (Uerdingen)	2,84
213. Weiß (Bayern)	2,83
214. Skala (Offenbach)	2,82
215. Szymanek (Hertha BSC)	2,82
216. Prehn (Uerdingen)	2,82
217. Wörmer (RW Essen)	2,81
218. Gerland (Bochum)	2,80
219. Ristic (Braunschweig)	2,79
220. Rasmussen (Hertha BSC)	2,78
221. Hoffmann (KSC)	2,78
222. Janzon (Offenbach)	2,77
223. Dubski (Schalke)	2,76
224. Büssers (Duisburg)	2,76
225. Beverungen (Frankfurt)	2,76

Noten-Durchschnitt der „Ausländer"
(5 Spiele mindestens)

1. Popivoda (Braunschweig)	3,67
2. Hellström (K'lautern)	3,59
3. Oblak (Schalke)	3,48
4. Roentved (Werder)	3,47
5. Lippens (RW Essen)	3,40
6. Simmonsen (M'gladbach)	3,35
7. Topalovic (1. FC Köln)	3,33
8. Jensen (M'gladbach)	3,30
9. Björnmose (HSV)	3,25
10. Jara (Duisburg)	3,14
11. Sandberg (K'lautern)	3,09
12. Hansen (Bayern)	3,08
13. Ettmayer (HSV)	3,00
14. Walbeek (Hertha BSC)	3,00
15. Schmidradner (Offenbach)	3,00
16. Andersson (Bayern)	3,00
17. Flindt (KSC)	3,00
18. Bregman (Duisburg)	2,96
19. Hickersberger (Offenbach)	2,85
20. Ristic (Braunschweig)	2,79
21. Rasmussen (Hertha BSC)	2,78
22. Bastrup (Offenbach)	2,72
23. Mattsson (Düsseldorf)	2,62
24. Torstensson (Bayern)	2,50
25. Magnusson (Hertha BSC)	2,50
26. Aslund (Werder)	2,46
27. Dahl (Hannover)	2,40
28. Kottan (Uerdingen)	2,29

226. Wunder (Bayern/Hannover 96)	2,76
227. Köhnen (Düsseldorf)	2,75
228. Ellbracht (Bochum)	2,75
229. Glowacz (1. FC Köln)	2,74
230. Sziedat (Hertha BSC)	2,73
231. Mostert (Uerdingen)	2,72
232. Hein (1. FC Köln)	2,72
233. Bastrup (Offenbach)	2,72

Die Besten
seit 1965/66

234. Schwarz (K'lautern)	2,71
235. Holz (Hannover)	2,71
236. Riege (Uerdingen)	2,70
237. Rynio (RW Essen)	2,70
238. Blechschmidt (Offenbach)	2,69
239. Bihn (Offenbach)	2,69
240. Miss (Bochum)	2,69
241. L.Schneider (Duisburg)	2,67
242. Lübeke (Uerdingen)	2,67
243. Wesche (Hannover)	2,67
244. Krauth (KSC)	2,65
245. Funkel (Uerdingen)	2,65
246. Weist (Werder)	2,64
247. Weidle (Frankfurt)	2,63
248. Fürhoff (RW Essen)	2,63
249. Mattsson (Düsseldorf)	2,62
250. Abramczik (Schalke)	2,61
251. Sidka (Hertha BSC)	2,58
252. Balte (Bochum)	2,58
253. Strauch (RW Essen)	2,57
254. Stieber (Uerdingen)	2,57
255. Dörre (RW Essen)	2,57
256. Lurz (Uerdingen)	2,57
257. Reimann (HSV)	2,57
258. Fass (Offenbach)	2,55
259. Seliger (Duisburg)	2,53
260. Bruckmann (Duisburg)	2,53
261. Torstensson (Bayern)	2,50
262. Enders (Offenbach)	2,50
263. Hiestermann (1. FC Köln)	2,50
264. Magnusson (Hertha BSC)	2,50
265. Hellfritz (Braunschweig)	2,50
266. Kulik (Hannover)	2,50
267. Raschid (Uerdingen)	2,47
268. Aslund (Werder)	2,46
269. Müllner (Werder)	2,45
270. Ohling (Werder)	2,43
271. Czernotzky (Düsseldorf)	2,43
272. Lindner (RW Essen)	2,41
273. Dahl (Hannover)	2,40
274. Hansel (Uerdingen)	2,33
275. Kottan (Uerdingen)	2,29
276. Oleknavicius (Offenbach)	2,14
277. Falter (Uerdingen)	2,13
278. Hayduck (Hannover)	2,12
279. Willi (Uerdingen)	1,86

1965/66
1. Beckenbauer (Bayern)	4,42
2. Lorenz (Werder)	4,17
Netzer (M'gladbach)	4,17
W. Schulz (HSV)	4,17

1966/67
1. Beckenbauer (Bayern)	4,45
2. Wolter (Braunschweig)	4,22
3. W. Schulz (HSV)	4,20

1967/68
1. Bäse (Braunschweig)	4,27
2. Beckenbauer (Bayern)	4,11
3. Vogts (M'gladbach)	4,08

1968/69
1. Beckenbauer (Bayern)	4,50
2. Vogts (M'gladbach)	4,35
3. Netzer (M'gladbach)	4,33

1969/70
1. Beckenbauer (Bayern)	4,74
2. Netzer (M'gladbach)	4,24
3. Vogts (M'gladbach)	4,18

1970/71
1. Beckenbauer (Bayern)	4,39
2. Netzer (M'gladbach)	4,31
3. Vogts (M'gladbach)	4,15

1971/72
1. Beckenbauer (Bayern)	4,45
2. Netzer (M'gladbach)	4,21
3. Grabowski (Frankfurt)	4,08

1972/73
1. Beckenbauer (Bayern)	4,41
2. Maier (Bayern)	3,91
3. Müller (Bayern)	3,84

1973/74
1. Beckenbauer (Bayern)	4,30
2. Grabowski (Frankfurt)	4,00
3. Breitner (Bayern)	3,88
Hölzenbein (Frankfurt)	3,88

1974/75
1. Beckenbauer (Bayern)	4,12
2. Vogts (M'gladbach)	4,06
3. Lippens (RW Essen)	3,97

1975/76
1. Beckenbauer (Bayern)	4,24
2. Vogts (M'gladbach)	4,06
3. Grabowski (Frankfurt)	3,94

Herr Ober, bitte einen Ahlenfelder

Schon die Begrüßung sprengte den üblichen Rahmen: Nach dem Handschlag zeigte Wolf-Dieter Ahlenfelder aus Oberhausen den Reportern stolz seinen stattlichen Bauch. Das war am 8. November 1975 im Bremer Hotel „Zur Post", zwei Stunden vor dem Bundesligaspiel Werder gegen Hannover.

Nach der Nabelschau stand Schiedsrichter Ahlenfelder, dessen Atem einem Luft-Alkoholgemisch vergleichbar war, ein unvergeßlicher Tag in seiner Laufbahn bevor.

Als er das Weserstadion betrat, irrte er sich zunächst mehrmals in der Kabinentür, obwohl er die Räumlichkeiten kannte. Durch diese „Fehltritte" und durch Ahlenfelders eigenwilligen Atem aufgeschreckt, ließ ein Werder-Angestellter einen Arzt rufen. Dieser reichte dem Schiedsrichter ein Grippemittel – gewissermaßen als „Fahnentöter".

15.30 Uhr, Anpfiff – die größte Einmann-Show der Bundesliga kann beginnen:
● Ahlenfelder knurrt Hannovers Trainer „Fiffi" Kronsbein wie eine wütende Wildkatze an, als der seine Anweisungen gibt.
● Ahlenfelder grinst, schimpft, schmollt. Und Sekunden später gestikuliert er wild mit den Händen – wie ein Dirigent beim Schlußakkord.
● Der Höhepunkt nach 30 Minuten: Ahlenfelder pfeift zur Halbzeit. Für Sekunden hat er vergessen, daß ein Fußballspiel zweimal 45 Minuten dauert . . .
● Beim Gang in die Kabine streckt er einem Fotografen die Zunge raus. 20 000 lachen. In der Pause flachst Werder-Präsident Dr. Franz Böhmert: „Für diese Show hätte man die Eintrittspreise erhöhen müssen."

Hannovers Boß Ferdinand Bock regt an, was er später nicht mehr wahrhaben wollte: „Dem muß man sofort eine Blutprobe entnehmen, der ist ja blau." Dabei wirft er ein Auge durchs Schlüsselloch in die Schiedsrichter-Kabine. Ahlenfelder tags darauf: „Ich hab' vorher nicht gesoffen." Er räumt lediglich ein: „Wir sind doch Männer, wir trinken keine Brause! Ich habe vor dem Spiel zum Essen ein Bier und einen Malteser getrunken."

Selten hat so wenig Alkohol so viel Freude gemacht. Vor lauter Lachen endete das Spiel 0:0. Und in Schiedsrichter-Kreisen bestellt man seitdem zum Bier stets einen Ahlenfelder . . .

Fischer – Schalkes Abenteuer

Minus 18 Grad zeigte das Thermometer. Nur langsam wühlte sich der Opel Rekord durch den tiefen Schnee nach Zwiesel im Bayerischen Wald. „Sauwetter", schimpfte der Fahrer.

Schalkes Präsident Günther Siebert und sein Schatzmeister Heinz Aldenhoven rollten über die frostklirrende Landstraße. Auf dem Rücksitz des Wagens: Der Bomber, der Schalke 04 in eine sorgenfreie Zukunft schießen sollte.

Schon am Trainingsplatz von 1860 München hatte der Kampf um den Torjäger Klaus Fischer, damals 20 Jahre alt, begonnen. Wie kreisende Geier waren die dicken Autos der Konkurrenz um das 1860-Gelände gefahren. Aufkäufer aus Stuttgart, aus Köln, aus Dortmund.

Über das Dach der Umkleidekabine war dann der Bomber schließlich geklettert und hatte sich in den Wagen der Schalker geschwungen. Denn Schalke war sein Lieblingsverein. Und Schalke zahlte auch das meiste Geld. Um den Handel perfekt zu machen, brauchte der unmündige Fischer im Jahre 1970 noch die Unterschrift seines Vaters.

„Es war mein größtes Abenteuer", sagte später Schalkes Präsident Günther Siebert, „das ich je bei einer Neuverpflichtung hatte."

Im Hause Fischer warteten Vater, Mutter, Geschwister und auch die Oma auf die Herren von Schalke.

„Hier ist ein Scheck über 120 000 Mark", sagte der Präsident. Die Fischers zögerten. Bis schließlich die Oma den Ausschlag gab: „Wenn das so gut ist wie bares Geld, wie die Herren sagen, dann wird es schon seine Richtigkeit haben", sagte sie. Vater und Mutter Fischer kritzelten ihre Unterschrift unter den Vertrag.

Später war Günther Siebert sicher: „Das war der beste Kauf in meiner Zeit als Schalker Präsident."

Jahr für Jahr schoß der Bomber seine Tore. Und in der Saison 1975/76 wurde er Torschützenkönig der Bundesliga. 29 Treffer. 29 Tore – obwohl die gegnerischen Vorstopper bei diesem Mittelstürmer genau wußten: Er ist der gefährlichste Mann.

Dennoch ist da etwas, was den Schalker Goalgetter schier zur Verzweiflung bringt: Trotz aller Tore – er darf nicht in der Nationalelf spielen.

Wegen einer Lüge, wegen eines Meineides; aus-

Bundesliga-Jubiläum: Am letzten Spieltag beim 7:4 gegen Hertha BSC erzielte Gerd Müller sein 300. Tor in der höchsten deutschen Spielklasse (oben). Ratlos krabbelt Hertha-Torwart Wolter am Boden.

Ein Tor „Marke Fischer" (rechts). Schalkes Mittelstürmer – hier bei einem Treffer gegen den Karlsruher SC – erzielte in der Saison 29 Tore. In die Nationalelf kam er dennoch nicht. Sie wissen schon – der Skandal . . .

gesprochen im kargen Amtszimmer des Gelsenkirchener Amtsgerichts.

Da nämlich hatte Fischer behauptet: „Ich habe im Zusammenhang mit dem Bundesligaspiel gegen Arminia Bielefeld (17. 4. 71) nichts von Manipulation gewußt, noch Geld dafür kassiert." Dafür wurde er wegen Meineides bestraft.

Bundestrainer Helmut Schön hätte ihn sicher liebend gern in die Nationalelf geholt, als der Bomber der Nation, Gerd Müller, seinen Abschied nahm.

Denn: Fischers Tore sind die spektakulärsten. Sein Treffer zum 2:0 in Karlsruhe wurde vom Deutschen Fernsehen (ARD) zum Tor des Jahres ausgerufen. Seine Kopfballtore kommen wie Torpedos. Und seine Schüsse...? Trainer Friedel Rausch: „Eine einzige Wonne!"

„Ich würde das Handgeld eines Jahres dafür opfern (das sind 100 000 DM), um in der Nationalelf spielen zu können", sagt der Vater von zwei Kindern und Besitzer einer Glasboutique in Gelsenkirchen.

Mehr als fünf schafft der Bomber nie

„Man sollte es nicht glauben", wunderte sich Ex-Nationaltorhüter Horst Wolter, „aber der Gerd ist noch genauso gefährlich und unberechenbar wie auf dem Höhepunkt seiner Karriere."

Ein verständliches Kompliment, denn Bayern-Bomber Gerd Müller hatte dem Hertha-Torwart im letzten Spiel der Saison beim 7:4 fünf Tore ins Netz gesetzt; seine Bundesliga-Treffer 300 bis 304.

Keiner hat so oft getroffen. Zweitbester Bundesliga-Torschütze aller Zeiten ist Heynckes mit 187 Treffern.

Fünf Tore in einem Spiel, das glückte Müller zuvor bereits viermal: Beim 7:0 gegen Oberhausen und beim 6:0 gegen Kaiserslautern (jeweils Bundesliga), beim 5:0 gegen Kaiserslautern (Pokal) und beim 9:0 gegen Nikosia (Europacup).

„Aber sechs Treffer schaffe ich wohl nie. Fünf Tore sind eine magische Grenze", rätselt der treffsichere Müller, der es in der abgelaufenen Saison trotz vierteljähriger Verletzungspause immerhin noch auf 23 Tore brachte. Das war immerhin noch der zweite Rang hinter Torschützenkönig Fischer (29 Treffer).

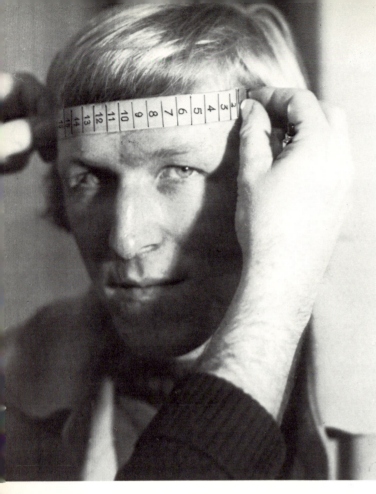

Das Kopfball-

Trainer tobten, Abwehrspieler fluchten, Torhüter prügelten den unschuldigen Rasen. Ein mächtiger, kantiger Westfalenschädel, der sich höher reckte als jeder andere in der Bundesliga, verbreitete Angst und Schrecken.

Horst Hrubesch, ein Jahr zuvor noch in der Bezirksliga-Mannschaft des SC Westtünnen bei Hamm, war die Torjäger-Entdeckung der Saison 1975/76.

Rot-Weiß Essens Präsident Will Naunheim kaufte den blonden 1,93-m-Mann für ganze 18 000 Mark und ein Ablösespiel. Zwölf Monate später war Horst Hrubesch seinem Präsidenten soviel wert wie ein Panzer, nämlich 1,5 bis 2 Millionen Mark. Als Zeichen seiner persönlichen Wertschät-

So sieht der Kopf aus, mit dem man zwölf Bundesligatore macht. Die Stirn ist 170 Quadratzentimeter groß. Abwehrspieler und Torhüter zittern, wenn dieses „Brett" an den Ball kommt. Für 18 000 Mark war Horst Hrubesch von einer Bezirksliga-Mannschaft zu Rot-Weiß Essen gewechselt. Mit seinen Kopfballtoren vergrößerte er seinen Wert auf 1,5 Millionen – sagt sein Präsident. Rechts: Und wenn sich alle strecken – Hrubesch springt am höchsten. Hier fällt das 1:0 gegen Bayer Uerdingen.

Ungeheuer

zung hat Naunheim dem Langen einen Kleinwagen gekauft. Einen VW Polo, in der Rot-Weiß-Bilanz mit 8971 Mark ausgewiesen.

18 Tore, davon 12 mit dem Kopf, machte Horst Hrubesch in 23 Spielen. Acht Wochen ließ ihn sein Trainer Ivica Horvat nach 160 Minuten in den beiden ersten Saison-Spielen (drei Kopfball-Tore gegen Uerdingen und Düsseldorf) auf der Bank. Der Jugoslawe wollte das Juwel nicht verheizen, er wollte es langsam aufbauen.

Aber seinen Kriegsnamen hatte der Toremacher dennoch weg – das Kopfball-Ungeheuer. Auch in den letzten drei Spielen der Saison mußte Hrubesch pausieren. Die rechte Leiste wurde operiert.

Was ist so ungeheuer am Ungeheuer?

BILD hat die mörderische Waffe des Horst Hrubesch, seinen Kopf, vermessen:

● 20 cm (von Haaransatz zu Haaransatz) ist die mächtige, gewölbte Stirn breit und 8,5 cm (von der Nasenwurzel bis zum Haaransatz) hoch. Vor diesen 170 Quadratzentimetern geröteter Haut zittert die Bundesliga.

Horst Hrubesch führt Buch: „Zehnmal habe ich mit der Stirn getroffen, zweimal mit dem Hinterkopf." Zwei Elfmeter hat er verwandelt. Vier weitere Tore hat er mit dem rechten Fuß erzielt.

● 57,3 cm Kopfumfang sind nicht ungewöhnlich.

Ungewöhnlich aber ist die gewaltige Sprungkraft. Die hat er in der Sandgrube in Westtünnen erworben. In die hetzte ihn sein früherer Trainer und jetziger Mannschafts-Kamerad Werner Lorant.

Selbstmörderisch ist der Einsatz des Horst Hrubesch vor dem Tor des Gegners. Es ist, als ob King-Kong einfällt. Das Ungeheuer verbreitet Angst und Schrecken.

Sein schönstes Erlebnis in der Bundesliga: „Das waren natürlich die drei Tore zum 3:3 in Bremen."

Sein schönstes Tor: „Das war das 2:1 gegen Hertha BSC in der Hinrunde. Weil der Kliemann mit seinen 1,96 m noch länger ist als ich und weil der Ball von der Lattenunterkante ins Tor sprang."

In diesem Spiel gegen Hertha wurde übrigens auch ermittelt, wer den härtesten Schädel der Bundesliga hat. Hrubesch und Kliemann donnerten mit den Köpfen zusammen – und blieben wie tot liegen.

Kliemann ließ sich auswechseln, ließ seine klaffende Wunde klammern.

Hrubesch spielte weiter, trotz eines blutenden Lochs im Hinterkopf.

Hart ist das Ungeheuer im Geben und Nehmen. Als er noch Handball in Hamm spielte, hingen sich die Gegner zu viert an Horst Hrubesch. Sie waren froh, wenn der „Metzger" – so nannten sie ihn damals – nur 12 Tore pro Spiel warf...

Das Auto,
das Toppmöller Unglück brachte

Das Phänomen Klaus Toppmöller fasziniert Freund und Feind. Überall, wo der Kaiserslauterer Torjäger in Aktion tritt, sind die Blicke von Zigtausenden (vor allem der Frauen) auf den schlaksigen, oft gespenstisch spielenden Wuschelkopf gerichtet.

Der 1,85 Meter große, 78 Kilo schwere Bursche aus dem kleinen Moseldorf Rivenich (800 Einwohner) ist auf engstem Raum zwar nicht so wendig wie Gerd Müller, aber noch vielseitiger im Torschuß. Er schockt die Torhüter der Bundesliga mit Hebern, Fernschüssen, „Bogenlampen" und vor allem mit Kopfbällen. Die kommen bei ihm wie ein Rammstoß, oder angeschnitten wie eine verrückt gewordene Billardkugel.

In der Saison 75/76 traf er 32 Mal ins Schwarze (Punkt- und Pokalspiele). Bayerns Bomber Müller sagte, nachdem „Toppy" beim sensationellen 4:3 des 1.FCK in München drei Tore hintereinander geschossen hatte: „Der müßte mein Nachfolger in der Nationalmannschaft werden!"

Als A-Jugendspieler bei Eintracht Trier schoß Torjäger Klaus in der Saison 1969/70 einmal insgesamt 187 Tore.

Das große Ziel von Toppmöller war immer die Nationalmannschaft. Als Helmut Schön ihn schließlich für das EM-Länderspiel gegen Spanien (24. April) einlud, sagte er: „Meine große Hoffnung hat sich erfüllt." Am 22. Mai dann, im Rückspiel gegen Spanien in München, spielte er zum ersten Mal in der Nationalelf. Zum 2:0 schoß er den zweiten Treffer.

Aber Klaus, heute graduierter Ingenieur für Versorgungstechnik, hat noch andere Träume:

● „Als 14jähriger wollte ich wie Beckenbauer sein."

● „Formel-1-Rennfahrer, das wäre auch nach meinem Geschmack."

● „Trompeter in einer großen Band. Ich spiele auf einer silbernen Trompete."

● „Ich diskutiere gerne mit Jugendlichen und sage ihnen auch, warum ich mich so quäle."

Ein teurer Ferrari, Klaus Toppmöller und Freundin Roswitha. Wenige Tage nach dieser Aufnahme geschah der grauenhafte Unfall.

Klaus Toppmöller sieht aus wie der Hauptdarsteller eines historischen Hollywood-Filmes. Wie ein Ben Hur, ein Marc Anton. Groß, energisch.

Über Nacht kam der Ruhm zu ihm, als ihn Helmut Schön in die Nationalelf berief. Aber kaum, daß er dort die ersten Gehversuche gemacht hatte, da schockte er ausnahmsweise nicht die Bundesliga-Torhüter, sondern Fußball-Deutschland:

Acht Tage nach seinem Debüt in der Nationalmannschaft gegen Spanien raste der Liebhaber schneller Wagen mit seinem schwarzen Ferrari Dino 246 GTS (50 000 Mark) auf der Bundesstraße 269 von Birkenfeld nach Morbach mit dem Fiat eines US-Captains zusammen. Ergebnis: Captain Bush und Freundin Roswitha verletzt (Prellungen, Schnittwunden). Auto Totalschaden. Er selbst viele Wochen in Spezialkliniken wegen Nervenschocks und Gehirnerschütterung.

So wurde seine steile Fußballkarriere zunächst einmal unterbrochen.

Helmut Schön konnte ihn nicht zur Europameisterschaft nach Jugoslawien mitnehmen, und Erich Ribbeck konnte Klaus nicht einmal im Pokal-Endspiel seines 1.FCK gegen den HSV einsetzen.

Ein harter Schlag für den Erfolgs-Fußballer Klaus Toppmöller.

Die Elfer,
die Kargus berühmt machten

Rudi Kargus – der Schrecken aller Elfmeterschützen der Bundesliga. Hier scheitert Mönchengladbachs Nationalspieler Köppel an dem HSV-Torwart.

Wie die Schlange die Maus, so hypnotisiert HSV-Torwart Rudi Kargus die Elfmeter-Schützen. Dann packt er zu. Und wie: Von sechzehn Strafstößen in den letzten beiden Jahren hielt er dreizehn.

Eine unglaubliche Serie – das hat vor Rudi Kargus noch kein Torwart der Bundesliga geschafft.

Rudi, der Elfmeter-Killer – so wird er heute gerufen.

Wenn die Strafstoß-Spezialisten vor ihm stehen, da läuft's ihnen eiskalt den Rücken herunter, da befällt sie Angst.

„Alle wirken nervös", sagt Kargus. „Sind unschlüssig. Warum nur?" Rudi Kargus – ein Torwart mit übernatürlichen Kräften?

Dr. Peter Markworth vom Sportmedizinischen Institut in Hamburg wollte das Geheimnis lüften.

Das Ergebnis: Rudi Kargus reagiert ganz normal. Bei 14 Testversuchen mit jeweils akustischem und optischem Reiz lag seine Reaktionsschnelligkeit zwischen 20 und 23 Hundertstelsekunden.

Also – was steckt nun hinter der Erfolgsserie von Kargus?

„Eisernes Training", sagt er selbst. „Ausdauer, Sprungkraft, Gewandtheit müssen eins werden."

Sein Stern als Elfmeter-Killer ging am 21. Dezember 1973 auf, als das Flutlicht im Hamburger Volkspark-Stadion verlosch: Nach regulärer Spielzeit und Verlängerung im DFB-Pokal gegen Mönchengladbach stand es 1:1. Ein Elfmeterschießen mußte die Entscheidung bringen. Sieg oder Niederlage – auf Rudi Kargus kam es an.

Er schaffte es – drei Strafstöße hielt er. Bonhof, Köppel und Danner, gestandene Männer im Profi-Fußball, wurden von ihm zu Versagern abgestempelt. Und von diesem Tag an führte Rudi Kargus Buch über die Elfmeter-Schützen: Wie laufen sie an, wie täuschen sie, in welches Toreck schießen sie.

Es gab auch Zeiten, da gefiel Kargus seinem Manager Dr. Krohn gar nicht. Kargus, bei 1,82 m und 75 kg fast dürr, sollte zum Box-Training, um „durchschlagskräftiger" zu werden.

Er lehnte dankend ab: „Womöglich hätte ich eins auf die Rübe gekriegt und meine Reflexe wären hin gewesen."

Zum harten Elfmeter-Training, zum Instinkt und zu den Reflexen gehört noch sein besonderes Zeremoniell vor dem Strafstoß.

So macht's Rudi Kargus: Zuerst schnappt er sich den Ball. Die Berührung des Leders gibt ihm Sicherheit. Dann guckt er dem Schützen kurz, aber fest in die Augen. Die Unsicherheit des anderen macht Kargus sicher. Und wenn der Schütze auf den Ball schauen muß, um ihn zu treffen – dann fliegt Kargus schon.

Bei 16 Strafstößen dreizehnmal in die richtige Ecke, ein Magier zwischen den Pfosten. ■

Die drei, die dran glauben

Hannover 96

Die Entscheidung fiel am 13. Januar 1976, wenige Minuten vor Mitternacht. Hinter den heruntergelassenen Jalousien der Geschäftsstelle waren sich die Herren der Vereinsführung von Hannover 96 gerade einig geworden: Trainer Helmut „Fiffi" Kronsbein (61) wird ab sofort beurlaubt! Am 14. Januar, kurz nach 9 Uhr, wurde dem Mann, der Hannover 1954 zur Deutschen Meisterschaft geführt und 96 genau zehn Jahre später in die Bundesliga gehievt hatte, dieser Beschluß mitgeteilt.

Zu diesem Zeitpunkt nahm der Bundesliga-Aufsteiger den 17., also vorletzten Tabellenplatz ein. Erneut drohte der Abstieg. Hannes Baldauf (37), bisher „Fiffis" Trainer-Assistent, wurde zum Nachfolger Kronbeins bestimmt.

Schon damals, am 14. Januar 1976, prophezeite Präsidentenbruder Werner Bock (ehemaliger Sprecher des Verwaltungsrates): „Meine Herren, die Saison ist noch lang – doch abgestiegen sind wir bereits jetzt . . ."

Bock sollte recht behalten. Die Mannschaft, die sich lange vor „Fiffis" Abschuß gegen ihren Trainer ausgesprochen hatte, blieb den Beweis bis zum letzten Bundesliga-Spieltag schuldig, unter einem anderen Trainer zu neuen großen Taten fähig zu sein. Die trostlose sportliche Bilanz von Hannover 96: Der allererste Auswärtssieg gelang ausgerechnet am vorletzten Spieltag im Gelsenkirchner Parkstadion beim 2:1 über Schalke 04!

Zu spät. Denn das endgültige Aus hatten sich die Hannoveraner bereits eine Woche vorher selbst bereitet, als auf eigenem Platz gegen Fortuna Düsseldorf mit 1:2 verloren wurde.

Der Trainerwechsel hat in Hannover also nichts bewirkt. Nur: Der mit drei Millionen Mark verschuldete Verein mußte bis zum 30. Juni 1977 zwei Trainer bezahlen: Den bis dahin unter Vertrag stehenden, aber beurlaubten „Fiffi" Kronsbein mit monatlich 10 000 Mark und seinen Nachfolger Baldauf, der 4500 Mark monatlich erhält . . .

Bayer Uerdingen

27. August 1975: Ein Jubelsturm fegt durch die Grotenburg-Kampfbahn in Krefeld. Gestandene Männer liegen sich in den Armen, wischen sich Freudentränen aus den Augen und stammeln immer wieder: „Dat jibbet jaanich! Dat jibbet jaanich!" Bundesliga-Aufsteiger Bayer Uerdingen hat die Meistermannschaft Bayern München 2:1 besiegt.

Bayer – der Bayern-Killer! Ein Festtag.

1. Mai 1976: Der Abstieg ist besiegelt. Zwei Stunden nach der 1:2-Niederlage gegen Kickers Offenbach stochert Uerdingens Trainer Klaus Quinkert, überzeugter Vegetarier, mißmutig in einer Riesenportion „Russische Eier". Dann sagt er: „Wir sind aufgestiegen, was wir nicht geplant hatten. Wir sind abgestiegen, weil wir zu grün waren. Wir haben Lehrgeld gezahlt – wir kommen wieder."

Welten liegen zwischen den beiden Szenen. In Uerdingen hat man viel gelernt. Selbst Lehrer Quinkert, wenn er sagt: „Nur mit Amateuren kann

mußten

Ein Blick in das Gesicht des Offenbachers Ritschel (rechts) sagt alles: seine Mannschaft ist abgestiegen. Aber der Mann, der mit ihm den Platz verläßt (Stiller/Hannover) hat das gleiche Schicksal zu erwarten.

man keine Klassemannschaft bauen."

Der Uerdinger Trainer hat den Club von der Verbandsliga in die Bundesliga gebracht. Viele Talente hat er selbst entdeckt. Sein Spitzname „Hennes" (Weisweiler) ist für ihn ein Ehrenname.

Der Abstieg hat Quinkert bewogen, mehr zu investieren. Allein 550 000 Mark für Manfred Burgsmüller, der den Verein ein Jahr vor dem Bundesligaaufstieg in Richtung Essen verlassen hatte.

„Mit Burgsmüller wären wir nie abgestiegen", behauptet Quinkert. Und Libero Paul Hahn: „Mit dem Manni steigen wir wieder auf!"

Die Krefelder sind davon überzeugt, daß sie den Sprung in die Bundesliga wieder schaffen. Trainer Quinkert: „Wir sind ein Absteiger, bei dem die Welt noch in Ordnung ist!"

Kickers Offenbach

Willi Konrad wischte sich die Schweißtropfen von der Stirn. Die drückende Schwüle im Niedersachsenstadion von Hannover setzte dem schwergewichtigen Manager der Offenbacher Kickers genauso zu wie die Tatsache, daß an diesem Tag nur ein Wunder Offenbach vor dem Abstieg retten könnte.

5. Juni 1976: Mit einem Ohr am Transistorradio verfolgte Konrad, was sich zur gleichen Zeit im 200 Kilometer entfernten Herne tat. Der Karlsruher SC sollte dort nämlich gegen den VfL Bochum ein zweites Wunder vollbringen.

Ein Doppelwunder war also nötig: Sieg des KSC und Sieg der Kickers in Hannover – dann wäre Offenbach gerettet. Es kam anders: Bochum ging 2:0 in Führung. Hannover genauso – auf der Bank der Offenbacher war die Stimmung auf dem Nullpunkt. Am Ende hatten die Kickers 0:4 verloren, Bochum 4:2 gewonnen.

Der Abstiegskampf der Offenbacher dauerte praktisch die ganze Saison und hatte viele spektakuläre Höhepunkte: Der Rauswurf des einst als „Erfolgstrainer" gefeierten Otto Rehhagel nach dessen Sperre durch den DFB, die „Geheimaktion Tschik", mit der Konrad den beim 1. FC Köln erfolglosen Cajkovski an den Main holte, und schließlich die immer wiederkehrenden Gerüchte über einen drohenden Lizenzentzug wegen der hohen Verschuldung.

Das Geld war es, das die Kickers zum Abstieg verurteilte: Der Verkauf von Kostedde und Schäfer vor Beginn der Saison schaffte finanziell etwas Luft, war leistungsmäßig aber nicht auszugleichen. 15 Prozent der Bruttoeinnahme müssen die Kickers bei Heimspielen an die Stadt abführen – soviel wie kein anderer Bundesliga-Club (Nachbar Eintracht Frankfurt beispielsweise nur fünf Prozent). Und auch der 400 000-Mark-Kredit der Stadt war bei fast drei Millionen Schulden nur ein Tropfen auf dem heißen Stein.

Ein Glückspilz war der Henn

Er war 10 – da starb seine Mutter.

Er war 19 – da starb sein Vater.

Er war 25 – da stellten die Ärzte bei ihm ein Lungenleiden fest.

Er war 28 – da wurde er leberkrank.

So bleiben dem Fußball-Profi Hannes Löhr (34) vom 1. FC Köln eigentlich wenig gute Erinnerungen an seine Kindheit und Jugend.

Ein Glückspilz war er nie!

Oder?

„Das Schlimmste, das einem passieren kann, ist, sehr früh seine Eltern zu verlieren. Aber alles andere – Krankheiten? Ich bin doch wieder gesund geworden. Ich habe noch jahrelang Fußball gespielt. Und nun bin ich der älteste Bundesliga-Profi."

Und das war gar nicht mal vorgesehen. Denn geplant war das Ende der Karriere des Johannes Löhr so:

14. Juni 1975: Der 20malige National-Linksaußen machte gegen den MSV Duisburg das 599. und offiziell letzte Spiel für den 1. FC Köln.

Für diese Schnapszahl bewahrte sich Hannes Löhr auch ein Schnapstor auf.

22. Minute: Flohe flankt von der rechten Seite. Löhr hechtet, köpft den Ball an die Latte, fällt zu Boden. Das Leder springt zurück, dem aufstehenden Löhr direkt an die Stirn. Der Kölner nickt noch einmal, und der Ball prallt wieder ab – diesmal ins Netz. Es war Löhrs 11. Saisontor.

Der „Doppelkopp" zum Abschied wird spät

es nie

abends im Kölner Geißbockverein mit Sekt und Bier gefeiert.

Zwei Monate nach diesen Juni-Tagen ist alles ganz anders.

Der „Pensionär" spielt gerade auf seiner Anlage im Kölner Vorort Königsdorf Tennis. Da ruft ihn Präsident Peter Weiand an. „Hannes, Sie müssen wieder für uns spielen. Der Dieter Müller hat eine schwere Rippenfellentzündung. Ich habe gerade mit dem Arzt gesprochen. Er fällt ein halbes Jahr lang aus. Sie sind unser einziger erfahrener Torjäger. Bitte, kommen Sie wieder."

Hannes Löhr erzählt später: „Es soll bloß niemand denken, ich hätte jubelnd und voller Dankbarkeit zugesagt. Ich war sehr reserviert und zurückhaltend bei diesem Gespräch. Denn ich wußte, welches Risiko auf mich wartet. Der alte Löhr. Wie schnell pfeifen die Leute, wenn es nicht klappt."

Trotzdem macht der Hannes weiter!

Er will seinen Verein nicht im Stich lassen. Es wird Hannes Löhrs 12. Bundesligasaison, die jetzt gerade zu Ende gegangen ist. Und es war nicht die schlechteste.

Der Torjäger des Jahres 1968 (27 Tore) schoß sieben Jahre später immerhin noch 15 Saisontore. Und er rettet dem 1. FC Köln mit seinen Treffern fünf Punkte. Je ein Tor beim 1:1 in Uerdingen, beim 1:0 über Bochum, beim 2:1 beim FC Bayern München und beim 1:1 gegen Eintracht Braunschweig.

Kölns Präsident Peter Weiand sagte zum Abschluß dieser Saison: „Mein Gott, wenn ich mir vorstelle, daß wir vor einem Jahr den Hannes schon verabschiedet hatten. Und jetzt hat er wieder gespielt – und ohne ihn wären wir gar nicht so weit oben gelandet."

Vom Abschied war darum auch 1976 keine Rede mehr. Hannes Löhr schmunzelt und kölscht: „Isch mache weiter."

Dabei hat Hannes Löhr (verheiratet, keine Kinder) die Dauerbelastung als Fußball-Profi gar nicht mehr nötig.

Wen das Schicksal so geohrfeigt hat, der sorgt schon früh für Sicherheit. So machte Löhr schon mit 25 (unter Weisweiler) sein Fußballehrer-Diplom, die Prüfung als Diplom-Sportlehrer an der Kölner Sportschule stand 1976 bevor.

In seiner Heimatstadt Eitorf (Siegkreis) hat er sich ein Miets- und Geschäftshaus gebaut, und nach seiner Heirat errichtete er mit dem Schwiegervater in der Nähe Kölns ein modernes Tenniszentrum (14 Plätze), dessen sportlicher Leiter er heute ist.

Es gibt kaum einen Bundesligaprofi, der so oft abgeschrieben wurde und so häufig zurückgekommen ist wie Löhr. Durch Krankheit bedingt oder durch Leistung. Wie oft brüllten sich die Fans in Köln die Kehle heiser: „Löhr raus!" Wenn der Hannes dann trotzdem weiterspielte, mit ein, zwei Toren seine Fans versöhnte, dann feierten sie ihn: „Du bist der Größte!"

Es paßt zu Hannes Löhr, daß er verabschiedet wurde – und trotzdem wiederkam.

Und aus den 600 Spielen waren am Ende der Saison 1975/76 638 Spiele und 395 Tore geworden.

Und Hannes Löhr, den sie in Köln 12 Jahre lang „die Nas" nannten, hat nun einen neuen Spitznamen: Hannes Immergrün.

Oder, wie die Kölner sagen: Hannes Immerjrün...

Der Meineid

Es war zwei Tage vor Heiligabend 1975. Der Zeiger der elektrischen Uhr im Saal 101 des Essener Landgerichts zuckte auf 11.27 Uhr.

Da gestand Borussia Mönchengladbachs Libero Hans-Jürgen Wittkamp, ehemals in den Diensten von Schalke 04, den größten Skandal in der Geschichte des deutschen Fußballs: „Ja, wir haben alle von Arminia Bielefeld Geld bekommen. Wir haben alle einen Meineid geschworen."

Ein Aufstöhnen begleitete diese Eröffnung. In den nächsten Sekunden erstarb seine Stimme, offenbar überwältigt davon, endlich losgeworden zu sein, was die 10 angeklagten Schalker Spieler 1355 Tage als Geheimnis mit sich herumgetragen hatten.

Drei Tage vor diesem Ereignis hatten die 13 Anwälte im Schalker Meineid-Prozeß ihren Spielern nach 23 Verhandlungstagen vor der 7. Großen Strafkammer burschikos geraten: „Jetzt müßt ihr die Hosen runterlassen!"

Und zum letzten Male hielten die 10 Schalker „Eidgenossen" einen Kriegsrat ab. In der „Grünen Minna", schräg gegenüber vom Landgericht, zog man sich zur Beratung zurück. Hans-Jürgen Wittkamp ermunterte seine Kameraden: „Es hilft alles nichts. Jetzt wird ausgepackt."

Drei Tage später folgten sie ihrem geständnisbereiten Wortführer wie die Lämmer, die zur Schlachtbank geführt werden. „Wir wollten das Spiel gar nicht manipulieren", erklärte Schalkes Flügelflitzer Reinhard „Stan" Libuda mit Nachdruck, „aber dann hörten wir plötzlich, daß das Geld in der Kabine war . . ."

40 000 Mark – für jeden rund 2400 DM (über den Verbleib eines Teilbetrages vermochte auch das Gericht keine Klarheit zu bringen), das war der Anfang vom Schalker Ende mit Schrecken.

Am 17. April 1971 brauchte der abstiegsbedrohte Bundesligaclub Arminia Bielefeld dringend zwei Punkte. Und weil der Arminen-Vorstand keine Chance sah, diese beiden Pünktchen auf dem grünen Rasen zu erzwingen, wurde Waldemar Slomiany (zuvor Schalke 04) damit beauftragt, das Spiel zu „kaufen". Schön in Packpapier eingewik-kelt, überbrachte er seinen ehemaligen Kameraden 40 000 DM. Arminia siegte in Schalke mit Schalker Hilfe 2:1.

Fünf Monate später ermittelte der Staatsanwalt gegen Bielefelds Ex-Präsident Wilhelm Stute wegen Veruntreuung von Vereinsgeldern.

Die Schalker Zeugen aber hielten „dicht". Sie bestritten selbst unter Eid: „Wir haben von Manipulationen nichts gewußt. Wir haben auch kein Geld bekommen."

Anfang Januar 1976 bekamen die 10 Schalker für ihre Lügen die Quittung: Geldstrafen, je nach den Einkommensverhältnissen, bis zu 10 000 Mark.

Der Vorsitzende Richter, Günter Pohl, begründete seinen milden Urteilsspruch: „Die Angeklagten befanden sich im Eidesnotstand. Auf der einen Seite drohte der Deutsche Fußball-Bund mit lebenslangen Sperren, auf der anderen Seite sahen die Spieler nur durch die Lüge die Möglichkeit, ihre Existenz zu retten."

Mit einem Aufatmen verließen Klaus Fischer, Rolf Rüßmann, Reinhard Libuda, Jürgen Sobieray, Herbert Lütkebohmert, Klaus Senger, Jürgen Galbierz, Waldemar Slomiany und Hans-Jürgen Wittkamp das Gerichtsgebäude. Tage später wurde ihnen erst klar, wie groß das Minusgeschäft war, das sie gemacht hatten: Mit allen Kosten in sämtlichen Verfahren kam der Meineidsprozeß auf 1,2 Millionen Mark. Auf der anderen Seite der Bilanz stand das Bestechungs-Trinkgeld von 40 000 DM.

„Was zurückblieb, ist ein Scherbenhaufen", sagte der lange Vorstopper Rolf Rüßmann voller Selbstmitleid. „Fast die Hälfte von uns stand doch auf dem Sprung zur Nationalelf . . ."

Des Dramas zweiter Teil wurde am 4. Februar 1976 im Blauen Salon des Gelsenkirchener Parkstadions wie der Gewinn der Deutschen Fußballmeisterschaft gefeiert.

Schalkes Präsident Günther Siebert und sein Ex-Schatzmeister Heinz Aldenhoven, ebenfalls wegen Meineides und uneidlicher Falschaussage angeklagt, wurden freigesprochen. Ein Freispruch, der am seidenen Faden hing.

Alles falsch! Schalke-Präsident Siebert zeigt die Erklärungen seiner Spieler, wonach niemand für die Niederlage gegen Bielefeld Geld genommen haben soll.

Das Fußballjahr in Sprüchen

Sprüche, Sprüche, Sprüche aus BILD und BILD am Sonntag

● Fiffi Kronsbein über den Hannoveraner Damjanoff, dem beim Teekochen der Wasserkessel auf den Fuß fiel:

Zum ersten Mal trinkt der kein Bier, und schon verletzt er sich.

● Horst Köppel, Gladbacher Lizenzspieler, als er von seiner „Verleihung" an den kanadischen Fußball-Club White Cats Vancouver erfuhr:

Kanada ist schöner als Udo Lattek.

● Hanjo Weller, Mittelfeldspieler des VfB Stuttgart:

Hier sind die Kühe schöner als die Mädchen.

● Franz Beckenbauer, kurz vor Schluß der Saison 1975/76:

Meister können wir nicht mehr werden, höchstens noch Hausmeister.

Das Tor, das den Skandal ins Rollen brachte. Bielefelds Stürmer Roggensack erzielt das 1:0 gegen Schalkes Torwart Burdenski. Links: Galbierz.

● Rudi Gutendorf, nachdem er von Fortuna Köln gefeuert wurde:

Ich bin schon viel auf die Fresse gefallen, aber noch nie liegen geblieben.

● Max Merkel zu seinem Schalker Torhüter Nigbur:

Haben Sie schon einmal einen Bankdirektor gesehen, der so lange Haare hat wie Sie?

● Libero Jonny Hey von Arminia Bielefeld:

Wir sind die Toilettenmänner der 2. Liga. Wir spielen immer 00.

Spaß im Gerichtssaal. Ein Fußball-Fan fragt, wo der Bielefelder Schmiergeld-Bote Waldemar Slomiany die Tausender gelassen hat.

Der Reinfall mit dem Sprüc

Wie artige Schulbuben saßen die Schalker Vorstandsherren auf ihren Stühlen, wechselten verstohlene Blicke und sahen ängstlich auf den Mann, der sie durch seine dunkle Brille hindurch wie mit Röntgenaugen fixierte.

Max Merkel war da! Max Merkel in Schalke! Und Max Merkel unterschrieb seinen Vertrag! 100 000 für die Meisterschaft. Ganz klar! 50 000 für den Pokal. Ganz klar!

„Und was wollen Sie haben, wenn wir nichts davon holen?" wagte ein Vorwitziger einzuwerfen. „Uns interessiert doch nur die Meisterschaft, meine Herren!" sagte der Peitschenschwinger.

Ein erlösendes, ein befreiendes Lächeln glitt über die Gesichter. „Ganz klar, Herr Merkel. Machen Sie die Jungs mal richtig frisch..."

Stunden später verriet Schalkes Präsident Günther Siebert im vertrauten Kreis: „Ich war ja eigentlich dagegen. Aber die anderen waren so verrückt auf den Merkel..."

Der Wiener Peitschenschwinger hatte in der Zwischenzeit schon das Ziel für die Saison 1975/76 gesetzt: Schalke wird Deutscher Meister!

Und ungläubigen Rentnern, die am ersten Trainingstag in der Gelsenkirchener Glückauf-Kampfbahn nicht unbedingt an den Gewinn des Titels glauben wollten, versicherte der Max grinsend: „Noch sind's lahme Ackergäule. Aber bald sind's Renner."

Glaubte er. Da wußte er allerdings noch nicht, daß seine Schalker Tage schon gezählt wurden. Von den Spielern, vom Präsidenten und von vielen Fans. Genau 238 Tage sind's geworden.

Der Stuhl des Meistermachers wackelte bereits am ersten Spieltag der Saison; Ergebnis: eine 1:4-Niederlage beim Hamburger SV.

„Einige Herren glauben, sie seien schon Weltmeister. Aber Hausmeister sind's – Hausmeister!" schimpfte Merkel.

Schon war Gelsenkirchen nicht mehr so schön und Max Merkel befand: „Das Schöne an dieser Stadt ist die Autobahn nach München." Außerdem mußte er ständig seine Frau beruhigen, die be-

fürchtete, daß „beim Öffnen des Fensters die Briketts ins Zimmer fliegen".

Der zweite Spieltag brachte zum Glück einen Sieg. Da verkündete der Meistermacher der wartenden Journaille: „Ich werde einige Spieler in die Nationalmannschaft bringen."

Hat er, der Max. Bongartz stürmte 32 Minuten gegen den Fußballzwerg Malta. Und nicht schlecht. Genau der Bongartz, von dem der Wiener sagte: „Wenn der frei vor dem Tor steht, kann man einen Mann mit einem Bein ins Tor stellen. Dann schießt der Bongartz den Ball immer noch nicht rein."

So war er eben, der ehemalige Verteidiger von

heklopfer

„Herr Merkel, machen Sie die Jungs mal richtig frisch", sagte Schalkes Vorstand. Merkel tat seine Pflicht: Zum Bundesliga-Start konnte kein Spieler mehr laufen.

Rapid Wien. Im Erfolg streichelte er seine Jungs, bei Niederlagen gab's Pfeffer vom Max.

„Sagen Sie mal", so fragte er scheinheilig den Schalker Vorstopper Rolf Rüßmann, „wofür haben Sie eigentlich Ihr linkes Bein?" Und die Antwort gab er sich gleich selbst: „Zum Schießen – und nicht zum Geldabholen."

Und dem Schalker Linksverteidiger Helmut

Kremers riet er, als dieser gerade eine Verletzung auskuriert hatte: „Sie brauchen gar nicht zu rennen. Bei Ihrem Einkommen können Sie sich doch ein Motorrad leisten…"

Pferdenarr und Torwart Norbert Nigbur, der fast ständig Zielscheibe Merkelscher Sarkasmen war, mußte sich gefallen lassen: „Nicht die Pferde, sondern Sie gehören in den Stall."

So kam es, wie es kommen mußte: Die Schalker Mannschaft probte gegen ihren Herrn und Meister den Aufstand. Merkels Antwort: „Die Mannschaft kann mich am A… lecken."

Sie tat's nicht. Aber sie bohrte weiter. Bei den Vorstandsmitgliedern, beim Präsidenten, der nun seine Zeit gekommen sah, den Wiener zur Ordnung zu rufen. „Keine Beleidigungen mehr gegen die Spieler!" ordnete Günther Siebert an. Der Max nickte, aber ungläubig. Und noch ungläubiger guckte er, als Geschäftsführer Willi Regenhardt ihm am 8. März das Kündigungsschreiben auf den Trainingsplatz brachte. Es war 12 Uhr mittags, als für Merkel die Stunde geschlagen hatte.

Zwei Stunden vorher hatte er eine der empfindlichsten Niederlagen seiner Laufbahn erlitten, als er Verteidiger Helmut Kremers zu sich in die Umkleidekabine befahl.

„Sagen Sie", eröffnete Merkel das Gespräch, „woran liegt es eigentlich, daß Sie keine Form haben?"

Die Antwort: Ein Achselzucken.

Merkel: „Es muß doch eine Erklärung dafür geben. Oder glauben Sie, ich sei ein schlechter Trainer?"

Kremers überlegte. Dann, mit unschuldsvollem Augenaufschlag: „Ich glaube, ja!" – Co-Trainer Friedel Rausch sauste wie ein Blitz aus dem Raum.

Doch das erwartete Gewitter blieb aus.

24 Stunden später dachte Merkel über seinen Rausschmiß nach. Und weitere vier Wochen später hatte er die Gewißheit: Schalke zahlt die noch ausstehenden 100 000 DM Gehalt. Weil er zuviel über den Club wußte, wollte man in eingeweihten Kreisen wissen. ■

Die Bundesliga frißt ihre Trainer

Mit den Fußballtrainern ist es wie mit den Starfightern: Sie kosten eine Menge Geld und können jeden Moment runterfallen. Die Zeiten, in denen ein Trainer bei einem Verein alt werden konnte, sind längst vorüber. Im Tempo der Bundesliga werden „Blaue Briefe" häufiger verschickt als früher. Das Trainerkarussell drehte sich auch in der Saison 1975/76 in rasender Eile.

Sieben von 18 Bundesliga-Clubs suchten im Trainerwechsel ein Allheilmittel gegen den Mißerfolg. Doch nicht immer half es. Zwei Vereine konnte auch der neue Mann auf der Kommandobrücke nicht retten: Hannover 96 (Baldauf für Kronsbein) und Kickers Offenbach (Cajkovski für Rehhagel) stiegen trotzdem ab.

Sein schwärzestes Jahr in der Bundesliga erlebte dabei „Tschik" Cajkovski, einst Meistermacher in Köln und bei Bayern München. Mit dem 1. FC Köln rutschte er in die untere Tabellenhälfte ab, mit Offenbach ereilte ihn später sogar der Abstieg.

Die Zeit der alten Trainer-Generation scheint vorüber. Das beweist auch das Beispiel Max Merkel: Er kam mit der Schalker Mannschaft nicht zurecht. Erst unter Friedel Rausch, dem Greenhorn auf der Bank, erzwangen die „Königsblauen" die begehrte Teilnahme am UEFA-Cup.

Seit Beginn der Bundesliga im Jahr 1963 wurden bis zum Ende der Saison 1975/76 68 Trainer entweder gefeuert, oder sie lösten ihre Verträge vorzeitig.

■

Cruyff pokerte und Hennes war draußen

Die Nachricht, die das Spanienabenteuer des Hennes Weisweiler beenden sollte, kam kurz nach Mitternacht aus dem Autoradio: „Der FC Barcelona und Johan Cruyff werden den Vertrag um ein Jahr verlängern", hörte Weisweiler auf der Fahrt von Lloret de Mar nach Barcelona. Er schwieg einige Sekunden, dann kam der ganze Groll hervor: „Mit mir macht ihr das nicht..."

Als Präsident Agostin Montal morgens um 9 Uhr anrief, um seinem deutschen Trainer die Vertragsverlängerung mit Cruyff mitzuteilen, antwortete Weisweiler kurz: „Dann gehe ich, Señor."

Eine halbe Stunde später saß er im mittelalterlichen Clubhaus: „Es war alles sehr stilvoll, alles mit Niveau", berichtete Weisweiler. Und unter stilvoll verstand er dies: Eine Abfindung von 100 000 Mark. Denn gekündigt hatte Weisweiler. Ein Abschiedsessen mit Señor Montal lehnte er indessen ab: „Ich habe auch meinen Stolz."

Als sich Weisweiler mittags von den Spielern verabschiedete, stand sein Intim-Feind Cruyff mit unbewegtem Gesicht dabei. Weisweiler würdigte ihn keines Blickes. In diesem Augenblick erinnerte er sich an die ständigen Querelen, an die gehässigen Kommentare des Holländers. „Der Weisweiler hat doch keine Ahnung von Taktik", hatte Cruyff behauptet. Und einiges mehr.

Schon vom ersten Tag an befanden sich Cruyff und Weisweiler im „Kriegszustand": „Weisweiler ist nicht der Trainer meiner Wahl", verkündete der Holländer, der offenbar ahnte: Unter Weisweiler wird er nicht die Freiheiten haben, die er sich bei Rinus Michels genommen hatte.

Cruyff wußte aus Gesprächen mit Netzer und Vogts: Weisweiler ist ein Mann, der hart arbeitet.

Weil Cruyff auswärts mehr Verteidiger als Stürmer spielte, wurde er von Weisweiler kritisiert:

„Der FC Barcelona hat Sie verpflichtet, damit Sie Tore schießen und nicht, damit Sie welche verhindern. Dafür haben wir andere Spieler."

Und dann schoß Weisweiler noch einen Pfeil ab: „Wenn Sie im WM-Finale eher gestürmt hätten, wäre Holland Weltmeister geworden."

Cruyffs Antwort auf diesen ersten Angriff war bezeichnend für die Haltung des Holländers seinen bisherigen Trainern gegenüber: „Die Taktik bestimme ich." Das war eine Herausforderung.

Noch nie hatte Johan Cruyff nach der Pfeife eines anderen getanzt. Noch nie hatte er Befehle ausgeführt. Ein Mann wie Cruyff gab Befehle. Er spielte weiter seinen Stil. Auswärts defensiv ohne Engagement; zu Hause streute er mit begeisternden Slalom-Läufen den Barcelona-Fans Sand in die Augen. So mußte der Knall einfach kommen.

8. Februar 1976, Sevilla.

Nachdem Cruyff auch noch den zweiten Gegentreffer verschuldet hatte, sprang Weisweiler erregt von der Trainerbank hoch und holte den Holländer vom Platz. Diese Demütigung, von Cruyff zwar bewußt herausgefordert, aber wohl doch nicht erwartet, vergaß Cruyff nicht:

„Als er an mir vorbeikam, spuckte er verächtlich aus", schilderte Weisweiler die sensationelle Szene, die Schlagzeilen machte. Am nächsten Tag las Weisweiler dann diesen Satz: „Das wird er büßen."

In vielen Gesprächen mit Vorstandsmitgliedern und Präsident Montal hatte der deutsche Erfolgstrainer herauszuhören geglaubt, daß der Vorstand hinter seinen Entscheidungen stünde und daß dies die letzte Saison für Cruyff in Barcelona sei.

Deshalb hatte Weisweiler nach Rücksprache mit seinem Präsidenten Montal den Manager von Franz Beckenbauer angerufen. Weisweiler zu Robert Schwan: „Würde der Franz nach Barcelona kommen?" Schwan, nach einem Gespräch mit Beckenbauer: „Ja, der Franz hat Interesse – natürlich wenn das Geld stimmt."

Weisweiler überschwenglich zu Montal: „Um Beckenbauer werde ich eine Mannschaft aufbauen, die europäische Spitzenklasse ist."

Präsident Montal bekam glänzende Augen.

In dieser Situation pokerte Johan Cruyff hoch. Er kannte die spanische Mentalität besser als sein deutscher Widersacher. Vor den Fernsehkameras zog er ein Schauspiel ab: „Die Fans von Barcelona sind die besten der Welt, für euch würde ich sogar umsonst spielen. Mit diesem Trainer aber kann ich nicht zusammenarbeiten, deshalb gehe ich."

Die Fans hatten nicht vergessen, daß es Cruyff gewesen war, der dem FC Barcelona nach 14 Jahren Unterbrechung wieder zur spanischen Meisterschaft verholfen hatte. Sie gingen für ihn auf die Straße: „Cruyff si, Weisweiler no!" Oder: „Schickt Opa Weisweiler in die Berge." Unter dem Druck der Anhänger verlängerte Agostin Montal (er war in seiner Präsidentenloge mit Sitzkissen bombardiert worden) den Vertrag mit Cruyff: eine Million Mark pro Jahr.

Als die Nachricht von Weisweilers Niederlage gegen Cruyff über die Fernschreiber der Agenturen lief, wählte Kölns Manager Karl-Heinz Thielen sofort die Nummer 3 71 06 60 in Barcelona und erinnerte Weisweiler an frühere Gespräche:

„Hennes, Sie wissen, daß Sie unser Wunschtrainer sind."

Präsident Peter Weiand flog optimistisch nach Barcelona, kehrte aber ohne Unterschrift zurück. Dann jetteten Fortuna Düsseldorfs Präsident Bruno Recht und MSV-Boß Paul Märzheuser nach Barcelona: „Hennes, Sie sind unser Mann."

In Köln zitterte derweil Manager Thielen: „Wenn Weisweiler nicht kommt, bin ich erledigt." Warum Weisweiler mit seinem Autogramm unter dem 240 000-DM-Vertrag (in Barcelona hatte er fast 500 000 DM netto jährlich verdient) zögerte, war bald kein Geheimnis: Wolfgang Overath. Der 81malige Nationalspieler hatte jahrelang in Köln fast ähnlich geherrscht wie Johan Cruyff.

Was man von Hennes Weisweiler in Köln erwartet, las der Trainer bald in den Zeitungen: „Wir haben die beste Mannschaft in Deutschland", jubelte Präsident Peter Weiand, sonst kühler Lotto-Direktor, „damit müssen wir Meister werden."

Als Weisweiler dies sah, reagierte er ärgerlich: „Auch das noch. Die werfen einem ja jetzt schon Knüppel zwischen die Beine. Mit der gleichen Mannschaft ist fünf Jahre keiner Meister geworden. Jetzt soll ich das sofort schaffen." ■

Zweite Liga
1975/76

Tennis Borussia, mal unten und mal oben

Manfred Pawlak, Präsident der lila-weißen Tennis Borussia, saß in seinem lila-weißen Schlafzimmer und schaute verdrossen in die rabenschwarze Zukunft. Der Rechtsanwalt und Bier-Fan aus Spandau fand keinen Schlaf. Ein paar Kilometer weiter in Berlin-Charlottenburg wälzte sich auch sein Vize Heinz Opitz im lila-weißen Gemach (lila Betten, weiße Möbel, lila Gardinen) ruhelos auf violettem Linnen. Der Grund: Gerade war TeBe mit 16:52 Punkten und 32:86 Toren wieder aus der Bundesliga abgestiegen. Es war am 14. Juni 1975.

Rauf, runter, rauf. Der Aufstieg 1974 war eine Sensation. Der Abstieg kaum. Und nun, am Ende der Saison 75/76, waren die Borussen wieder oben. Doch die Sorgen waren eher größer geworden.

TeBe – das heißt seit Jahren auch „Tb" in der Vereinskasse, „galoppierende Schwindsucht". Der neue Bundesligist Tennis Borussia marschierte mit 1,2 Millionen Mark Schulden in die Saison 1976/77.

Für ein Drittel der Summe haften die Mitglieder des dreiköpfigen Präsidiums (Pawlak, Opitz, Rösler) persönlich. Schatzmeister Erhard Rösler im Juni 1976: „Mein Haus in Frohnau müßte renoviert

„Wir Wunderkinder", sagte Spandaus Fußball-Chef Heinz Balzer (47) fröhlich, „wir sind die Meister des Humors! Als letzte haben wir in der zweiten Liga angefangen, als letzte aufgehört. Und trotzdem können wir lachen – ha, ha, ha . . ."

Lache Bajazzo – bei 32 Niederlagen in 38 Spielen. Und doch erntete der SSV mehr Bewunderung als die gesamte Berliner Bundesliga-Konkurrenz. Denn mit Sicherheit sind die Spandauer Hobby-Fußballer einmalig im kommerziellen deutschen Balltreter-Geschäft.

● Ihren überraschenden Aufstieg feierten sie 1975 (nach dem 2:1 über VfB Oldenburg) in Spandau „hinter den sieben Brücken" mit Buletten und Brause.

● Auf die 300 000-Mark-Starthilfe des Berliner Senats haben sie (im Gegensatz zu TeBe und Wakker) verzichtet.

● Siegprämien für die Spieler gab es nicht. Mit 400 Mark „Gehalt" monatlich war alles abgegolten.

● 1750 Zuschauer (erhofft waren 2500) kamen „im Durchschnitt". Minus: 40 000 Mark. Das sind gleichzeitig auch die Gesamt-Schulden.

Rohstoff-Großhändler Heinz Balzer, den sie liebevoll „Lumpen-Millionär" nennen, ungerührt: „Mit dem Verkauf von Zippel an Aachen und Suchanek nach Duisburg mindern wir das Defizit. Wir sind per Saldo gesund."

„Hat trotzdem Spaß gemacht" sagt Torhüter Uli Bechem, der 115 Tore kassierte.

werden. Die ganze Dachrinne ist kaputt. Aber es geht nicht, ich habe mein ganzes Geld in den Verein gesteckt."

Rund 800 000 DM stehen als Steuerschulden zu Buche. Sie sollen langfristig je nach Einnahme abgezahlt werden.

Und nur weil sich das Berliner Finanzamt damit

Letzte Schritte der Tennis-Borussen auf dem Weg in die Bundesliga. Am letzten Spieltag wird Wacker 4:1 geschlagen. Links: Racine sperrt gegen Jakobs.

schriftlich einverstanden erklärte, erhielt TeBe überhaupt die Bundesliga-Lizenz.

Im April 1975 war Helmut Johannsen als neuer Trainer zu Borussia gekommen. Der „kühle Klare aus dem Norden" vollbrachte mit dem prompten Aufstieg ein Fußball-Wunder. Aber bereits im Dezember 1975 hatte Johannsen verbittert gekündigt. Mit dem Ende der Saison zog er in die Schweiz zu den Grasshoppers Zürich.

Johannsen: „Das Berliner Publikum hat uns im Stich gelassen. Die Politiker dieser Stadt sitzen am liebsten in Herthas Prominentenloge. Hertha, immer nur Hertha – nein, das hatte diese TeBe-Mannschaft nicht verdient..."

Johannsen ging, genauso Torjäger Stolzenburg (für 500 000 DM zu Braunschweig) und Siegmann (für 200 000 DM zu Bremen).

Und schwupp, war Rudi Gutendorf da, der Weltenbummler unter Deutschlands Trainern. Rudi kam direkt aus Afrika (Botswana) und versprach: „Früher habe ich sogar Präsidenten gewürgt, das will ich nicht mehr tun. Aber ich will mit TeBe die Klasse halten. Dafür werde ich Tag und Nacht arbeiten."

Rudis „Arbeitslohn": 60 000 Mark pro Jahr und eine „Super-Erfolgsprämie". ■

Hundertfünfzehn Gegentore und doch viel Spaß gehabt

„Mannschaften und Vorstand haben viel gelernt", glaubt Balzer.

Und am meisten freute sich der SSV über den 3:2-Sieg vor 500 Zuschauern am 3. Dezember 75 im Poststadion. Da wurde doch der Deutsche (Presse-)Meister aus Hamburg geschlagen. Der erste Sieg seit vielen Monaten...

„Wir kommen wieder" grient Fußball-Boß Balzer...

Ganz Spandau (200 764 Einwohner, 7771 Hunde, 425 Schweine, 121 Milchkühe, 189 Kneipen, 25 Sportplätze, 12 Fußball-Clubs) freute sich schon darauf... ■

Die Millionenelf mit Kickers

Das ganze Saarland hat nur einen Wunsch: Saarbrücken muß Bundesligastadt bleiben! 12 Jahre lang haben die Anhänger des 1. FCS auf den Wiederaufstieg gewartet, nachdem er gleich im ersten Bundesligajahr (63/64) abgestiegen war.

Am 5. Juni 1976 fiel die Entscheidung: Mit 3:0 fegten die Saarländer Eintracht Kreuznach vom Rasen und sicherten sich einen Spieltag vor dem Ende der Saison den Meistertitel und damit den

Aufstieg. Das letzte Spiel beim Tabellenzweiten 1. FC Nürnberg (0:0) war ohne Bedeutung.

Sagte der Saarländische Landesvater Dr. Franz Roeder bei einem Empfang für die Meisterelf: ,,Ein Bundesligaverein hebt die Lebensqualität unseres ohnehin ein wenig im Schatten stehenden Bundeslandes!''

Sogar der polnische Ministerpräsident Gierek sollte dem 1. FCS helfen. Er wurde vom Saarländi-

*Mit diesem Tor (links) leitet der Saarbrücker
Torjäger Magath das 3:0 gegen Kreuznach ein,
das für den FCS die Meisterschaft bedeutet. Der
Jubel (oben) nach dem Spiel war groß. Von links:
Semlitsch, Zech, Denz, E. Traser, Fazlic und
H. Traser. Und (unten) so jubelten die Fans.*

Egon Schmitt, Nikolaus Semlitsch und die Zwillinge Ernst und Heinz Traser.

Als der Aufstieg geschafft war, holten die Saarbrücker einen neuen Block dazu: Die Edelreservisten Förster, Marek, Schuster und Kress von Bayern München (als Leihgabe). Ein weiterer Bayern-Spieler, Sepp Weiß, und der Hannoveraner Peter Hayduk wurden unter Vertrag genommen.

Meinte FCS-Präsident Heinz Vaterrodt: „Uerdingen legte beim Aufstieg eine halbe Million an, Hannover eine ganze, beide stiegen ab. Karlsruhe investierte 2,2 Millionen und blieb drin. Wir wollen auch drin bleiben."

Und der Vorsitzende Erich Barth: „In der 2. Liga betrug unser Schnitt 15 000 Zuschauer. Für die Bundesliga brauchen wir 20 000 Zuschauer. Wir können sogar auf Fans von Frankreich und Luxemburg bauen."

Nach ihrem Abstieg im ersten Jahr der Bundesliga hatten die Saarländer viermal an der Aufstiegsrunde teilgenommen – und scheiterten viermal. Zuletzt an den bärenstarken Braunschweigern.

Die vom DFB verlangte Bürgschaft hinterlegte die Stadt Saarbrücken mit 100 000 Mark. Für das „Abenteuer Bundesliga" macht sich auch ein „Klub der Förderer" stark, der sich längst große Verdienste um den Verein erworben hat. Die Eintrittspreise wurden erhöht und das Ludwigsparkstadion erhielt eine bundesligagemäße Flutlichtanlage.

Kaiserslauterns Präsident Willi Müller begrüßte den frischgebackenen Aufsteiger in einer Feierstunde als „Leidensgenossen", und DFB-Präsident Hermann Neuberger, Ehrenmitglied des 1. FC Saarbrücken, sagte bei seiner Gratulationsrede warnend zu den Spielern: „Die nächste Saison wird für euch die allerschwerste!"

■

Look

schen Ministerpräsidenten gebeten, behilflich zu sein, wenn es darum geht, einen polnischen Nationalspieler nach Saarbrücken zu holen.

Der Wiederaufstieg 76 war das Werk von Trainer Slobodan Cendic, der es verstanden hatte, die „zusammengekaufte Millionen-Elf der Saar" zur besten Zweitliga-Mannschaft des Südens zu machen.

Blockbildung hieß die Zauberformel des Jugoslawen: Den Kern bildeten die Ex-Offenbacher

Eiserner Otto macht die Borussen zu Männern

21 500 Mark für jeden Spieler. Borussia Dortmund mußte nach dem Wiederaufstieg in die Bundesliga tief in die Tasche greifen. Doch die Borussia hat's: genug Zuschauer, genug Geld. Immerhin war Dortmund 1966 der erste deutsche Europacupsieger. Und mit 5,5 Millionen Mark Jahreseinnahmen ist Borussia einer der reichsten deutschen Fußball-Clubs.

Dabei war der Verein vor gut zwei Jahren fast am Ende: zwei Millionen Mark Schulden. Wie war da das „Wunder von Dortmund" überhaupt zu bewerkstelligen?

Die Antwort:

1. Der Bau des Westfalenstadions für die WM 1974 war der finanzielle Grundstein. Nach dem Umzug in die Super-Arena strömten die Zuschauer wieder zur Borussia. Innerhalb eines Jahres schnellte der Zuschauerschnitt von 6000 auf 25 000.

2. Mit Präsident Heinz Günther, Bergwerksdirektor und Herr über 6500 Kumpel auf der Dortmunder Großzeche Gneisenau, kam ein tatkräftiger Mann. Mit modernem Management wurde der Verein wieder auf Erfolgskurs gebracht. Nach zwei Jahren war bereits der Aufstieg geschafft, der ursprünglich erst für 1978 programmiert war.

Dabei hat der bei Borussia allgewaltige Günther sich die Aufgabe selbst recht schwer gemacht. Denn drei Trainer in einem halben Jahr sprechen für die hektische Atmosphäre, von der der Aufstiegskampf begleitet war.

So fing's an im Aufstiegsspiel (3:2) gegen den Club. Peter Geyer hat das 1:0 für seine Dortmunder Borussia geschossen. Glücklicher Peter.

Sagt Präsident Günther: „Alles ist zu ungestüm angepackt worden. Der Erfolgszwang, unter dem wir plötzlich standen, hat alle Beteiligten verrückt gemacht. Und alle haben Fehler gemacht."

Nach seiner Wahl zum Präsidenten hatte Günther mit Otto Knefler einen renommierten Mann im deutschen Fußballgeschäft geholt. Doch der „Liebes-Heirat" der beiden Duzfreunde folgte bald eine peinliche Trennung. Zwei so ähnliche Charaktere wie Günther und Knefler mußten sich in die Haare geraten. Beide leicht aufbrausend, beide autoritär und publicityhungrig. Am 27. Januar 1976 wurde Knefler mit Hilfe der Mannschaft entmachtet.

Der sanfte Horst Buhtz wurde als Kneflers Nachfolger sehr schnell zum Spielball zwischen Präsident Günther und den starken Persönlichkeiten in der Dortmunder Mannschaft (Varga, Geyer, Nerlinger). Als Dortmund in den Ausscheidungsspielen zur Bundesliga gegen Nürnberg antreten mußte, wurde Buhtz mit 40 000 Mark Aufstiegsprämie „in Freundschaft" entlassen. Grund: Buhtz stand bereits als zukünftiger Trainer von Nürnberg fest.

Der eiserne Otto Rehhagel übernahm am 14. Juni die Borussia. Innerhalb von drei Tagen hatte er aus Dortmunds Spielern, die sonst mit schlotternden Knien auf des Gegners Platz liefen, selbstbewußte Männer gemacht.

Nach dem sensationellen 1:0-Sieg in Nürnberg peitschte „Hexer" Rehhagel im Rückspiel seine Spieler und 54 000 Zuschauer an. Mit 3:2 wurde der „Club" niedergewalzt. Otto Rehhagel – ein Segen für die Borussia?

Rehhagel selbst: „Das muß sich herausstellen. Ich bin ein Malocher. Und echte Arbeit verlange ich auch von meinen Spielern. – Sie müssen ihr Geld verdienen wie die Kumpel im Pütt, die uns das Geld ins Stadion bringen. Nur so haben wir eine Chance, die Bundesliga zu behaupten." ■

Geschafft! Dortmund ist in der Bundesliga. Otto Rehhagel steht da wie aus Eisen gegossen. Die überstandenen schweren 90 Minuten stehen ihm im Gesicht geschrieben.

Die tollen Homburger

Uwe Klimaschefski (37) hat mit seinen tollen Jungs vom kleinen Saarverein FC Homburg in ganz Fußball-Deutschland Aufsehen erregt. Sein dritter Tabellenplatz gehörte zu den großen Überraschungen der Saison.

Die Homburger erwiesen sich als die Husaren der 2. Liga Süd.

Ihre bedeutendsten Erfolge:

● Das 2:1 gegen Hannover 96 im Niedersachsenstadion, durch das der Bundesligist aus dem Pokal gefeuert wurde,

● das 2:2 in Nürnberg (Punktspiel), mit nur 10 Mann erzielt, nachdem Ehrmanntraut bereits nach 30 Minuten vom Platz gestellt wurde,

● das 2:2 in München gegen die „Löwen" (Punktspiel),

● die vielen Siege gegen die „Großen" der 2. Liga,

● und schließlich das „nur" 1:2 im Viertel-Finale des DFB-Pokals gegen den HSV. Kargus hielt einen von Diener geschossenen Elfmeter mit den Fingerspitzen und rettete Hamburg.

Superleistungen des ärmsten Vereins der 2. Liga. „Trotzdem kommen wir einfach nicht von der halben Million Schulden herunter", stöhnt Präsident Udo Geitlinger.

4237 Zuschauer kamen im Schnitt zu den 19 Heimspielen (vergangenes Jahr 3242). „Zu wenig", sagt Trainer Klima, der bei seinem Verein „Mädchen für alles" ist.

Homburg hat 43 000 Einwohner, der Verein 824 Mitglieder.

Uwe: „Wir konnten öfter nur mit drei Bällen trainieren. Für mehr Bälle war kein Geld da. So mußten wir notgedrungen 17-Mark-Bälle kaufen, die beim ersten Preßschlag platzten."

Ein x-beliebiger Beweis für die „Armut" der Homburger: Zum Spiel in Augsburg am Pfingstsamstag fuhr die Mannschaft am Spieltag los. Sechs Stunden über die Autobahn, Affenhitze. Angekommen, sofort aufs Spielfeld, gespielt, geduscht und wieder ab geht die Post. Heim. Kein Abendessen. Dafür für jeden Spieler einen Geitlinger-Beutel (1 Banane, 1 Apfelsine, 1 Apfel, 2 belegte Brote).

„So wird bei uns gespart", sagt Klima. „Jeder andere Verein fährt einen Tag früher. Dann gibt's ein ordentliches Abendessen. Bei uns geht's nicht. Kein Geld."

Trotzdem – und das ist für Uwe das Wunderbare – trotzdem kämpfen die Spieler bis zum Umfallen. Uwe: „Für 1000 bis 2000 Mark im Monat rackern die sich ab, holen Punkt für Punkt und haben sich unter die Reichen ganz nach oben geschoben. Unter primitivsten Begleitumständen."

Präsident Geitlinger ist gerührt, wenn er von dem Einsatzwillen seiner Jungs spricht. Und er ist stolz, wenn er von seinen Assen, von Lenz, Pankotsch, Albert Müller, Ehrmanntraut oder von Figlus spricht.

Natürlich hat der erfindungsreiche „Klima" seinen Anteil am erstaunlichen Erfolg seiner Elf.

Warum so mißmutig, Uwe Klimaschefski? Homburg hat sich doch wacker geschlagen ...

Allein seine hundertprozentig funktionierende Abseitsfalle, die für viele Spitzenteams zum Verhängnis, sogar zur Blamage wurde. „Ich hatte sechs Monate daran gefeilt!" sagt Uwe. 22mal wurden allein die Münchener Löwen zu Hause von Homburg ins Abseits gestellt.

Klimas Super-Coup war jedoch ohne Zweifel der 2:1-Pokalsieg im Niedersachsenstadion gegen Hannover. „Ich freute mich riesig", meinte er, „und doch tat mir der Fiffi Kronsbein leid. Ich konnte es nicht mitansehen, so traurig war er. So bin ich nun mal. Da träumt man von einem großen Sieg, und wenn es dann soweit ist, wird man sentimental."

■

DFB-Pokal
1976

Bei 49 Grad kam Oles große

Am Anfang stand die ungewöhnliche Idee eines ungewöhnlichen Mannes. Da entschied nämlich, vier Wochen vor dem 2:0-Finalsieg des Hamburger SV gegen den 1. FC Kaiserslautern, HSV-„General" Dr. Peter Krohn: „Ole Björnmose wird ab sofort Mittelstürmer spielen."

Trainer Kuno Klötzer, nur halbherzig mit von der Partie, schwieg damals mit steinernem Gesicht. Die Experten blickten ungläubig, fassungslos – viele schüttelten den Kopf. Ein ausgesprochener Aufbauspieler als Torjäger? Eine unmögliche Entscheidung.

Sie sollten sich alle irren. Ole Björnmose, Däne, 32 Lenze alt, seit fünf Jahren mit Stammplatz im HSV-Mittelfeld, wurde auf der ihm befohlenen Position zum taktischen Pokal-Hit der Norddeutschen.

In einer Doppelrolle, in der er Sturmspitze und Mittelfeld-Feuerwehr dank seiner Intelligenz und blendenden Kondition gleichermaßen überragend spielte, mauserte sich Ole zur Schlüsselfigur des Hamburger Cup-Triumphs.

Er schoß ein herrliches Tor, gab zum ersten Treffer die Vorlage, wurde zusammen mit Kapitän Nogly und Reaktionswunder Rudi Kargus zum Helden der Frankfurter Hitzeschlacht.

Ein Held, der vor Monaten noch auf der „Abschußliste" gestanden hatte.

Anfang 1976 nämlich wollte sich der HSV noch von Björnmose trennen. Der Gründe gab es einige: Ole war durch Verletzungen und Formkrisen ziemlich von der Rolle – und er war ein Dreißiger.

Dr. Krohn wiederum dachte an die Zukunft der HSV-Truppe, der er mit dem markigen Spruch „Wir holen die Sterne vom Himmel" sportlichen Höhenflug versprochen hatte – er dachte an Verjüngung, Verstärkung.

Björnmose jedoch fing sich wieder, wurde von Woche zu Woche besser. Dann kam der 4. Mai, das erste Pokal-Halbfinale gegen die Bayern im Hamburger Volkspark. Der Mann aus Dänemark spielte hinreißend.

Als er dann auch noch das 1:0 schoß, hielt es den extravaganten HSV-Boß nicht länger auf der Ehrentribüne. „Ole bekommt einen neuen Vertrag. Aber einen besseren, als er bisher hatte." Er hielt Wort, erhöhte Björnmoses neue Vertragssumme um 30 000 Mark.

Der Fight gegen die Bayern endete trotz Verlängerung 2:2. Und vor der Wiederholung in München, die Hamburg dann sensationell mit 1:0 gewann, verkündete Krohn seinen einsamen Entschluß:

Tor! Nach dem 1:0 wird Peter Nogly von Kurt Eigl fast erdrückt (links).

Aus! Ende! Abpfiff! Auf der Trainerbank des HSV wird aufgesprungen. Unten, von links: Kuno Klötzer, Torwart Kovacic, Ettmayer, Bertl und Manager Dr. Krohn.

Stunde

„Weder Reimann noch Bertl oder Memering konnten bisher als Mittelstürmer überzeugen. Jetzt ist Björnmose dran."

Ole wußte dieses Vertrauen zu schätzen. Er bedankte sich mit imponierenden Leistungen gegen Bayern, gegen Uerdingen und Düsseldorf – ganz besonders aber mit einer Gala-Schau im 33. Endspiel um den DFB-Cup.

An diesem mörderisch-heißen (49 Grad) Juni-Samstag von Frankfurt war der dänische Nationalspieler von der ersten Sekunde an voll da. Zuerst mußte er, als Kaiserslautern auf ein schnelles Tor drängte, furchtbar in der eigenen Abwehr rackern, um einen Rückstand zu vermeiden.

„Ich kam mir vor wie ein Verteidiger, nicht wie ein Stürmer", erzählte er. „Ich hatte schon Angst, daß ich mein Versprechen an Kuno Klötzer nicht würde einlösen können."

Vor dem Spiel nämlich hatte Ole übermütig behauptet: „Trainer, heute schieße ich mindestens ein Tor. Und zwar mit dem linken Fuß."

Als Hamburgs Kraftbolzen in Abwehr und Mittelfeld den Gegner immer besser in den Griff bekamen, begann Björnmoses großer Auftritt: Mit langen Schritten fegt er übers Feld, holt die Bälle aus der eigenen Hälfte, verteilt sie klug an seine Kame-

Geschafft! Nach der Hitzeschlacht gegen Kaiserslautern fallen sich die HSV-Spieler Kargus und Blankenburg in die Arme (unten). Memering (rechts) möchte gern mitjubeln. Der schönste Augenblick in der sportlichen Karriere des Peter Nogly. Stolz hält der den DFB-Pokal bei der Ehrenrunde im Frankfurter Waldstadion in den Händen (rechts).

raden, geht keinem Zweikampf aus dem Weg – und schießt selbst, was das Zeug hält.

Herrje, welche Kräfte, welcher Siegeswille, welche Spielfreude wurden da in Oles austrainiertem, ausgemergeltem Körper entfesselt – für jeden der 60 000 Fans spürbar.

„Der war überhaupt nicht mehr zu halten", gestand hinterher Klaus Scheer, der blonde Spielmacher der Pfälzer. Er hatte die Aufgabe erhalten, Björnmose zu entschärfen. Und scheiterte. Denn nach 22 Minuten konnte Scheer dem Hamburger nicht mehr folgen. Ole zog an ihm vorbei, sah seinen Vorstopper freilaufen. Ein weiter Paß auf Noglys rechten Fuß – der HSV führte mit 1:0.

Genau 14 Minuten später dann macht er sein „Tor mit Ansage". Nach einem Volkert-Schuß prallt der Ball an der Strafraumgrenze zu Björnmose. Ein Schritt noch, Schuß – 2:0. Wie prophezeit – mit links.

Bei der Gratulations-Cour nach dem großen Kampf überraschte Ole mit einer einfachen Antwort: „Hat Spaß gemacht, dieses Spiel als Mittelstürmer."

HSV '76 – das ist Deutschlands ungewöhnlichster Fußball-Club. Vom überaus selbstbewußten Manager bis hin zu seinen überaus bescheidenen Stars ... ■

Das Tor, das die endgültige Entscheidung zugunsten des Hamburger SV bringt (unten). Aus zwölf Metern Entfernung hat Ole Björnmose geschossen. Kaiserslauterns Torwart Hellström kann den Ball nicht mehr erreichen. Temperaturen von über 40 Grad herrschten während des Pokalspiels im Frankfurter Waldstadion. Die beste Lösung zeigt HSV-Linksaußen Georg Volkert (oben): Er goß sich einen Eimer Wasser über den Kopf.

Die blauen Jungs und der goldene Cup

Hoch die Tassen, HSV. Die Hamburger errangen nach einer großen Saison (Vize-Meisterschaft) auch noch den Sieg im DFB-Pokal. Nach dem 2:0 über Kaiserslautern hat Linksaußen Volkert das Goldstück in seinen Händen. Mit ihm jubeln (von links) Reimann, Kargus, Hidien, Zaczyk und Kaltz.

Peterchens Tor-Schuß

Neun Tore hatte der HSV-Kapitän Peter Nogly in den Bundesligaspielen bereits erzielt – als Vorstopper. Im Pokalfinale krönt er seine starke Saison mit einem Bilderbuch-Tor in der 22. Minute. Kaiserslauterns Torwart Ronny Hellström ist gegen den Heber machtlos.

Das Fußball-Ballett

*So schön, so elegant, so ästhetisch
kann Fußball sein.
Das Foto zeigt den Hamburger
Nationalverteidiger Manfred
Kaltz im Kampf um den Ball mit dem
Kaiserslauterer Kapitän
Ernst Diehl. Die Bewegungen sind so
gleichartig, als hätten die
beiden wochenlang für diese Szene
trainiert.*

Rudi machte alle ratlos

Ein mutiger Sprung, zwei Fäuste boxen gegen den Ball – die Gefahr ist vorbei. Mit seinem vorbildlichen Einsatz und seiner blitzartigen Reaktion brachte der HSV-Torwart Rudi Kargus seine Gegenspieler in Frankfurt zur Verzweiflung. Auf dem Foto von links: Memering, Riedl, Scheer, Kargus, Blankenburg, Sandberg.

Der glücklichste Tag im Leben des Kuno Klötzer

Nie war er Deutscher Meister, nie hatte er den DFB-Pokal gewonnen. Aber immer hatte Kuno Klötzer – der solide Handwerker unter den deutschen Trainern – gute Arbeit geleistet. Der verdiente Lohn stellte sich am 26. Juni in Frankfurt ein. Endlich hatte Kuno den Pott.

Die Nackten und die Wasserspiele von Frankfurt

Es war am 26. Juni 1976, um genau 18.17 Uhr. Da passierte in einer Umkleidekabine des Frankfurter Waldstadions ein im deutschen Spitzenfußball bisher einmaliger Vorfall: Die HSV-Spieler, eben deutscher Pokalsieger geworden, warfen ihren obersten Befehlshaber kurzerhand ins Wasser.

In voller Kleidung flog Dr. Peter Krohn, von Linksaußen Schorsch Volkert hinterrücks geschubst, ins große Becken. Und der Hamburger Generalmanager, mit beispielloser Machtfülle und Autorität ausgestattet, lachte noch darüber.

Fand er die Sache wirklich lustig? Oder machte er nur gute Miene zum respektlosen Spiel? Er, der nichts mehr haßt als schlechten Stil, mangelhafte Manieren. Mußten dem studierten Volkswirt die Frankfurter „Wasserspiele" nicht wie Majestätsbeleidigung, wie Gesichtsverlust erscheinen?

Energisch, aber mit dem strahlendsten Lächeln der Welt, schüttelte Krohn den Kopf: „Nein, nein – ganz im Gegenteil. Ich werte diese Taufe als einen ungeheuren Vertrauensakt der Spieler. Sie wollten damit in der Fußballern eigenen Art ausdrücken: Du hast viel Anteil an unserem Erfolg. Jetzt gehörst du zu uns."

Eine Interpretation, die richtig sein könnte. Doch – kann man sich vorstellen, daß Münchens Bayern-Stars ihren Manager Robert Schwan ins Planschbecken stoßen?

Dr. Krohns schmales Gesicht wurde versonnen. Dann sprach er leise, aber eindringlich: „Solche Vergleiche lassen sich nicht ziehen. Wissen Sie, ich glaube, unsere Spieler haben jetzt erkannt, daß ich ein Mann mit Charisma bin. Ein Mann, der nicht

nur davon spricht – sondern es auch verwirklichen kann, aus dem HSV eine Weltklasse-Mannschaft zu formen. Das, und nichts anderes, war der Grund für die Zeremonie."

Einer der Zeremonienmeister des übermütigen „Wasserfalls" formulierte etwas weniger eindeutig: „So etwas machen wir nur mit Leuten, die wir ganz besonders gern haben." ■

Krohn und Klötzer – sie küßten und sie schlugen sich

In 10 000 Meter Höhe klirrten die Sektgläser. Der Hamburger SV hatte am 14. Juni 1975 im letzten Bundesliga-Spiel im Münchener Olympia-Stadion die Bayern mit 1:0 besiegt. Das bedeutete den vierten Tabellenplatz. Nach Jahren der Erfolglosigkeit ein stolzes Ergebnis.

Und darauf stießen HSV-Manager Dr. Peter Krohn und Trainer Kuno Klötzer im Lufthansa-Jet auf dem Rückflug nach Hamburg an. Sie tranken aber nicht nur auf den Erfolg, sondern auch auf gute Zusammenarbeit, Verständnis – und boten sich das „Du" an. „Prost, Kuno! Prost, Peter!"

Geblieben ist der Erfolg – Pokalsieg, die Vizemeisterschaft, der dritte Platz im UEFA-Cup und das „Du".

Beiderseitiges Verstehen, gute Zusammenarbeit – davon war schon bald keine Rede mehr.

Das erste große Donnerwetter entlud sich am 12. August 1975. Trainer Klötzer: „Die Spieler und ich haben uns abgesprochen. Wir wollen zum Treffen am Freitag in Offenbach erst am Spieltag anreisen."

Da fuhr der Manager aus der Haut: „Den Reisetermin hat nicht der Trainer, sondern ich zu bestimmen. Wir fahren am Donnerstag."

Basta!

Und die Machtprobe von Dr. Peter Krohn ging gleich weiter: „Von der Mannschaftsaufstellung über das Training bis in alle Bereiche der Bundesliga hat nur einer zu entscheiden – ich!"

Die Fans fragten sich besorgt: Um Himmels willen, was wird aus unserem HSV?

Und die Spötter lachten: Die beiden sind wie Hund und Katze. Der vierte Platz war Zufall – jetzt geht's bergab!

Peter Krohn: Diplomkaufmann, Direktoriumsmitglied im Axel-Springer-Verlag, Vorstandsmitglied im Otto-Versand, Geschäftsführer und Chefredakteur der Neuen Hannoverschen Presse, HSV-Präsident und nun Generalmanager.

Ein Mann, der Klavierkonzerte über alles liebt und zu Theateraufführungen nach London fliegt. Und „wenn einer schlürft", sagt er, „bereitet mir das körperliche Schmerzen."

Kuno Klötzer: Verwaltungsangestellter, Soldat von 1939 bis 1945, Sportlehrer-Examen 1948 (Note: Sehr gut).

Ein Mann, der Familienfeste am schönsten findet, der Schlips und Kragen am liebsten im Schrank sieht und dem nichts über deftige Hausmannskost geht.

Wirklich – zwei grundverschiedene Männer an der HSV-Spitze.

„Sie küßten sich und schlugen sich", gibt Dr. Krohn zu. „Wir sind wie Liz Taylor und Richard Burton."

Kuno und Peter – das „Traumpaar" des deutschen Bundesliga-Fußballs. Trotz Streit und mancher böser Worte – beide hatten mit ihrem HSV großen Erfolg.

Dem Krach folgt immer die Versöhnung. So wie beim 0:2 im Februar gegen Kaiserslautern. Da hörte Kaiserslauterns Präsidiums-Mitglied Fritz Schneider den HSV-Manager meckern: „Kaiserslautern führt. Unser Trainer sitzt da unten dick und fett und tut nichts."

Empörung bei Kuno Klötzer – aber nach ein paar Tagen war's vergessen. Dr. Krohn hatte ihm angeboten: „Jetzt darfst du dreimal Armleuchter zu mir sagen."

Egal – wichtig ist der Erfolg.

Das bestätigt auch Kapitän Peter Nogly: „Die Arbeit der beiden, aber auch ihre Temperamentsausbrüche und Zusammenstöße sorgen in der Mannschaft für zusätzliche Leistungssteigerung. Und ein bißchen Show gehört zum Profifußball."

Dabei spielt Dr. Krohn die Schurkenrolle, den „schwarzen Peter" – und Klötzer ist der gute Kuno, wie im Kasperle-Theater.

„Kuno ist der Fachmann Trainer", sagt Dr. Krohn. „Und ich bin der Fachmann Manager. Klar, daß wir alles diskutieren. Klar ist auch, daß wir mal aneinanderrasseln. Wichtig ist, daß diese Aussprachen zum Erfolg führen. Für den HSV!"

Der Pokalsieg hat's gezeigt. Und gefeiert wurden beide – der Trainer und der Manager. Und beide lagen sich nach dem Schlußpfiff in den Armen. ■

Der Weg des HSV ins Pokal-Endspiel

1. FC Köln (Amateure) 4:0 (2. August 1975), Union Salzgitter 4:0 (18. Oktober 1975), Jülich 4:0 (13. Dezember 1975), Bayern Hof 2:0 (31. Januar 1976), FC Homburg 2:1 (3. April 1976), Bayern München 2:2 (4. Mai 1976), Wiederholung gegen die Bayern 1:0 (1. Juni 1976).

Kaiserslauterns Weg ins Pokal-Endspiel

VfR Mannheim 2:0 (2. August 1975), Blumenthaler SV 5:1 (18. Oktober 1975), Westfalia Herne 3:1 (13. Dezember 1975), Eintracht Braunschweig 2:0 (31. Januar 1976), Fortuna Düsseldorf 3:0 (3. April 1976), Hertha BSC 4:2 (4. Mai 1976).

Notstand am Betzenberg

Am 4. Mai 1976 war in Kaiserslautern die Welt noch in Ordnung: Im Halbfinalspiel um den DFB-Pokal schlug der 1. FC Kaiserslautern Hertha BSC mit 4:2 und schaffte den Sprung ins Endspiel. Der überragende Klaus Toppmöller hatte mit drei herrlichen Toren die Berliner ganz alleine erschossen.

Daß den Lauterern in diesem Spiel Flügelflitzer Seppl Pirrung nach einer Knöcheloperation nicht zur Verfügung stand, nahm niemand tragisch. Zu groß war die Freude über den Einzug ins Finale.

Was niemand wissen konnte: Pirrungs Verletzung war erst der Anfang einer großen Pechsträhne, die Kaiserslauterns Trainer Erich Ribbeck zehn Tage vor dem Endspiel in Frankfurt aufstöhnen ließ: „Wo soll ich denn nur elf gesunde Spieler herbekommen?"

Am schlimmsten erwischte es Klaus Toppmöller: In der Nacht zum 1. Juni rast er mit seinem Ferrari auf den Wagen eines Amerikaners. Knapp drei Wochen lag er mit einer Gehirnerschütterung im Krankenhaus – als das Pokalfinale steigt, erholt sich „Toppi" gerade in Ruhpolding.

Nächstes „Opfer": der kleine Hannes Riedl. In einem Freundschaftsspiel zieht er sich einen Bauchmuskel-Abriß zu und muß operiert werden. Gleichzeitig beginnt Mittelfeldmotor Klaus Scheer über Leistenschmerzen zu klagen. Ribbeck verordnete eine Spielpause: „Verletzt spielt bei mir keiner!"

Ganz hart traf die Lauterer dann der letzte Bundesliga-Spieltag: Stickel erlitt einen Handbruch, Reinhard Meier flog nach einem Foul an Oblak (Schalke) vom Platz. Pokalendspiel ade?

18 Stunden vor dem Endspiel begnadigt der DFB den „Sünder" Meier. Ribbeck setzt alles auf eine Karte – und verliert. Mit Pirrung, Stickel (mit Manschette) und Scheer, mit Sandberg, der mit einer Spritze fitgemacht wurde (Meniskusbeschwerden), wollte er den HSV schlagen. Doch der Trainingsrückstand war zu groß.

Und Toppmöller fehlte an allen Ecken und Enden... ■

Letzte Chance für Kaiserslautern, aber Kargus faustet den gefährlichen Kopfball von Sandberg ins Feld zurück.

*Zweiundachtzig-
ste Minute im
EM-Gruppenspiel
gegen Malta.
Berti Vogts
schießt in seinem
69. Länderspiel
endlich ein Tor
für Deutschland.
Für ihn geht
ein Traum in
Erfüllung.*

Das war Bertis Tor

Als der Ball von seiner Stirn wuchtig in den Winkel flog, streckte er die geballte Faust in den Himmel und schrie: „Toor!" Es war das 7:0 im Länderspiel gegen Malta. Und dennoch war es ein besonderer Treffer: Denn es war Berti Vogts' erstes Tor in der Nationalelf.

Das Besondere an diesem Premierentor: Es war auch sehenswert!

Dortmunder Westfalen-Stadion, 82. Minute am 28. Februar 1976. Der Schalker Hannes Bongartz flankt von rechts gefühlvoll in den Strafraum. Berti Vogts sprintet heran, springt kraftvoll hoch und erwischt den Ball genau zum richtigen Zeitpunkt.

Aus acht Metern Entfernung fliegt der Ball ins Netz: „Er war noch nicht drin, da wußte ich schon, daß dies mein erstes Tor in der Nationalelf sein würde", erzählte Vogts hinterher. „Das erste Tor, dazu noch ein Kopfball, es paßte alles gut zusammen", freute er sich, „auch wenn es nur gegen Malta war."

68 Länderspiele lang hatte er auf diesen Augenblick gewartet. Er hätte es leichter haben können. Bundestrainer Helmut Schön hatte ihm nämlich morgens nach der Mannschaftssitzung gesagt: „Du, Berti, wenn es einen Elfmeter gibt und das Spiel ist für uns schon entschieden, dann schießt du natürlich den Strafstoß." Der Bundestrainer hatte es gut gemeint.

Berti aber hatte mit dem Kopf geschüttelt: „Nein, Herr Schön, das ist wirklich nett von Ihnen, aber so ein Tor will ich auch nicht. Das verstehen Sie doch."

Der Elfmeter kam. Die 54 000 Zuschauer schrien rhythmisch und fordernd: „Berti, Berti." Doch Vogts wurde nicht schwach. Seine abwehrende Handbewegung verriet: „Ich will kein geschenktes Tor."

Später sagte er dann: „Ich hätte mich doch um den schönsten Augenblick selber gebracht." Schwach werden war noch nie Bertis Stärke. ■

Vogel Beverly will frei sein

So kann nur Beverly jubeln! Wenn das dunkelhaarige Mädchen aus Jamaika ins Schwarze trifft, möchte sie die ganze Welt umarmen. Und alle Zuschauer freuen sich mit ihr.

Die zerlumpten Gestalten im Bonner Stadtpark mucksen sich nicht, als ihnen die ältliche Dame gehörig den Marsch bläst. Da ist von miesen Pennbrüdern und faulen Typen die Rede. Die Szene wird von einem kaffeebraunen, krausköpfigen Mädchen beobachtet.

Die junge Dame (weißes Tennishemd, eng anliegende braune Gabardinehose) sprüht Gift und Galle und schimpft in astreinem Deutsch: „Was will diese Frau eigentlich? Die soll die Leute in Ruhe lassen. Man muß die Menschen akzeptieren, wie sie sind."

Das sagt Beverly Rangers, 23 Jahre alt, 53 Kilo schwer, 1,54 m groß, einziger weiblicher Fußballstar in Deutschland.

Beverly ist eines von rund 165 000 Mädchen, die in der Bundesrepublik Fußball spielen. In Kingston auf Jamaika geboren und seit ihrem elften Lebensjahr in Europa wohnhaft, schimpft sie über alles, was die persönliche Freiheit des Menschen einschränkt.

„Ich bin frei wie ein Vogel!" Das heißt bei der Torjägerin, die ihre Treffer nicht zählt, sich auch nicht besonders darüber freut: „Ich habe viele Kameraden und möchte noch keinen Ehemann. Ich habe lange nur gefaulenzt. Aber dann wurde es mir zu langweilig, und so habe ich dann eben einen Job angenommen." Als Verkäuferin.

Wie lange sie das macht? Beverly grinst: „Solange es mir Spaß macht."

Genauso frei und ungebunden gibt sie sich auf dem Fußballplatz. Da passierte folgendes: Sie wird wegen einer Attacke vom Platz gestellt. Prompt hebt sie ihre kleine schwarze Faust und schlägt auf ihre Mitspielerin ein. In der Lebensphilosophie der Beverly Rangers heißt das: „Das erste Foul war harmlos. Aber als ich die rote Karte sah, dachte ich, jetzt mußt du etwas machen, was diesen Platzverweis wirklich rechtfertigt. Ich möchte nämlich nicht unschuldig ins ‚Gefängnis' gehen."

Zweimal mußte Beverly in ihrer sechsjährigen Karriere, wie sie sagt, „ins Gefängnis" – sie hatte ihr Temperament nicht im Zaum.

Dabei kann sie so lieb und nett sein. Beispielsweise beim Bluestanz in den Bonner Diskotheken.

Ab und zu träumt sie vom ersten Fußballspielen mit Gassenjungs in London im Schatten des Wembley-Stadions, wo sie als viertes Kind einer zwölfköpfigen Familie groß wurde. Da überlegt sie, warum sie so viel Aufmerksamkeit erregt. „Ich will kein Star sein. Man hat einen Star aus mir gemacht."

● Der Star rümpft die Nase über die Fußball-Damen von Bayern München: „Was bilden die sich eigentlich ein? Die leben doch nur vom Ruhm der Männermannschaft."

● Der Star grollt Bundestrainer Helmut Schön, weil er den Kölner Heinz Flohe in der Europameisterschaft auf der Reservebank schmoren ließ: „Da wäre ich glatt abgehauen." (Man glaubt's ihr . . .)

● Der Star schwärmt von Günter Netzer („So ein lieber Mensch") und fragt über Wolfgang Overath: „Ist er eigentlich arrogant?"

Beverly Rangers kennt von den Bundesligaprofis nur Dieter Müller persönlich. Den neuen Torjäger der Nationalelf hat sie besucht, als er mit einer schweren Rippenfellentzündung im Krankenhaus lag.

Typisch Beverly, unkompliziert und hilfsbereit. Immer auf der Seite der Schwachen. Sie wollte diese Lebenseinstellung eigentlich zu ihrem Beruf machen und Rechtsanwältin werden.

Aber dann spielte sie erst einmal Tennis und wurde Tennislehrerin. Dann brauchte sie Abwechslung („Motivation" ist ihr Lieblingswort) und spielte Fußball in mehreren englischen Frauenmannschaften.

Im Saarland wurde sie vor drei Jahren schließlich von dem Bonner Autohändler Willy Krahe entdeckt und für den Bonner SC verpflichtet. Der Privatvertrag – Taschengeld und kostenloses Wohnen.

Doch da die Bonner in dieser Saison bereits im Viertelfinale ausgerechnet gegen Bayern München (1:1 und 1:3) aus dem Wettbewerb flogen und Beverly nun weiterhin ohne „Motivation" ist, meldete sie sich in Bonn erst einmal ab.

Der Vogel will frei sein!

Beverly ist kein Kostverächter. Eis mit Sahne – das schmeckt. Na ja, Beverly kann sich's erlauben. Sie braucht nicht auf ihre Linie zu achten. Nur ihre Oberschenkel, die werden ihr allmählich zu stramm. Beverly will sie abtrainieren.

Das 100-Meter-Tor

Es gibt Kopfball-Tore und Freistoß-Tore, Abstauber-Tore und Eigentore – aber solch ein Tor hatte die Fußballwelt noch nicht gesehen: Ein kräftiger Abschlag von Barmbek-Uhlenhorsts Torwart Klaus Hinrich Müller landete nach 95 Metern im Netz von Hamelns Torwart Andreas Großmann.

Geschehen am letzten Spieltag (23. Mai 1976) der Amateur-Oberliga Nord. BU Hamburg führte gegen Preußen Hameln nur knapp mit 2:0. Bis Torwart Klaus Hinrich Müller, ein stämmiger Konditormeister (1,89 m, 94 kg) das Ding in die Hand nahm...

62. Minute: Er nahm den Ball zum Abschlag fest in beide Hände und schoß dann mit dem rechten Fuß so kräftig wie noch nie. Das Leder flog und flog – bis in den gegnerischen Strafraum – so ungefähr auf den Elfmeter-Punkt. Dort sprang es auf – und über den verdutzten Torwart Andreas Großmann hinweg direkt ins Netz.

1200 Zuschauer staunten erst, und dann lachten sie und klopften sich vor Freude gegenseitig auf die Schultern. Nur der arme Großmann lag wie ein Häufchen Elend in seinem Strafraum. Die Tränen liefen ihm übers Gesicht.

Einige Hamelner Spieler protestierten noch beim Schiedsrichter: „Das Tor darf doch nicht gegeben werden." Es durfte. Denn bei einem Abschlag aus der Hand ist der Ball im Spiel – im Gegensatz zu einem Abstoß mit dem Fuß.

Fassungslos war auch Torschütze Müller: „Ich glaube, solch ein Tor schießt man nur einmal im Leben" stammelte er. Doch in der Kabine ließ er sich von seinen Kameraden feiern. Und am Abend „durfte" er für die ganze Mannschaft zwei Runden Bier und Sekt ausgeben.

Auch BU-Trainer Brehme strahlte. Er hatte nämlich darauf gedrängt, daß sein Torwart extra für das Spiel gegen Hameln aus dem Mallorca-Urlaub eingeflogen wurde. 1 000 Mark hat das gekostet, aber das war das Jahrhundert-Tor auch wert...

Zahlen und Daten

1. Spieltag   9. August 1975

Hannover 96
Borussia Mönchengladbach   **3:3**

HANNOVER: Pauly, Meyer, Anders, Damjanoff, Stiller, Wesche (82. Kaemmer), Weber, Lüttges (46. Holz), Hayduck, Dahl, Stegmayer. MÖNCHENGLADBACH: Kleff, Klinkhammer, Schäffer, Wittkamp, Vogts, Wimmer (82. Wohlers), Stielike, Danner, Simmonsen, Jensen, Heynckes. Schiedsrichter: Aldinger (Waiblingen); Zuschauer: 54 500; Tore: 0:1 Jensen (7.), 1:1 Lüttges (20.), 1:2 Stielike (34.), 2:2 Hayduck (43.), 2:3 Heynckes (66.), 3:3 Dahl (72.).

VfL Bochum
Werder Bremen   **0:3**

BOCHUM: Scholz, Eggert, Miss, Fromm, Lameck, Gerland (46. Eggeling), Tenhagen, Balte (73. Kursinski), Köper, Pochstein, Kaczor. BREMEN: Burdenski, Kontny (66. Bracht), Höttges, Assauer, Kamp, Hiller, Roentved, Röber, Schlief, Aslund (46. Weist), Görts. Schiedsrichter: Quindeau (Ludwigshafen); Zuschauer: 9000; Tore: 0:1 Röber (36.), 0:2 Aslund (39.), 0:3 Weist (86.).

Bayern München
Eintracht Braunschweig   **1:1**

MÜNCHEN: Maier, J. Weiß, Schwarzenbeck, Beckenbauer, Dürnberger, Roth, Zobel, Kapellmann, Torstensson, Wunder (66. Schuster), Rummenigge. BRAUNSCHWEIG: Franke, Zembski (54. Grzyb), Hollmann, Haebermann, Merkhoffer, Ristic, Dremmler, Handschuh, Frank, Gersdorff, Erler. Schiedsrichter: Eschweiler (Bonn); Zuschauer: 37 000; Tore: 0:1 Gersdorff (44.), 1:1 Torstensson (83.).

Eintracht Frankfurt
Karlsruher SC   **0:2**

FRANKFURT: Wienhold, Reichel, Krobbach, Körbel, Neuberger, Weidle, Beverungen (78. Stradt), Nickel, Wenzel (46. Lorenz), Grabowski, Hölzenbein. KARLSRUHE: Kessler, Kalb, Schäffner, Fuchs, Ulrich, Trenkel, Schäfer, Kübler, Gutzeit (63. Vogel), Hoffmann, Berger. Schiedsrichter: Weyland (Oberhausen); Zuschauer: 20 000; Tore: 0:1 Hoffmann (70.), 0:2 Hoffmann (85.).

Rot-Weiß Essen
Bayer Uerdingen   **2:1**

ESSEN: Rynio, Neues, Wörmer, Wieczorkowski, Huhse, Lorant, Fürhoff, Burgsmüller, Bast, Hrubesch, Lippens. UERDINGEN: Kroke, Prehn, Brinkmann, Hahn, Lenzke, Lurz, Köstner, Wloka, Funkel (76. Mostert), Raschid (47. Stieber), Falter. Schiedsrichter: Lutz (Bremen); Zuschauer: 13 000; Tore: 1:0 Hrubesch (28.), 2:0 Hrubesch (42.), 2:1 Funkel (56.).

1. FC Kaiserslautern
Kickers Offenbach   **2:2**

KAISERSLAUTERN: Hellström, Kroth, E. Diehl, Melzer, Frosch, Meier, Riedl, Stickel (82. Schwarz), Pirrung, Toppmöller, Sandberg. OFFENBACH: Helmschrot, Ritschel, Rausch, Skala, Fass, Theis (73. Rohr), Bitz, Oleknavicius (80. Bihn), Janzon, Hickersberger, Held. Schiedsrichter: Hilker (Bochum); Zuschauer: 14 000; Tore: 1:0 Riedl (52., Foulelfmeter), 1:1 Janzon (56.), 2:1 Meier (71.), 2:2 Janzon (79.).

MSV Duisburg
Fortuna Düsseldorf   **2:2**

DUISBURG: Linders, L. Schneider, Pirsig, Bella, Dietz, Lehmann (57. Bregmann), Bücker, Bruckmann, Seliger, Büssers (46. Krause), Thies. DÜSSELDORF: Büns, Baltes, Kriegler, Zimmermann, Hesse, Zewe, Brei, Köhnen (84. Czernotzky), Geye, Seel, Herzog. Schiedsrichter: Haselberger (Reutlingen); Zuschauer: 11 000; Tore: 0:1 Zimmermann (29.), 0:2 Herzog (46.), 1:2 Dietz (74.), 2:2 Krause (85.).

Hamburger SV
Schalke 04   **4:1**

HAMBURG: Kargus, Kaltz, Nogly, Blankenburg, Ripp, Björnmose, Zaczyk, Ettmayer, Sperlich, Bertl (46. Memering), Volkert. SCHALKE: Nigbur, Thiele (71. Elgert), van den Berg (15. Dubski), Fichtel, H. Kremers, Lütkebohmert, Sobieray, Bongartz, Abramczik, Fischer, E. Kremers. Schiedsrichter: Gabor (Berlin); Zuschauer: 51 000; Tore: 0:1 Fischer (24.), 1:1 Sperlich (40.), 2:1 Sperlich (42.), 3:1 Kaltz (56.), 4:1 Björnmose (80.).

Hertha BSC Berlin
1. FC Köln   **2:1**

BERLIN: Zander, Sziedat, Walbeek (63. Brück), Kliemann, Weiner, Hermandung, Sidka, Beer, Grau, Kostedde, Horr. KÖLN: Schumacher, Konopka, Weber, Strack, Zimmermann, Simmet, Neumann (83. Cullmann), Overath, Petrovic (59. Hein), Müller, Hiestermann. Schiedsrichter: Biwersi (Bliesransbach); Zuschauer: 60 000; Tore: 1:0 Hermandung (28.), 1:1 Konopka (41., Handelfmeter), 2:1 Beer (66., Foulelfmeter).

Nach dem 1. Spieltag

	Punkte	Tore
1. Hamburger SV	2:0	4:1
2. Werder Bremen	2:0	3:0
3. Karlsruher SC	2:0	2:0
4. Hertha BSC Berlin	2:0	2:1
5. Rot-Weiß Essen	2:0	2:1
6. Hannover 96	1:1	3:3
7. Mönchengladbach	1:1	3:3
8. Fortuna Düsseldorf	1:1	2:2
9. Kickers Offenbach	1:1	2:2
10. MSV Duisburg	1:1	2:2
11. 1. FC Kaiserslautern	1:1	2:2
12. Braunschweig	1:1	1:1
13. Bayern München	1:1	1:1
14. 1. FC Köln	0:2	1:2
15. Bayer Uerdingen	0:2	1:2
16. Eintracht Frankfurt	0:2	0:2
17. FC Schalke 04	0:2	1:4
18. VfL Bochum	0:2	0:3

Der Mann des Tages

Er kam wie ein Ungewitter in die Bundesliga: **Horst Hrubesch**, 1,93 m groß. Zweimal fliegt er in eine Flanke, und zweimal rauscht von seinem Eisenkopf das Leder ins Uerdinger Netz. Prophezeit Uerdingens Trainer Quinkert: „Der macht noch 25 Tore, die meisten davon mit dem Kopf!"

2. Spieltag   15./16. August

Fortuna Düsseldorf
Rot-Weiß Essen   **5:2**

DÜSSELDORF: Woyke, Baltes, Zimmermann, Kriegler, Hesse, Brei, Zewe (83. Czernotzky), Köhnen, Geye, Seel, Herzog. ESSEN: Rynio, Neues, Wörmer, Wieczorkowski, Huhse, Fürhoff (69. Dörre), Lorant, Bast, Burgsmüller, Hrubesch (69. Finnern), Lippens. Schiedsrichter: G. Meuser (Ingelheim); Zuschauer: 15 000; Tore: 0:1 Hrubesch (3.), 1:1 Geye (12.), 2:1 Baltes (34.), 3:1 Geye (53.), 4:1 Brei (65.), 4:2 Lippens (76.), 5:2 Seel (90.).

Schalke 04
MSV Duisburg   **5:1**

SCHALKE: Nigbur, Sobieray, Fichtel, Schonhoff, H. Kremers, Thiele, Lütkebohmert, Bongartz, Elgert (46. Abramczik), Fischer, E. Kremers. DUISBURG: Linders, W. Schneider, Pirsig, Bruckmann, Dietz, Bella, L. Schneider, Bücker, Bregmann (80. Büssers), Seliger, Thies. Schiedsrichter: Frickel (München); Zuschauer: 30 000; Tore: 1:0 Fischer (26.), 2:0 Sobieray (40.), 3:0 H. Kremers (55.), 4:0 Fischer (56.), 5:0 Sobieray (63.), 5:1 Bregmann (70.).

Kickers Offenbach
Hamburger SV   **3:2**

OFFENBACH: Helmschrot, Ritschel, Rausch, Skala (80. Berg), Fass, Bitz, Theis (74. Rohr), Oleknavicius, Janzon, Hickersberger, Held. HAMBURG: Kargus, Kaltz, Blankenburg, Nogly, Ripp, Björnmose, Zaczyk, Ettmayer, Sperlich, Memering, Volkert. Schiedsrichter: Weyland (Oberhausen); Zuschauer: 28 000; Tore: 1:0 Theis (19.), 1:1 Memering (26.), 2:1 Bitz (43.), 3:1 Hickersberger (52.), 3:2 Björnmose (67.).

Borussia Mönchengladbach
1. FC Kaiserslautern   **3:0**

MÖNCHENGLADBACH: Kleff, Vogts, Klinkhammer, Wittkamp, Bonhof, Danner, Wimmer, Stielike, Simmonsen, Jensen, Heynckes (74. Schäfer). KAISERSLAUTERN: Hellström, Kroth, E. Diehl, Melzer, Frosch, Stickel, Riedl, Meier, Pirrung (63. Weiler), Toppmöller, Sandberg. Schiedsrichter: Ohmsen (Hamburg; Zuschauer: 18 000; Tore: 1:0 Riedl (36., Eigentor), 2:0 Simmonsen (72.), 3:0 Simmonsen (73.)

Werder Bremen
Eintracht Frankfurt   **1:2**

BREMEN: Burdenski, Rütten, Höttges, Assauer, Kamp, Röber, Schlief, Hiller, Roentved (46. Bracht), Aslund (67. Weist), Görts. FRANKFURT: Wienhold, Reichel, Krobbach, Körbel, Neuberger, Weidle, Hölzenbein, Grabowski, Nickel, Wenzel, Lorenz. Schiedsrichter: Hennig (Duisburg); Zuschauer: 27 000; Tore: 0:1 Wenzel (39.), 0:2 Hölzenbein (47.), 1:2 Görts (48.).

Bayer Uerdingen
VfL Bochum   **0:0**

UERDINGEN: Kroke, Prehn, Brinkmann, Hahn, Stieber, Riege (82. Mostert), Köstner, Wloka, Lurz, Lenzke (46. Funkel), Falter. BOCHUM: Scholz, Fromm, Eggert, Gerland, Lameck, Köper, Tenhagen, Balte, Eggeling, Kaczor, Pochstein. Schiedsrichter: Dreher (Darmstadt); Zuschauer: 11 000.

1. FC Köln
Hannover 96   **2:1**

KÖLN: Schumacher, Konopka, W. Weber, Strack (46. Cullmann), Zimmermann, Simmet, Overath, Neumann, Petrovic, Müller, Hiestermann (65. Hein). HANNOVER: Pauly, Meyer, Damjanoff, Anders, Stiller, Wesche, Weber, Lüttges, Hayduck, Dahl, Stegmayer. Schiedsrichter: Antz (Wahlen); Zuschauer: 16 000; Tore: 0:1 Damjanoff (16.), 1:1 Hiestermann (33.), 2:1 Müller (46.).

Karlsruher SC
Bayern München   **1:2**

KARLSRUHE: Kessler, Kalb, Ulrich, Fuchs (69. Komorowski), Schäffner, Trenkel, Gutzeit (46. Jung), Schäfer, Hoffmann, Kübler, Berger. MÜNCHEN: Maier, Horsmann, Schwarzenbeck, Beckenbauer, Dürnberger, Roth, Torstensson, Zobel, Wunder, Rummenigge, Kapellmann. Schiedsrichter: Linn (Altendiez); Zuschauer: 46 000; Tore: 0:1 Dürnberger (37.), 1:1 Trenkel (53.), 1:2 Rummenigge (57.).

Eintracht Braunschweig
Hertha BSC Berlin   **5:2**

BRAUNSCHWEIG: Franke, Grzyb, Haebermann, Hollmann, Merkhoffer, Ristic, Dremmler, Handschuh, Erler, Frank (52. Bründl), Gersdorff. BERLIN: Zander, Sidka (73. Walbeek), Kliemann, Weiner, Sziedat, Brück, Beer, Hermandung, Grau, Kostedde, Horr (52. Szymanek). Schiedsrichter: Wichmann (Gelsenkirchen); Zuschauer: 26 000; Tore: 1:0 Hollmann (9.), 2:0 Gersdorff (22.), 3:0 Frank (47.), 3:1 Kostedde (50.), 3:2 Szymanek (57.), 4:2 Handschuh (59.), 5:2 Gersdorff (70.).

Nach dem 2. Spieltag

	Punkte	Tore
1. Fortuna Düsseldorf	3:1	7:4
2. Braunschweig	3:1	6:3
3. Mönchengladbach	3:1	6:3
4. Kickers Offenbach	3:1	5:4
5. Bayern München	3:1	3:2
6. Hamburger SV	2:2	6:4
7. Werder Bremen	2:2	4:2
8. FC Schalke 04	2:2	6:5
9. Karlsruher SC	2:2	3:2
10. 1. FC Köln	2:2	3:3
11. Eintracht Frankfurt	2:2	2:3
12. Hertha BSC Berlin	2:2	4:6
13. Rot-Weiß Essen	2:2	4:6
14. Hannover 96	1:3	4:5
15. Bayer Uerdingen	1:3	1:2
16. 1. FC Kaiserslautern	1:3	2:5
17. VfL Bochum	1:3	0:3
18. MSV Duisburg	1:3	3:7

Der Mann des Tages

Sepp Maier wird immer besser. In Karlsruhe ist er beim 2:1 gegen den KSC der Held des Tages. „Ich will neue Maßstäbe setzen", verspricht er seinen Fans, „aber ich muß mich immer noch steigern." Die 46 000 Zuschauer jedoch sind einer Meinung: Keiner hält besser als der Sepp.

3. Spieltag   22./23. August

Eintracht Frankfurt
Bayer Uerdingen   **3:1**

FRANKFURT: Wienhold, Reichel, Krobbach, Körbel, Neuberger, Weidle (65. Beverungen), Hölzenbein, Nickel, Wenzel, Grabowski, Lorenz. UERDINGEN: Kroke, Prehn, Stieber, Brinkmann, Hahn, Lurz, Falter (78. Lübeke), Wloka, Köstner, Riege (68. Mostert), Funkel. Schiedsrichter: Quindeau (Ludwigshafen); Zuschauer: 13 000; Tore: 0:1 Wloka (10.), 1:1 Grabowski (54.), 2:1 Hölzenbein (77.), 3:1 Wenzel (86.).

Hamburger SV
Borussia Mönchengladbach   **0:0**

HAMBURG: Kargus, Hidien, Nogly, Kaltz, Ripp, Eigl (71. Bertl), Björnmose, Ettmayer, Sperlich, Memering, Volkert. MÖNCHENGLADBACH: Kleff, Klinkhammer, Bonhof, Wittkamp, Vogts, Danner, Wimmer, Stielike, Schäffer, Simmonsen, Jensen. Schiedsrichter: Riegg (Augsburg); Zuschauer: 62 000.

VfL Bochum
Fortuna Düsseldorf   **0:1**

BOCHUM: Scholz, Eggert, Tenhagen, Fromm, Lameck, Köper, Balte, Eggeling, Versen, Pochstein, Kaczor (62. Kursinski). DÜSSELDORF: Woyke, Baltes, Zimmermann, Kriegler, Hesse, Köhnen (77. Schonert), Brei, Zewe (77. Czernotzky), Geye, Seel, Herzog. Schiedsrichter: Walther (Würzburg); Zuschauer: 17 000; Tor: 0:1 Zimmermann (41.).

MSV Duisburg
Kickers Offenbach   **6:2**

DUISBURG: Linders, W. Schneider, Pirsig, Bella, Dietz, Jara, Bücker, Bruckmann (71. Lehmann), Seliger, Worm (71. Bregmann), Thies. OFFENBACH: Helmschrot, Ritschel, Rausch, Skala, Fass, Bitz, Rohr, Oleknavicius (74. Bihn), Janzon, Hickersberger, Held (74. Blechschmidt). Schiedsrichter: Redelfs (Hannover); Zuschauer: 15 000; Tore: 0:1 Janzon (6.), 1:1 Bella (19.), 2:1 Dietz (31., Foulelfmeter), 3:1 Bruckmann (57.), 4:1 Worm (69.), 5:1 Jara (70.), 6:1 Bregmann (73.), 6:2 Janzon (76.).

Eintracht Braunschweig
1. FC Köln   **0:0**

BRAUNSCHWEIG: Franke, Grzyb, Haebermann, Hollmann, Merkhoffer, Ristic, Dremmler, Erler, Handschuh, Frank, Gersdorff. KÖLN:

Schumacher, Konopka, Cullmann, Strack, Weber (61. Brücken), Simmet, Hein, Overath, Neumann, Zimmermann, Hiestermann. Schiedsrichter: Gabor (Berlin); Zuschauer: 29 000.

1. FC Kaiserslautern
Hannover 96   **2:2**

KAISERSLAUTERN: Hellström, Kroth, E. Diehl, Melzer, Frosch, Meier, Toppmöller, Riedl (63. Schwarz), Pirrung, Weiler, Sandberg. HANNOVER: Pauly, Meyer, Damjanoff, Anders, Stiller, Wesche, Weber, Holz, Hayduck (67. Kaemmer), Dahl, Stegmayer. Schiedsrichter: Kindervater (Köln); Zuschauer: 13 000; Tore: 0:1 Anders (37.), 1:1 Meier (54.), 2:1 Diehl (81., Foulelfmeter), 2:2 Stegmayer (91.).

Bayern München
Werder Bremen   **4:0**

MÜNCHEN: Maier, Horsmann, Schwarzenbeck, Beckenbauer, Dürnberger, Roth, Zobel, Kapellmann, Rummenigge (79. Schuster), Müller, Wunder. BREMEN: Burdenski, Kontny, Höttges, Assauer, Kamp, Röber (79. Müllner), Hiller, Bracht, Schlief, Åslund (64. Weist), Görts. Schiedsrichter: Biwersi (Bliesransbach); Zuschauer: 26 000; Tore: 1:0 Dürnberger (51.), 2:0 Zobel (65.), 3:0 Müller (71.), 4:0 Müller (75.).

Rot-Weiß Essen
Schalke 04   **0:0**

ESSEN: Rynio, Neues, Wieczorkowski, Wörmer, Huhse, Dörre, Lorant, Bast, Lindner, Burgsmüller, Lippens. SCHALKE: Nigbur, Sobieray, Rüßmann, Fichtel, H. Kremers, Lütkebohmert (83. Dubski), Thiele, Bongartz, Abramczik (46. Elgert), Fischer, E. Kremers. Schiedsrichter: Aldinger (Waiblingen); Zuschauer: 33 000.

Hertha BSC Berlin
Karlsruher SC   **1:1**

BERLIN: Zander, Sziedat, Brück, Kliemann, Weiner, Hermandung, Sidka, Beer, Magnusson (65. Szymanek), Kostedde, Grau. KALRSRUHE: Kessler, Radau, Fuchs, Schäffner, Ulrich, Trenkel, Kalb, Kübler, Schäfer, Hoffmann, Berger. Schiedsrichter: Engel (Reimsbach); Zuschauer: 21 000; Tore: 1:0 Kostedde (58.), 1:1 Kübler (72.).

Nach dem 3. Spieltag

	Punkte	Tore
1. Bayern München	5:1	7:2
2. Fortuna Düsseldorf	5:1	8:4
3. Braunschweig	4:2	6:3
4. Mönchengladbach	4:2	6:3
5. Eintracht Frankfurt	4:2	5:4
6. Hamburger SV	3:3	6:4
7. FC Schalke 04	3:3	6:5
8. Karlsruher SC	3:3	4:3
9. MSV Duisburg	3:3	9:9
10. 1. FC Köln	3:3	3:3
11. Hertha BSC Berlin	3:3	5:7
12. Rot-Weiß Essen	3:3	4:6
13. Kickers Offenbach	3:3	7:10
14. Hannover 96	2:4	6:7
15. Werder Bremen	2:4	4:6
16. 1. FC Kaiserslautern	2:4	4:7
17. Bayer Uerdingen	1:5	2:5
18. VfL Bochum	1:5	0:4

Der Mann des Tages

Kurt Jara, der „Österreicher aus Spanien", spielt beim 6:2 gegen Offenbach wie Eusebio in seiner Glanzzeit. Er kam von Valencia als Neueinkauf nach Duisburg, wurde sofort eingesetzt – und wirbelt die Kickers durcheinander. „Wie ein Blitz!" sagen die Offenbacher.

4. Spieltag 26./27. August

Fortuna Düsseldorf
Eintracht Frankfurt   1:1

DÜSSELDORF: Woyke, Baltes, Zimmermann, Kriegler (19. Czernotzky), Hesse, Zewe, Brei, Köhnen (77. Schonert), Geye, Seel, Herzog. FRANKFURT: Wienhold, Reichel, Körbel, Krobbach, Neuberger, Weidle, Grabowski, Nickel, Hölzenbein, Wenzel, Lorenz. Schiedsrichter: Linn (Altendiez); Zuschauer: 28 000; Tore: 0:1 Hölzenbein (15.), 1:1 Herzog (22.).

Kickers Offenbach
Rot-Weiß Essen   0:4

OFFENBACH: Helmschrot, Ritschel, Rausch, Skala, Fass, Rohr, Bitz, Oleknavicius (65. Blechschmidt), Janzon, Hickersberger, Held. ESSEN: Rynio, Neues, Wieczorkowski, Wörmer, Huhse, Dörre, Lorant, Lindner, Bast, Burgsmüller, Lippens. Schiedsrichter: Jensen (Schönkirchen); Zuschauer: 12 000; Tore: 0:1 Burgsmüller (39.), 0:2 Dörre (43.), 0:3 Burgsmüller (73.), 0:4 Lorant (85.).

Schalke 04
VfL Bochum   1:1

SCHALKE: Nigbur, Sobieray, Rüßmann, Fichtel, H. Kremers, Lütkebohmert, Thiele, Bongartz (58. Bruns), Abramczik, Fischer, E. Kremers. BOCHUM: Scholz, Lameck, Fromm (46. Miss), Tenhagen, Eggert, Versen, Köper, Ellbracht, Eggeling (69. Balte), Kaczor, Pochstein. Schiedsrichter: Berner (Enzberg); Zuschauer: 50 000; Tore: 0:1 Lameck (55., Foulelfmeter), 1:1 Fischer (85., Foulelfmeter im Nachschuß).

Werder Bremen
Hertha BSC Berlin   3:2

BREMEN: Burdenski, Höttges, Assauer, Roentved, Kamp, Röber, Hiller, Schlief, Bracht, Aslund (60. Weist), Görts. BERLIN: Wolter, Sziedat, Brück, Kliemann, Weiner, Walbeek (78. Magnusson), Sidka, Beer, Grau, Szymanek (70. Horr), Kostedde. Schiedsrichter: Ahlenfelder (Oberhausen); Zuschauer: 23 000; Tore: 1:0 Aslund (22.), 2:0 Schlief (30.), 2:1 Roentved (40., Eigentor), 3:1 Höttges (55., Foulelfmeter), 3:2 Beer (59.).

Karlsruher SC
Eintracht Braunschweig   0:2

KARLSRUHE: Kessler, Radau (46. Fuchs), Ulrich, Schäffner, Kalb, Trenkel, Kübler, Schäfer, Berger, Hoffmann, Krauth (70. Jung). BRAUN-

SCHWEIG: Franke, Grzyb, Haebermann, Hollmann, Merkhoffer, Ristic, Dremmler, Handschuh, Erler, Frank, Gersdorff. Schiedsrichter: Kindervater (Köln); Zuschauer: 43 000; Tore: 0:1 Frank (11.), 0:2 Grzyb (80.).

1. FC Köln
1. FC Kaiserslautern   1:1

KÖLN: Schumacher, Konopka, Strack, Cullmann, Hein (27. Löhr), Weber (73. Petrovic), Simmet, Overath, Zimmermann, Neumann, Hiestermann. KAISERSLAUTERN: Hellström, Kroth, E. Diehl, Melzer, Frosch, Meier, Schwarz (46. Wilhelmi), Toppmöller, Riedl, Pirrung, Sandberg. Schiedsrichter: Walz (Waiblingen); Zuschauer: 25 000; Tore: 0:1 Sandberg (6.), 1:1 Zimmermann (52.).

Hannover 96
Hamburger SV   1:0

HANNOVER: Pauly, Meyer, Anders, Damjanoff, Stiller, Wesche, Weber, Holz, Hayduck, Dahl (73. Lüttges), Stegmayer. HAMBURG: Kargus, Kaltz, Nogly, Blankenburg, Hidien, Eigl, Björnmose, Bertl (46. Ettmayer), Sperlich, Memering, Volkert. Schiedsrichter: Schmoock (Reichenau); Zuschauer: 60 500; Tor: 1:0 Hayduck (2.).

Borussia Mönchengladbach
MSV Duisburg   3:0

MÖNCHENGLADBACH: Kleff, Klinkhammer (46. Schäffer), Bonhof, Wittkamp, Vogts, Danner, Wimmer, Stielike, Simonsen, Jensen, Hannes (81. Köppel). DUISBURG: Linders, Bruckmann, Dietz, Pirsig, Bella (74. Krause), Jara, W. Schneider, Bücker, Seliger (62. Bregmann), Worm, Thies. Schiedsrichter: G. Meuser (Ingelheim); Zuschauer: 31 000; Tore: 1:0 Simonsen (4.), 2:0 Simonsen (62.), 3:0 Stielike (77.).

Bayer Uerdingen
Bayern München   2:1

UERDINGEN: Kroke, Prehn, Stieber, Hahn, Brinkmann, Mostert (65. Riege), Köstner, Wloka, Lurz, Falter, Funkel (85. Lübeke). MÜNCHEN: Maier, Horsmann, Schwarzenbeck, Beckenbauer, Dürnberger, Roth (50. J. Weiß), Zobel, Müller, Kapellmann, Wunder, Torstensson (69. Schuster). Schiedsrichter: Picker (Hamburg); Zuschauer: 23 000; Tore: 0:1 Müller (58.), 1:1 Köstner (68.), 2:1 Köstner (75.).

Nach dem 4. Spieltag

		Punkte	Tore
1.	Mönchengladbach	6:2	9:3
2.	Braunschweig	6:2	8:3
3.	Fortuna Düsseldorf	6:2	9:5
4.	Bayern München	5:3	8:4
5.	Rot-Weiß Essen	5:3	8:6
6.	Eintracht Frankfurt	5:3	6:5
7.	FC Schalke 04	4:4	7:6
8.	Werder Bremen	4:4	7:8
9.	Hannover 96	4:4	7:7
10.	1. FC Köln	4:4	4:4
11.	Hamburger SV	3:5	6:5
12.	Karlsruher SC	3:5	4:5
13.	Bayer Uerdingen	3:5	4:6
14.	1. FC Kaiserslautern	3:5	5:8
15.	Hertha BSC Berlin	3:5	7:10
16.	MSV Duisburg	3:5	9:12
17.	Kickers Offenbach	3:5	7:14
18.	VfL Bochum	2:6	1:5

Der Mann des Tages

Der ungeliebte und abgeschobene Sohn Gladbachs, **Günther Köstner**, hat gegen die Bayern zugeschlagen. Durch seine zwei Tore bringen die Uerdinger Zwerge den Riesen Bayern München (2:1) zu Fall. Eine Köstner-Rakete rauscht aus 28 Meter ins Netz. Der Maier-Sepp ist fassungslos.

5. Spieltag   30. August

Rot-Weiß Essen
Borussia Mönchengladbach   1:3

ESSEN: Rynio, Neues, Wieczorkowski, Wörmer, Huhse, Dörre, Lorant, Bast, Lindner (57. Finnern), Burgsmüller, Lippens. MÖNCHENGLADBACH: Kleff, Schäffer, Wittkamp, Bonhof, Vogts, Danner, Wimmer, Stielike, Simmonsen, Jensen, Hannes (78. Surau). Schiedsrichter: Frickel (München); Zuschauer: 29 000; Tore: 0:1 Wörmer (13., Eigentor), 0:2 Jensen (30.), 1:2 Lippens (39.), 1:3 Simmonsen (55.).

Bayern München
Fortuna Düsseldorf   5:0

MÜNCHEN: Maier, Dürnberger, Schwarzenbeck, Beckenbauer, Horsmann, J. Weiß, Zobel (75. Schuster), Kapellmann, Wunder, Müller, Rummenigge. DÜSSELDORF: Woyke, Baltes, Zimmermann, Hesse, Czernotzky, Zewe (66. Degen), Brei, Köhnen (55. Schonert), Geye, Seel, Herzog. Schiedsrichter: Engel (Reimsbach); Zuschauer: 42 000; Tore: 1:0 Müller (20.), 2:0 Zobel (41.), 3:0 Rummenigge (53.), 4:0 Beckenbauer (58.), 5:0 Beckenbauer (83.).

Hertha BSC Berlin
Bayer Uerdingen   5:0

BERLIN: Wolter, Sziedat, Brück, Kliemann, Weiner, Walbeek, Sidka, Beer, Grau, Kostedde (46. Magnusson), Horr. UERDINGEN: Kroke, Prehn, Brinkmann, Hahn, Stieber, Mostert (57. Willi), Köstner, Wloka, Lurz, Falter, Funkel (67. Riege). Schiedsrichter: Walther (Würzburg); Zuschauer: 19 000; Tore: 1:0 Kostedde (5.), 2:0 Beer (38., Foulelfmeter), 3:0 Beer (42., Foulelfmeter), 4:0 Beer (63.), 5:0 Beer (81.).

VfL Bochum
Kickers Offenbach   5:1

BOCHUM: Scholz, Gerland, Tenhagen, Miss, Lameck, Köper, Trimhold, Eggeling, Versen (20. Ellbracht), Pochstein, Kaczor (71. Balte). OFFENBACH: Helmschrot, Ritschel, Skala, Rausch, Fass (74. Oleknavicius), Rohr (74. Bihn), Bitz, Theis, Janzon, Hickersberger, Held. Schiedsrichter: Ohmsen (Hamburg); Zuschauer: 21 000; Tore: 0:1 Hickersberger (40., Foulelfmeter), 1:1 Ellbracht (53.), 2:1 Köper (56.), 3:1 Eggeling (62.), 4:1 Pochstein (64.), 5:1 Balte (85., Foulelfmeter).

MSV Duisburg
Hannover 96   4:3

DUISBURG: Linders, W. Schneider, Pirsig, Bella, Dietz, Jara, Bruckmann (46. Bregmann), Bücker, Seliger (68. Krause), Worm, Thies. HANNOVER: Pauly, Meyer, Damjanoff, Anders, Stiller, Wesche, Weber, Holz, Hayduck (62. Wehmeyer), Dahl, Stegmayer. Schiedsrichter: Zuchantke (Berlin); Zuschauer: 17 000; Tore: 0:1 Hayduck (6.), 1:1 Seliger (14.), 1:2 Holz (21.), 1:3 Dahl (29.), 2:3 Worm (38.), 3:3 Bücker (43.), 4:3 Stiller (83., Eigentor).

Karlsruher SC
1. FC Köln   3:1

KARLSRUHE: Wimmer, Kalb, Fuchs, Schäffner, Ulrich, Trenkel, Berger (63. Jung), Schäfer, Hoffmann (46. Vogel), Kübler, Krauth. KÖLN: Schumacher, Konopka, Cullmann, Weber, Zimmermann (52. Hein), Simmet, Neumann, Flohe (46. Lauscher), Löhr, Overath, Hiestermann. Schiedsrichter: Schröder (Lahnstein); Zuschauer: 40 000; Tore: 0:1 Löhr (3.), 1:1 Kübler (59.), 2:1 Krauth (66.), 3:1 Vogel (86.).

Hamburger SV
1. FC Kaiserslautern   2:0

HAMBURG: Kargus, Kaltz, Nogly, Blankenburg, Hidien, Björnmose, Memering, Eigl, Sperlich, Bertl, Volkert. KAISERSLAUTERN: Hellström, Kroth, E. Diehl, Melzer, Frosch, Meier, Toppmöller, Riedl, Sandberg, Pirrung, Stickel (72. Wilhelmi). Schiedsrichter: Hennig (Duisburg); Zuschauer: 20 000; Tore: 1:0 Nogly (10.), 2:0 Nogly (55.).

Eintracht Frankfurt
Schalke 04   2:1

FRANKFURT: Wienhold, Reichel, Krobbach, Körbel, Neuberger, Weidle, Beverungen, Nickel, Wenzel (70. Lorenz), Grabowski, Hölzenbein. SCHALKE: Nigbur, Sobieray, H. Kremers, Rüßmann, Fichtel, Lütkebohmert (72. Gede), Thiele (59. Bruns), Dubski, Abramczik, Fischer, E. Kremers. Schiedsrichter: Redelfs (Hannover); Zuschauer: 31 000; Tore: 1:0 Wenzel (23.), 1:1 Fischer (34.), 2:1 Lorenz (80.).

Eintracht Braunschweig
Werder Bremen   3:2

BRAUNSCHWEIG: Franke, Grzyb, Hollmann, Haebermann, Merkhoffer, Ristic, Dremmler (75. Hellfritz), Handschuh, Erler, Frank, Gersdorff. BREMEN: Brudenski, Höttges, Assauer (46. Weist), Roentved, Kamp, Hiller, Schlief, Röber, Bracht, Görts, Aslund. Schiedsrichter: Scheffner (Nußloch); Zuschauer: 24 000; Tore: 1:0 Handschuh (34.), 1:1 Höttges (62., Foulelfmeter), 2:1 Gersdorff (74., Handelfmeter), 2:2 Roentved (86.), 3:2 Roentved (90., Eigentor).

Nach dem 5. Spieltag

	Punkte	Tore
1. Mönchengladbach	8:2	12:4
2. Braunschweig	8:2	11:5
3. Bayern München	7:3	13:4
4. Eintracht Frankfurt	7:3	8:6
5. Fortuna Düsseldorf	6:4	9:10
6. Hamburger SV	5:5	8:5
7. Hertha BSC Berlin	5:5	12:10
8. Karlsruher SC	5:5	7:6
9. Rot-Weiß Essen	5:5	9:9
10. MSV Duisburg	5:5	13:15
11. FC Schalke 04	4:6	8:8
12. VfL Bochum	4:6	6:6
13. Hannover 96	4:6	10:11
14. Werder Bremen	4:6	9:11
15. 1. FC Köln	4:6	5:7
16. 1. FC Kaiserslautern	3:7	5:10
17. Bayer Uerdingen	3:7	4:11
18. Kickers Offenbach	3:7	8:19

Der Mann des Tages

Vier Tore beim 5:0 der Berliner gegen Uerdingen schießt der 134 Pfund leichte **Erich Beer** selbst. Und er schießt sich damit in die Herzen der Berliner und in die Nationalelf. Unter den vier Treffern zwei Elfmetertore, eines links und eines rechts. Der arme Kroke fliegt jeweils in die verkehrte Ecke.

6. Spieltag   6. September

Borussia Mönchengladbach / VfL Bochum   1:1

MÖNCHENGLADBACH: Kleff, Vogts, Surau, Wittkamp, Schäffer, Danner, Wimmer, Stielike, Simmonsen, Jensen (46. Hannes), Heynckes. BOCHUM: Scholz, Eggert (40. Gerland), Fromm, Tenhagen, Lameck, Trimhold, Miss, Köper, Eggeling, Kaczor (72. Ellbracht), Pochstein. Schiedsrichter: Redelfs (Hannover); Zuschauer: 23 000; Tore: 1:0 Heynckes (11.), 1:1 Eggeling (69.).

1. FC Köln / Hamburger SV   1:1

KÖLN: Schumacher, Konopka, Simmet, Cullmann, Weber, Neumann, Overath, Flohe (46. Brücken), Glowacz, Löhr, Hiestermann. HAMBURG: Kargus, Kaltz, Nogly, Blankenburg, Hidien, Zaczyk (65. Bertl), Björnmose, Memering, Eigl (65. Ettmayer), Sperlich, Volkert. Schiedsrichter: Engel (Reimsbach); Zuschauer: 24 000; Tore: 1:0 Löhr (5.), 1:1 Kaltz (79.).

Fortuna Düsseldorf / Hertha BSC Berlin   2:1

DÜSSELDORF: Woyke, Hesse, Kriegler, Zimmermann, Baltes, Zewe, Köhnen, Brei, Brücken (62. Schonert), Seel, Herzog. BERLIN: Wolter, Sziedat, Brück, Kliemann, Weiner, Walbeek, Sidka, Beer, Magnusson, Kostedde, Horr. Schiedsrichter: Quindeau (Ludwigshafen); Zuschauer: 15 000; Tore: 1:0 Brei (28., Foulelfmeter), 1:1 Brück (54.), 2:1 Seel (78.).

Kickers Offenbach / Eintracht Frankfurt   2:1

OFFENBACH: Helmschrot, Schmidradner, Rausch, Skala (12. Fass), Theis, Bitz, Ritschel, Hickersberger, Bihn (67. Oleknavicius), Held, Janzon. FRANKFURT: Wienhold, Reichel, Krobbach, Körbel (39. Lorenz), Neuberger, Weidle, Beverungen, Nickel, Wenzel, Grabowski, Hölzenbein. Schiedsrichter: Eschweiler (Bonn); Zuschauer: 25 000; Tore: 1:0 Hickersberger (45., Foulelfmeter), 2:0 Held (88.), 2:1 Hölzenbein (90.).

Hannover 96 / Rot-Weiß Essen   0:0

HANNOVER: Pauly, Höfer, Anders, Damjanoff, Stiller, Wesche (79. Kaemmer), Weber (46. Lüttges), Holz, Hayduck, Dahl, Stegmayer. ESSEN: Rynio, Neues, Wörmer, Wieczorkowski, Huhse, Lorant, Dörre, Fürhoff, Bast, Burgsmüller, Lippens. Schiedsrichter: Klauser (Vaterstetten); Zuschauer: 30 000.

Schalke 04 / Bayern München   2:2

SCHALKE: Mutibaric (79. Nigbur), Sobieray, Rüßmann, Fichtel, H. Kremers, Lütkebohmert, Thiele, Bongartz, Dubski, Fischer, E. Kremers. MÜNCHEN: Maier, Dürnberger, Beckenbauer, Schwarzenbeck, Horsmann, J. Weiß, Zobel, Kapellmann (79. Torstensson), Rummenigge, Müller, Wunder. Schiedsrichter: V. Roth (Salzgitter); Zuschauer: 71 000; Tore: 1:0 Sobieray (25.), 1:1 Rummenigge (36.), 2:1 E. Kremers (68.), 2:2 Zobel (86.).

1. FC Kaiserslautern / MSV Duisburg   3:0

KAISERSLAUTERN: Hellström, Kroth, E. Diehl, Melzer, Stickel (68. Schwarz), Meier, Scheer (54. Wilhelmi), Riedl, Pirrung, Toppmöller, Sandberg. DUISBURG: Linders, W. Schneider, Dietz, Pirsig, Bella, Bruckmann (63. Büssers), Bregmann, Bücker, Seliger, Worm, Jara. Schiedsrichter: Aldinger (Waiblingen); Zuschauer: 11 000; Tore: 1:0 Toppmöller (28.), 2:0 Riedl (50.), 3:0 Toppmöller (72.).

Werder Bremen / Karlsruher SC   1:0

BREMEN: Burdenski, Höttges, Assauer, Roentved, Kamp, Röber (82. Aslund), Hiller, Schlief, Bracht, Weist, Görts. KARLSRUHE: Wimmer (46. Kessler), Kalb, Komorowski, Schäffner, Ulrich, Trenkel, Fuchs (46. Hoffmann), Schäfer, Kübler, Krauth, Berger. Schiedsrichter: Hilker (Bochum); Zuschauer: 18 000; Tor: 1:0 Roentved (73.).

Bayer Uerdingen / Eintracht Braunschweig   0:0

UERDINGEN: Kroke, Prehn, Stieber, Brinkmann, Hahn (74. Funkel), Mostert (57. Riege), Falter, Köstner, Willi, Wloka, Lurz. BRAUNSCHWEIG: Franke, Hellfritz, Merkhoffer, Hollmann, Haebermann, Ristic, Handschuh, Dremmler, Frank, Gersdorff, Erler. Schiedsrichter: Walz (Waiblingen); Zuschauer: 15 000.

Nach dem 6. Spieltag

	Punkte	Tore
1. Mönchengladbach	9:3	13:5
2. Braunschweig	9:3	11:5
3. Bayern München	8:4	15:6
4. Fortuna Düsseldorf	8:4	11:11
5. Eintracht Frankfurt	7:5	9:8
6. Hamburger SV	6:6	9:6
7. Rot-Weiß Essen	6:6	9:9
8. Werder Bremen	6:6	10:11
9. Hertha BSC Berlin	5:7	13:12
10. FC Schalke 04	5:7	10:10
11. Karlsruher SC	5:7	7:7
12. VfL Bochum	5:7	7:7
13. Hannover 96	5:7	10:11
14. 1. FC Kaiserslautern	5:7	8:10
15. 1. FC Köln	5:7	6:8
16. MSV Duisburg	5:7	13:18
17. Kickers Offenbach	5:7	10:20
18. Bayer Uerdingen	4:8	4:11

Der Mann des Tages

Fünf Jahre war **Norbert Nigbur** der Held im Schalker Tor – dann mußte er auf die Reservebank. Elf Minuten vor Schluß des großen Fights gegen Bayern München kommt er erstmals wieder ins Spiel und verschuldet prompt einen vermeidbaren Treffer, das 2:2. So wird er zum Sündenbock. Fußballer-Schicksal.

7. Spieltag 12./13. September

Rot-Weiß Essen
1. FC Kaiserslautern   5:1

ESSEN: Rynio, Neues, Wörmer, Wieczorkowski, Huhse, Dörre, Lorant, Fürhoff, Bast, Burgsmüller, Lippens. KAISERSLAUTERN: Hellström, Kroth, E. Diehl (46. Schwarz), Melzer, Meier, Wilhelmi, Scheer (66. Frosch), Riedl, Pirrung, Toppmöller, Sandberg. Schiedsrichter: Picker (Hamburg); Zuschauer: 12 000; Tore: 1:0 Huhse (2.), 2:0 Burgsmüller (55.), 3:0 Lorant (73.), 3:1 Toppmöller (78.), 4:1 Bast (86.), 5:1 Burgsmüller (91., Foulelfmeter).

Eintracht Braunschweig
Fortuna Düsseldorf   3:1

BRAUNSCHWEIG: Franke, Ristic, Haebermann, Hollmann, Merkhoffer, Hellfritz (46. Bründl), Dremmler, Handschuh, Erler, Frank, Gersdorff. DÜSSELDORF: Woyke, Hesse, Kriegler, Zimmermann, Baltes, Zewe, Köhnen (79. Allofs), Brei, Czernotzky, Seel, Herzog. Schiedsrichter: Frikkel (München); Zuschauer: 24 000; Tore: 0:1 Zimmermann (7.), 1:1 Erler (17.), 2:1 Frank (75.), 3:1 Bründl (81.).

VfL Bochum
Hannover 96   2:0

BOCHUM: Scholz, Lameck, Tenhagen, Fromm, Eggert, Köper, Trimhold, Kaczor, Eggeling, Pochstein (46. Balte), Ellbracht. HANNOVER: Pauly, Höfer, Anders, Damjanoff, Stiller, Kaemmer (53. Lüttges), Wesche, Weber (70. Hayduck), Holz, Dahl, Stegmayer. Schiedsrichter: Walz (Waiblingen); Zuschauer: 23 000; Tore: 1:0 Köper (39.), 2:0 Balte (57.).

Eintracht Frankfurt
Borussia Mönchengladbach   1:1

FRANKFURT: Wienhold, Müller (27. Weidle), Neuberger, Krobbach, Reichel, Körbel, Beverungen, Nickel, Hölzenbein, Grabowski, Wenzel. MÖNCHENGLADBACH: Kleff, Vogts, Klinkhammer, Wittkamp, Bonhof, Danner, Wimmer, Stielike, Simmonsen, Jensen, Heynckes. Schiedsrichter: V. Roth (Salzgitter); Zuschauer: 45 000; Tore: 1:0 Wenzel (5.), 1:1 Klinkhammer (56.).

Karlsruher SC
Bayer Uerdingen   1:0

KARLSRUHE: Kessler, Kalb (64. Hoffmann), Komorowski, Schäffner, Ulrich, Trenkel, Schäfer (46. Gutzeit), Kübler, Jung, Krauth, Berger.

UERDINGEN: Kroke, Prehn, Brinkmann, Mostert, Stieber, Funkel, Köstner, Wloka, Lurz, Falter (72. Lenzke), Willi (64. Riege). Schiedsrichter: Ohmsen (Hamburg); Zuschauer: 20 000; Tor: 1:0 Gutzeit (63., Foulelfmeter).

MSV Duisburg
Hamburger SV   1:1

DUISBURG: Linders, W. Schneider, Pirsig, Bregmann, Dietz, Bella, Bükker, Jara, Seliger, Worm, Thies (68. Büssers). HAMBURG: Kargus, Kaltz, Nogly, Blankenburg, Hidien, Bertl, Ettmayer, Björnmose, Sperlich, Memering, Volkert. Schiedsrichter: Dreher (Darmstadt); Zuschauer: 16 000; Tore: 1:0 Jara (13.), 1:1 Björnmose (43.).

Hertha BSC Berlin
Schalke 04   2:1

BERLIN: Wolter, Sziedat, Brück, Kliemann, Weiner, Walbeek, Sidka, Beer, Magnusson, Kostedde, Horr. SCHALKE: Nigbur, Sobieray, Rüßmann, Fichtel, H. Kremers, Lütkebohmert, Thiele, Bongartz, Dubski (34. Bruns), Fischer, E. Kremers. Schiedsrichter: Linn (Altendiez); Zuschauer: 33 000; Tore: 1:0 Kostedde (6.), 2:0 Beer (20.), 2:1 Fischer (48.).

Bayern München
Kickers Offenbach   3:1

MÜNCHEN: Maier, Horsmann, Schwarzenbeck (33. Roth, 78. Torstensson), Beckenbauer, Dürnberger, J. Weiß, Zobel, Kapellmann, Rummenigge, Müller, Wunder. OFFENBACH: Helmschrot, Rohr, Berg, Rausch (69. Blechschmidt), Fass (13. Bihn), Theis, Schmidradner, Bitz, Hickersberger, Janzon, Held. Schiedsrichter: Waltert (Paderborn); Zuschauer: 29 000; Tore: 1:0 Müller (42., Foulelfmeter), 2:0 Rummenigge (57.), 3:0 Müller (68.), 3:1 Schmidradner (78.).

Werder Bremen
1. FC Köln   3:2

BREMEN: Burdenski, Höttges, Assauer, Roentved, Kamp, Röber, Hiller, Schlief, Bracht (82. Müllner), Weist, Görts. KÖLN: Schumacher, Strack (65. Gerber), Weber, Cullmann, Hein, Simmet, Konopka, Flohe, Overath, Glowacz, Löhr (60. Hiestermann). Schiedsrichter: Zuchantke (Berlin); Zuschauer: 18 000; Tore: 0:1 Overath (31.), 0:2 Flohe (38.), 1:2 Höttges (40., Foulelfmeter), 2:2 Röber (42.), 3:2 Weist (84.).

Nach dem 7. Spieltag

	Punkte	Tore
1. Braunschweig	11:3	14:6
2. Bayern München	10:4	18:7
3. Mönchengladbach	10:4	14:6
4. Rot-Weiß Essen	8:6	14:10
5. Eintracht Frankfurt	8:6	10:9
6. Werder Bremen	8:6	13:13
7. Fortuna Düsseldorf	8:6	12:14
8. Hamburger SV	7:7	10:7
9. Hertha BSC Berlin	7:7	15:13
10. VfL Bochum	7:7	9:7
11. Karlsruher SC	7:7	8:7
12. MSV Duisburg	6:8	14:19
13. FC Schalke 04	5:9	11:12
14. Hannover 96	5:9	10:13
15. 1. FC Köln	5:9	8:11
16. 1. FC Kaiserslautern	5:9	9:15
17. Kickers Offenbach	5:9	11:23
18. Bayer Uerdingen	4:10	4:12

Der Mann des Tages

Millionen sehen am Bildschirm beim 1:1 zwischen Eintracht Frankfurt und Gladbach das „Handspiel des Jahres". Und 45 000 sehen Bonhofs Faustabwehr live im Frankfurter Stadion. Nur einer sieht es nicht: Schiedsrichter **Volker Roth**: „Nicht Bonhof, Kleff faustete das Leder!" sagt er. Das Foto zeigt's anders.

8. Spieltag   19./20. September

Hamburger SV / Rot-Weiß Essen   4:1

HAMBURG: Kargus, Kaltz, Nogly, Blankenburg, Hidien, Björnmose, Zaczyk, Ettmayer, Sperlich, Bertl, Volkert. ESSEN: Rynio, Neues, Wörmer, Wieczorkowski, Huhse, Dörre, Lorant, Fürhoff, Bast, Burgsmüller. Lippens. Schiedsrichter: Scheffner (Nußloch); Zuschauer: 26 000; Tore: 1:0 Ettmayer (10.), 1:1 Burgsmüller (68.), 2:1 Bertl (73.), 3:1 Björnmose (80.), 4:1 Ettmayer (85.).

Borussia Mönchengladbach / Bayern München   4:1

MÖNCHENGLADBACH: Kleff, Vogts, Bonhof (21. Schäffer), Wittkamp, Klinkhammer, Stielike (73. Köppel), Wimmer, Danner, Simmonsen, Jensen, Heynckes. MÜNCHEN: Maier, Horsmann, Schwarzenbeck, Beckenbauer, Dürnberger, Kapellmann (69. J. Weiß), Zobel, Torstensson, Wunder, Schuster, Rummenigge (57. Marek). Schiedsrichter: Biwersi (Bliesransbach); Zuschauer: 34 500; Tore: 1:0 Stielike (15.), 2:0 Simmonsen (56.), 3:0 Danner (65.), 3:1 Marek (75.), 4:1 Jensen (81.).

1. FC Kaiserslautern / VfL Bochum   2:1

KAISERSLAUTERN: Hellström, Kroth (32. H.-D. Diehl), E. Diehl, Melzer, Wilhelmi, Meier, Schwarz, Riedl, Pirrung, Toppmöller, Sandberg. BOCHUM: Scholz, Eggert, Tenhagen, Fromm, Lameck, Miss, Köper, Balte (86. Dewinski), Trimhold, Kaczor, Eggeling. Schiedsrichter: Lutz (Bremen); Zuschauer: 13 000; Tore: 1:0 Toppmöller (47.), 2:0 E. Diehl (75., Foulelfmeter), 2:1 Schwarz (77., Eigentor).

Schalke 04 / Eintracht Braunschweig   5:1

SCHALKE: Nigbur, Sobieray, Rüßmann, Fichtel, Thiele, Lütkebohmert, H. Kremers, Bongartz, Dubski (46. Bruns), Fischer, E. Kremers. BRAUNSCHWEIG: Franke (46. Hain), Dremmler, Hollmann, Haebermann, Merkhoffer, Ristic, Handschuh, Hellfritz, Frank, Bründl, Erler. Schiedsrichter: Haselberger (Reutlingen); Zuschauer: 45 000; Tore: 0:1 Dremmler (27.), 1:1 Fischer (38., Foulelfmeter), 2:1 Bongartz (49.), 3:1 E. Kremers (52.), 4:1 Thiele (56.), 5:1 Bruns (79.).

Bayer Uerdingen / Werder Bremen   2:1

UERDINGEN: Kroke, Prehn (45. Lenzke), Stieber, Brinkmann, Hahn, Riege, Köstner, Wloka, Lurz, Mostert (80. Funkel), Willi. BREMEN: Burdenski, Kamp, Höttges, Assauer, Roentved, Röber (68. Müllner), Hiller, Schlief (78. Aslund), Bracht, Weist, Görts. Schiedsrichter: Frickel (München); Zuschauer: 11 000; Tore: 1:0 Riege (11.), 1:1 Kamp (28.), 2:1 Hahn (44.).

1. FC Köln / MSV Duisburg   3:2

KÖLN: Topalovic, Hein, Weber, Konopka, Strack, Cullmann, Overath, Flohe, Glowacz (77. Brücken), Simmet, Löhr (69. Hiestermann). DUISBURG: Linders, W. Schneider, Pirsig, Bruckmann, Dietz, Bella, L. Schneider (57. Seliger), Bücker, Jara, Worm (87. Krause), Thies. Schiedsrichter: Fork (Unna); Zuschauer: 13 000; Tore: 0:1 Jara (2.), 1:1 Strack (22.), 2:1 Hein (47.), 3:1 Cullmann (49.), 3:2 Worm (82.).

Fortuna Düsseldorf / Karlsruher SC   0:2

DÜSSELDORF: Woyke, Baltes, Kriegler, Zimmermann, Hesse, Zewe (70. Allofs), Brei, Köhnen, Geye (78. Degen), Seel, Herzog. KARLSRUHE: Kessler, Komorowski (46. Bredenfeld), Kalb, Schäffner, Ulrich, Trenkel, Schäfer, Gutzeit, Jung (70. Vogel), Krauth, Berger. Schiedsrichter: Jensen (Schönkirchen); Zuschauer: 12 000; Tore: 0:1 Krauth (18.), 0:2 Trenkel (71.).

Hannover 96 / Eintracht Frankfurt   3:2

HANNOVER: Pauly, Höfer, Anders, Damjanoff, Stiller, Wesche, Weber, Holz, Hayduck, Lüttges, Stegmayer. FRANKFURT: Wienhold, Reichel, Körbel, Neuberger, Krobbach, Weidle, Beverungen, Nickel, Wenzel (55. Lorenz), Grabowski, Hölzenbein. Schiedsrichter: Weyland (Oberhausen); Zuschauer: 31 000; Tore: 1:0 Lüttges (16.), 1:1 Weidle (56.), 2:1 Hayduck (61.), 3:1 Hayduck (69.), 3:2 Nickel (86.).

Kickers Offenbach / Hertha BSC Berlin   2:1

OFFENBACH: Helmschrot, Enders, Rausch (76. Berg), Schmidradner, Rohr, Theis, Bitz, Hickersberger (80. Blechschmidt), Bihn, Held, Janzon. BERLIN: Wolter, Sziedat, Brück, Kliemann (44. Diefenbach), Hanisch, Walbeek, Sidka, Beer, Kostedde, Horr, Weiner (83. Wohlfahrt). Schiedsrichter: Hennig (Duisburg); Zuschauer: 16 000; Tore: 1:0 Bihn (30.), 2:0 Hanisch (44., Eigentor), 2:1 Sidka (59.).

Nach dem 8. Spieltag

	Punkte	Tore
1. Mönchengladbach	12:4	18:7
2. Braunschweig	11:5	15:11
3. Bayern München	10:6	19:11
4. Hamburger SV	9:7	14:8
5. Karlsruher SC	9:7	10:7
6. Rot-Weiß Essen	8:8	15:14
7. Eintracht Frankfurt	8:8	12:12
8. Werder Bremen	8:8	14:15
9. Fortuna Düsseldorf	8:8	12:16
10. FC Schalke 04	7:9	16:13
11. Hertha BSC Berlin	7:9	16:15
12. VfL Bochum	7:9	10:9
13. Hannover 96	7:9	13:15
14. 1. FC Köln	7:9	11:13
15. 1. FC Kaiserslautern	7:9	11:16
16. Kickers Offenbach	7:9	13:24
17. MSV Duisburg	6:10	16:22
18. Bayer Uerdingen	6:10	6:13

Der Mann des Tages

Franz Beckenbauer sagt das Ende des „Kaiser-Reichs" voraus. Das 1:4 in Gladbach hat ihn in Untergangsstimmung versetzt. „Unser Niedergang ist langsam, aber sicher abzusehen!" meint Franz. Und: „Unsere Spieler werden verzogen und bekommen zu viel Geld!" Fazit: Die Bayern wollen harten Kurs fahren.

9. Spieltag 27. September

Bayern München
Hannover 96 **3:1**

MÜNCHEN: Maier, Horsmann, Schwarzenbeck, Beckenbauer, Dürnberger, J. Weiß (59. Schuster), Roth (79. Hansen), Torstensson, Rummenigge, Marek, Wunder. HANNOVER: Pauly, Stiller, Anders, Damjanoff, Höfer, Wesche, Weber, Lüttges (74. Dahl), Holz (67. Kaemmer), Hayduck, Stegmayer. Schiedsrichter: Wichmann (Gelsenkirchen); Zuschauer: 48 000; Tore: 1:0 Roth (18.), 2:0 Torstensson (61.), 3:0 Roth (75.), 3:1 Hayduck (82.).

Hertha BSC Berlin
Borussia Mönchengladbach **3:0**

BERLIN: Wolter, Sziedat, Brück, Kliemann, Weiner, Walbeek, Sidka, Beer, Grau (87. Diefenbach), Kostedde, Horr. MÖNCHENGLADBACH: Kleff, Schäffer, Vogts, Wittkamp (70. Wohlers), Klinkhammer, Danner, Wimmer (70. Köppel), Stielike, Simmonsen, Jensen, Heynckes. Schiedsrichter: Haselberger (Reutlingen); Zuschauer: 45 000; Tore: 1:0 Kostedde (34.), 2:0 Beer (46.), 3:0 Kostedde (86.).

Karlsruher SC
Schalke 04 **2:2**

KARLSRUHE: Kessler, Kalb, Fuchs, Schäffner, Ulrich, Trenkel, Schäfer, Gutzeit (38. Hoffmann), Jung, Krauth, Berger (55. Vogel). SCHALKE: Nigbur, Sobieray, Rüßmann, Fichtel, H. Kremers, Lütkebohmert, Thiele, Bongartz, Dubski, Fischer, E. Kremers (28. Abramczik). Schiedsrichter: Quindeau (Ludwigshafen); Zuschauer: 46 000; Tore: 0:1 Fischer (10.), 0:2 Fischer (15.), 1:2 H. Kremers (55., Eigentor), 2:2 Krauth (68.).

Rot-Weiß Essen
MSV Duisburg **5:2**

ESSEN: Rynio, Neues, Wörmer (46. Strauch), Wieczorkowski, Huhse, Dörre, Lorant, Fürhoff, Bast, Burgsmüller, Lippens. DUISBURG: Linders, Bella, Dietz, Pirsig, L. Schneider (76. W. Schneider), Jara, Lehmann, Bücker, Seliger, Worm, Thies (73. Krause). Schiedsrichter: V. Roth (Salzgitter); Zuschauer: 12 000; Tore: 0:1 Bücker (5.), 1:1 Bast (24.), 2:1 Lippens (34.), 2:2 Worm (40.), 3:2 Lorant (44.), 4:2 Bast (76.), 5:2 Huhse (79.).

Werder Bremen
Fortuna Düsseldorf **3:0**

BREMEN: Burdenski, Höttges (81. Müllner), Roentved, Hiller, Rütten, Kamp, Röber, Schlief, Bracht, Weist, Görts. DÜSSELDORF: Büns, Baltes, Kriegler, Zimmermann, Hesse, Zewe (62. Schonert), Brei, Czernotzky, Geye, Seel, Herzog. Schiedsrichter: Riegg (Augsburg); Zuschauer: 16 000; Tore: 1:0 Roentved (27.), 2:0 Görts (52.), 3:0 Weist (67., Foulelfmeter).

Eintracht Frankfurt
1. FC Kaiserslautern **1:1**

FRANKFURT: Wienhold, Reichel, Körbel, Neuberger, Krobbach (46. Simons), Weidle (62. Lorenz), Beverungen, Nickel, Grabowski, Hölzenbein, Wenzel. KAISERSLAUTERN: Hellström, Kroth, E. Diehl, Melzer, H.-D. Diehl (62. Schwarz), Meier, Wilhelmi, Riedl (86. Weiler), Pirrung, Toppmöller, Sandberg. Schiedsrichter: Gabor (Berlin); Zuschauer: 14 000; Tore: 1:0 Hölzenbein (3.), 1:1 Sandberg (75.).

Bayer Uerdingen
1. FC Köln **1:1**

UERDINGEN: Kroke, Prehn, Stieber, Hahn, Brinkmann, Riege, Funkel, Wloka (85. Falter), Lurz, Mostert (46. Lenzke), Köstner. KÖLN: Topalovic, Konopka, Hein (63. Zimmermann), Strack, Weber, Cullmann, Glowacz, Flohe (63. Neumann), Overath, Simmet, Löhr. Schiedsrichter: Aldinger (Waiblingen); Zuschauer: 20 000; Tore: 1:0 Riege (44.), 1:1 Löhr (88.).

VfL Bochum
Hamburger SV **0:3**

BOCHUM: Scholz, Eggert (46. Dewinski), Miss, Fromm, Lameck, Balte, Tenhagen, Trimhold, Köper, Kaczor, Eggeling. HAMBURG: Kargus, Kaltz, Nogly, Blankenburg, Hidien, Björnmose, Bertl, Ettmayer, Sperlich, Reimann, Volkert. Schiedsrichter: Klauser (Vaterstetten); Zuschauer: 19 000; Tore: 0:1 Ettmayer (38.), 0:2 Sperlich (85.), 0:3 Nogly (88.).

Eintracht Braunschweig
Kickers Offenbach **5:1**

BRAUNSCHWEIG: Hain, Dremmler, Hollmann, Haebermann, Merkhofer, Ristic, Handschuh, Erler, Bründl, Frank, Gersdorff. OFFENBACH: Helmschrot, Enders, Schmidradner, Rausch, Rohr, Theis, Bitz, Hickersberger, Bihn (78. Blechschmidt), Held, Janzon (46. Oleknavicius). Schiedsrichter: Ahlenfelder (Oberhausen); Zuschauer: 17 000; Tore: 1:0 Frank (26.), 2:0 Handschuh (28.), 3:0 Merkhofer (48.), 4:0 Gersdorff (60., Foulelfmeter), 5:0 Dremmler (69.), 5:1 Bihn (77.).

Nach dem 9. Spieltag

	Punkte	Tore
1. Braunschweig	13:5	20:12
2. Bayern München	12:6	22:12
3. Mönchengladbach	12:6	18:10
4. Hamburger SV	11:7	17:8
5. Rot-Weiß Essen	10:8	20:16
6. Karlsruher SC	10:8	12:9
7. Werder Bremen	10:8	17:15
8. Hertha BSC Berlin	9:9	19:15
9. Eintracht Frankfurt	9:9	13:13
10. FC Schalke 04	8:10	18:15
11. 1. FC Köln	8:10	12:14
12. 1. FC Kaiserslautern	8:10	12:17
13. Fortuna Düsseldorf	8:10	12:19
14. VfL Bochum	7:11	10:12
15. Hannover 96	7:11	14:18
16. Bayer Uerdingen	7:11	7:14
17. Kickers Offenbach	7:11	14:29
18. MSV Duisburg	6:12	18:27

Der Mann des Tages

Hertha BSC demonstriert beim 3:0 gegen Gladbach Gala-Fußball. Allen voran **Lorenz Horr**, der mit einer Klasseleistung seinen 33. Geburtstag feiert. Horr hatte schon vom Herbst seiner Karriere gesprochen, von einem Jahr bei Tennis Borussia. Das ist jetzt vergessen.

10. Spieltag 4. Oktober

Borussia Mönchengladbach
Eintracht Braunschweig   **0:0**

MÖNCHENGLADBACH: Kleff, Vogts, Schäffer, Wittkamp, Stielike, Danner, Wimmer, Köppel (60. Del 'Haye), Simmonsen, Jensen, Heynckes. BRAUNSCHWEIG: Hain (39. Vofrei), Grzyb, Hollmann, Haebermann, Merkhoffer, Handschuh, Dremmler, Ristic, Erler, Frank, Gersdorff. Schiedsrichter: Klauser (Vaterstetten); Zuschauer: 26 500.

1. FC Kaiserslautern
Bayern München   **2:1**

KAISERSLAUTERN: Hellström, Kroth, E. Diehl, Melzer, Wilhelmi (86. Schwarz), Meier, Stickel, Riedl (63. Scheer), Pirrung, Toppmöller, Sandberg. MÜNCHEN: Maier, Horsmann, Schwarzenbeck, Beckenbauer, Dürnberger, Roth, G. Weiß, Schuster (85. Marek), Kapellmann, Rummenigge, Wunder. Schiedsrichter: Eschweiler (Bonn); Zuschauer: 34 000; Tore: 1:0 Toppmöller (34.), 1:1 Wunder (38.), 2:1 Toppmöller (85.).

Hannover 96
Hertha BSC Berlin   **2:6**

HANNOVER: Pauly, Höfer, Anders, Damjanoff, Stiller, Wesche, Weber, Lüttges, Hayduck, Dahl, Stegmayer. BERLIN: Wolter, Sziedat, Kliemann, Brück, Weiner, Walbeek, Sidka, Beer, Grau, Kostedde, Horr (80. Hermandung). Schiedsrichter: Hilker (Bochum). Zuschauer: 35 500; Tore: 0:1 Beer (9.), 0:2 Kostedde (14.), 0:3 Beer (18., Foulelfmeter), 1:3 Anders (42.), 2:3 Stegmayer (58.), 2:4 Beer (68.), 2:5 Kostedde (80.), 2:6 Beer (90.).

Hamburger SV
Eintracht Frankfurt   **4:2**

HAMBURG: Kargus, Kaltz, Nogly, Blankenburg, Hidien, Björnmose, Bertl, Ettmayer, Sperlich, Reimann, Volkert. FRANKFURT: Wienhold, Reichel, Körbel, Trinklein, Neuberger, Weidle, Beverungen, Nickel, Grabowski, Hölzenbein, Wenzel. Schiedsrichter: Waltert (Paderborn); Zuschauer: 44 000; Tore: 0:1 Wenzel (17.), 1:1 Nogly (23.), 2:1 Björnmose (24.), 3:1 Reimann (39.), 3:2 Neuberger (65.), 4:2 Volkert (71., Foulelfmeter).

MSV Duisburg
VfL Bochum   **1:1**

DUISBURG: Heinze, Dietz, Pirsig, Bella, L. Schneider, Lehmann, Bücker (68. Krause), Bregmann (78. W. Schneider), Jara, Seliger, Worm. BO-

CHUM: Scholz, Eggert, Fromm, Tenhagen, Lameck, Köper, Miss (21. Balte), Eggeling (78. Gerland), Trimhold, Pochstein, Kaczor. Schiedsrichter: Picker (Hamburg); Zuschauer: 11 000; Tore: 0:1 Kaczor (55.), 1:1 Dietz (86.).

1. FC Köln
Rot-Weiß Essen   **3:0**

KÖLN: Topalovic, Konopka, Strack, Weber, Zimmermann, Cullmann, Overath, Flohe, Glowacz (46. Simmet, 78. Neumann), Brücken, Löhr. ESSEN: Rynio, Neues, Wörmer, Wieczorkowski, Huhse, Dörre, Lorant, Fürhoff, Bast, Burgsmüller, Lippens. Schiedsrichter: Lutz (Bremen); Zuschauer: 16 000; Tore: 1:0 Brücken (53.), 2:0 Simmet (58.), 3:0 Löhr (73.).

Schalke 04
Werder Bremen   **4:2**

SCHALKE: Nigbur, Sobieray, Rüßmann, Fichtel, H. Kremers, Thiele, Lütkebohmert, Bongartz, Dubski, Fischer, E. Kremers. BREMEN: Burdenski, Höttges, Hiller, Roentved, Rütten, Röber, Kamp, Schlief, Bracht, Weist, Görts. Schiedsrichter: Dreher (Darmstadt); Zuschauer: 25 000; Tore: 1:0 H. Kremers (11.), 2:0 Bongartz (17.), 2:1 Weist (18.), 3:1 Bongartz (57.), 4:1 E. Kremers (70.), 4:2 Röber (85.).

Kickers Offenbach
Karlsruher SC   **0:0**

OFFENBACH: Helmschrot, Rohr, Rausch, Schmidradner, Enders (46. Oleknavicius), Theis, Bitz, Hickersberger, Bihn (72. Blechschmidt), Held, Janzon. KARLSRUHE: Kessler, Kalb, Ulrich, Schäffner, Komorowski, Trenkel, Schäfer, Fuchs, Berger, Krauth, Vogel. Schiedsrichter: Wichmann (Gelsenkirchen); Zuschauer: 14 000.

Fortuna Düsseldorf
Bayer Uerdingen   **2:0**

DÜSSELDORF: Büns, Baltes, Zimmermann, Kriegler, Hesse, Köhnen, Brei, Seel (72. Zewe), Geye, Schonert (46. Allofs), Herzog. UERDINGEN: Kroke, Prehn, Brinkmann, Hahn, Stieber, Riege, Köstner, Wloka, Lurz, Falter, Funkel (72. Willi). Schiedsrichter: Antz (Wahlen); Zuschauer: 10 500; Tore: 1:0 Herzog (70.), 2:0 Geye (72.).

Nach dem 10. Spieltag

	Punkte	Tore
1. Braunschweig	14:6	20:12
2. Hamburger SV	13:7	21:10
3. Mönchengladbach	13:7	18:10
4. Bayern München	12:8	23:14
5. Hertha BSC Berlin	11:9	25:17
6. Karlsruher SC	11:9	12:9
7. FC Schalke 04	10:10	22:17
8. Rot-Weiß Essen	10:10	20:19
9. 1. FC Köln	10:10	15:14
10. Werder Bremen	10:10	19:19
11. 1. FC Kaiserslautern	10:10	14:18
12. Fortuna Düsseldorf	10:10	14:19
13. Eintracht Frankfurt	9:11	15:17
14. VfL Bochum	8:12	11:13
15. Kickers Offenbach	8:12	14:29
16. Hannover 96	7:13	16:24
17. MSV Duisburg	7:13	19:28
18. Bayer Uerdingen	7:13	7:16

Der Mann des Tages

Eckhard Vofrei, Ersatzmann des Ersatzmannes von Nationaltorwart Franke, rettet in Gladbach das 0:0 seiner Braunschweiger. Er wird in der 39. Minute für den verletzten Hain ins Spiel genommen. Jeder feiert ihn. Nur die Mama schimpft: „Steck nächstens das Hemd richtig in die Hose!"

11. Spieltag 24./25. Oktober

Bayern München
Hamburger SV
1:0

MÜNCHEN: Maier, Dürnberger, Schwarzenbeck, Beckenbauer, Horsmann, Roth, Zobel, Kapellmann, Rummenigge, Torstensson, Wunder. HAMBURG: Kargus, Kaltz, Nogly (46. Ripp), Blankenburg, Hidien, Björnmose, Bertl, Ettmayer, Memering, Reimann, Volkert (46. Sperlich). Schiedsrichter: Gabor (Berlin); Zuschauer: 51 000; Tor: 1:0 Kapellmann (13.).

Werder Bremen
Kickers Offenbach
3:1

BREMEN: Burdenski, Kontny, Hiller, Roentved, Höttges, Röber, Dietrich, Schlief (77. Müllner), Bracht, Weist, Görts. OFFENBACH: Helmschrot, Theis, Rausch, Enders, Fass, Rohr (32. Blechschmidt), Bitz, Bihn, Janzon, Hickersberger, Held. Schiedsrichter: Schröder (Lahnstein); Zuschauer: 14 000; Tore: 1:0 Höttges (31., Foulelfmeter), 1:1 Hickersberger (34.), 2:1 Röber (51.), 3:1 Müllner (90.).

Eintracht Braunschweig
Hannover 96
3:2

BRAUNSCHWEIG: Hain, Grzyb, Haebermann, Hollmann, Merkhoffer (29. Hellfritz), Ristic, Dremmler (59. Bründl), Handschuh, Erler, Frank, Gersdorff. HANNOVER: Dittel, Anders, Damjanoff, Höfer (64. Wesche), Stiller, Lüttges, Weber, Holz, Blumenthal (30. Hayduck), Dahl, Stegmayer. Schiedsrichter: Kindervater (Köln); Zuschauer: 34 000; Tore: 1:0 Erler (3.), 2:0 Frank (11.), 2:1 Weber (35.), 2:2 Hayduck (51.), 3:2 Hollmann (67.).

Bayer Uerdingen
Schalke 04
3:2

UERDINGEN: Kroke, Prehn, Hahn, Brinkmann, Stieber, Lurz, Köstner, Wloka, Raschid (81. Riege), Kottan, Lübeke. SCHALKE: Mutibaric, Sobieray, Fichtel, Rüßmann, H. Kremers, Lütkebohmert, Oblak, Bongartz, Abramczik, Fischer, E. Kremers. Schiedsrichter: Riegg (Augsburg); Zuschauer: 22 000; Tore: 1:0 Köstner (36.), 2:0 Raschid (60.), 2:1 Lütkebohmert (65.), 3:1 Köstner (66., Foulelfmeter), 3:2 H. Kremers (75.).

Fortuna Düsseldorf
1. FC Köln
0:0

DÜSSELDORF: Büns, Hesse, Zimmermann, Kriegler (46. Köhnen), Baltes, Brei, Zewe, Degen (75. Allofs), Geye, Seel, Herzog. KÖLN: Topalovic, Konopka, Weber, Cullmann, Strack, Simmet, Neumann, Overath, Flohe (59. Glowacz), Zimmermann, Löhr. Schiedsrichter: Biwersi (Bliesransbach); Zuschauer: 22 000.

Eintracht Frankfurt
MSV Duisburg
1:1

FRANKFURT: Wienhold, Reichel, Trinklein, Körbel, Beverungen, Weidle (74. Müller), Neuberger, Grabowski, Hölzenbein, Wenzel (70. Lorenz), Nickel. DUISBURG: Heinze, Bregmann, Pirsig, W. Schneider, Dietz, Bella, Büssers (69. L. Schneider), Jara, Bücker, Seliger, Worm. Schiedsrichter: Ohmsen (Hamburg); Zuschauer: 12 000; Tore: 1:0 Nickel (12.), 1:1 Büssers (59.).

Karlsruher SC
Borussia Mönchengladbach
2:4

KARLSRUHE: Kessler, Ulrich, Kalb, Schäffner (46. Vogel, 77. Hoffmann), Komorowski, Trenkel, Schäfer, Fuchs, Jung, Krauth, Kübler. MÖNCHENGLADBACH: Kleff, Vogts, Schäffer, Wittkamp, Bonhof, Wimmer, Stielike, Danner, Heynckes, Simmonsen (77. Köppel). Schiedsrichter: Redelfs (Hannover); Zuschauer: 46 000; Tore: 1:0 Fuchs (20.), 1:1 Heynckes (25.), 1:2 Fuchs (27., Eigentor), 2:2 Jung (47.), 2:3 Heynckes (69.), 2:4 Wimmer (81.).

Hertha BSC Berlin
1. FC Kaiserslautern
3:0

BERLIN: Wolter, Sziedat, Brück, Kliemann, Weiner, Hermandung, Sidka, Beer, Grau, Kostedde, Horr. KAISERSLAUTERN: Hellström, Frosch, E. Diehl, Melzer, Kroth, Meier (75. Wilhelmi), Scheer (72. Schwarz), Riedl, Pirrung, Toppmöller, Sandberg. Schiedsrichter: Waltert (Paderborn); Zuschauer: 15 000; Tore: 1:0 Beer (14.), 2:0 Horr (54.), 3:0 Beer (83.).

VfL Bochum
Rot-Weiß Essen
2:1

BOCHUM: Scholz, Lameck, Tenhagen, Fromm, Eggert, Köper, Trimhold, Balte (71. Pochstein), Eggeling, Ellbracht, Kaczor. ESSEN: Blasey, Strauch, Wörmer, Wieczorkowski, Huhse, Lorant, Dörre (52. Finnern), Neues, Bast, Hrubesch, Lippens. Schiedsrichter: Schmoock (Reichenau); Zuschauer: 24 000; Tore: 1:0 Ellbracht (47.), 1:1 Hrubesch (52.), 2:1 Köper (90.).

Nach dem 11. Spieltag

	Punkte	Tore
1. Braunschweig	16:6	23:14
2. Mönchengladbach	15:7	22:12
3. Bayern München	14:8	24:14
4. Hertha BSC Berlin	13:9	28:17
5. Hamburger SV	13:9	21:11
6. Werder Bremen	12:10	22:20
7. 1. FC Köln	11:11	15:14
8. Karlsruher SC	11:11	14:13
9. Fortuna Düsseldorf	11:11	14:19
10. FC Schalke 04	10:12	24:20
11. Rot-Weiß Essen	10:12	21:21
12. VfL Bochum	10:12	13:14
13. Eintracht Frankfurt	10:12	16:18
14. 1. FC Kaiserslautern	10:12	14:21
15. Bayer Uerdingen	9:13	10:18
16. MSV Duisburg	8:14	20:29
17. Kickers Offenbach	8:14	15:32
18. Hannover 96	7:15	18:27

Der Mann des Tages

Meistermacher **Max Merkel** gesteht nach Schalkes 2:3-Schlappe in Uerdingen: „Wir werden kein Meister mehr!" Max geriet ins Grübeln: „Es fehlen bei uns Kämpfer und Treter. Prügel kriegen nur unsere, aber es wehrt sich niemand." Sechs Punkte trennen die Schalker vom Spitzenreiter. Max: „Der Zug ist abgefahren!"

12. Spieltag 31. Oktober/1. November

Hamburger SV
Hertha BSC Berlin **2:1**
HAMBURG: Kargus, Kaltz, Nogly, Blankenburg, Hidien, Björnmose, Zaczyk (73. Bertl), Ettmayer (79. Memering), Sperlich, Reimann, Volkert. BERLIN: Wolter, Sziedat, Kliemann, Brück, Weiner, Walbeek (84. Szymanek), Sidka, Beer, Grau, Kostedde, Horr. Schiedsrichter: Hilker (Bochum); Zuschauer: 50 000; Tore: 0:1 Kostedde (3.), 1:1 Reimann (14.), 2:1 Hidien (82.).

1. FC Kaiserslautern
Eintracht Braunschweig **3:1**
KAISERSLAUTERN: Hellström, Kroth (80. H.-D. Diehl), E. Diehl, Melzer, Wilhelmi, Meier, Scheer (71. Schwarz), Riedl, Pirrung, Toppmöller, Sandberg. BRAUNSCHWEIG: Hain, Grzyb, Hollmann, Haebermann, Hellfritz, Ristic, Handschuh, Dremmler, Erler, Frank, Konschal. Schiedsrichter: Weyland (Oberhausen); Zuschauer: 28 000; Tore: 1:0 Meier (57.), 2:0 Sandberg (71.), 3:0 Schwarz (77.), 3:1 Ristic (90.).

1. FC Köln
VfL Bochum **1:0**
KÖLN: Topalovic, Konopka, Weber, Cullmann, Strack, Simmet, Flohe, Overath, Neumann (46. Brücken), Zimmermann (55. Glowacz), Löhr. BOCHUM: Scholz, Gerland, Eggert, Tenhagen, Fromm, Lameck, Eggeling, Kaczor, Köper, Trimhold, Pochstein. Schiedsrichter: Scheffner (Nußloch); Zuschauer: 15 000; Tor: 1:0 Löhr (86.).

Borussia Mönchengladbach
Werder Bremen **3:0**
MÖNCHENGLADBACH: Kleff, Vogts, Schäffer, Wittkamp, Bonhof, Danner, Stielike, Wimmer, Simmonsen, Jensen, Heynckes. BREMEN: Burdenski, Kontny, Hiller, Roentved, Höttges, Röber, Dietrich, Schlief, Bracht (80. Müllner), Weist, Görts. Schiedsrichter: Antz (Wahlen); Zuschauer: 18 500; Tore: 1:0 Jensen (40.), 2:0 Heynckes (70.), 3:0 Heynckes (83. Foulelfmeter).

Rot-Weiß Essen
Eintracht Frankfurt **4:3**
ESSEN: Blasey, Neues, Wörmer, Wieczorkowski, Huhse (22. Dörre), Strauch, Lorant, Lindner (74. Hrubesch), Bast, Burgsmüller, Lippens.

FRANKFURT: Wienhold, Reichel, Körbel, Trinklein, Müller, Weidle, Neuberger, Grabowski, Hölzenbein, Wenzel, Nickel (66. Lorenz). Schiedsrichter: Horstmann (Groß Escherde); Zuschauer: 17 000; Tore: 1:0 Lippens (29.), 1:1 Wenzel (48.), 2:1 Burgsmüller (55.), 3:1 Lorant (63.), 3:2 Lorenz (67.), 3:3 Wenzel (70.), 4:3 Lorant (87.).

Schalke 04
Fortuna Düsseldorf **2:0**
SCHALKE: Nigbur, Sobieray, Fichtel, Rüßmann, Thiele, H. Kremers, Lütkebohmert, Bongartz, Oblak, Fischer, E. Kremers (46. Abramczik). DÜSSELDORF: Woyke, Baltes, Zewe, Zimmermann, Hesse, Degen (65. Brücken), Brei, Köhnen, Geye, Seel, Herzog. Schiedsrichter: Aldinger (Waiblingen); Zuschauer: 35 000; Tore: 1:0 Thiele (21.), 2:0 Fischer (29.).

MSV Duisburg
Bayern München **1:1**
DUISBURG: Heinze, W. Schneider, Pirsig, Dietz, Bregmann, Jara, Bella, Bücker, Seliger (72. L. Schneider), Worm, Büssers (64. Krause). MÜNCHEN: Maier, Dürnberger, Schwarzenbeck, Beckenbauer, Horsmann, Zobel, Torstensson, J. Weiß, Kapellmann, Rummenigge, Wunder. Schiedsrichter: Lutz (Bremen); Zuschauer: 30 000; Tore: 1:0 Dietz (6.), 1:1 Zobel (14.).

Hannover 96
Karlsruher SC **2:0**
HANNOVER: Dittel, Meyer, Anders, Damjanoff, Blumenthal, Stiller, Weber, Holz, Hayduck, Lüttges (74. Dahl), Stegmayer. KARLSRUHE: Kessler, Kamp, Komorowski, Fuchs, Ulrich, Trenkel, Schäfer, Bredenfeld, Jung, Krauth (63. Hoffmann), Kübler (46. Berger). Schiedsrichter: Hennig (Duisburg); Zuschauer: 21 000; Tore: 1:0 Holz (6.), 2:0 Stegmayer (39.).

Kickers Offenbach
Bayer Uerdingen **2:3**
OFFENBACH: Helmschrot, Theis, Rausch, Schmidradner (36. Berg), Enders, Bitz, Oleknavicius, Janzon, Bihn, Hickersberger, Held. UERDINGEN: Kroke, Prehn, Stieber, Hahn, Brinkmann, Raschid (82. Funkel), Lurz, Kalb, Köstner, Wloka, Lübeke (62. Riege), Kottan. Schiedsrichter: G. Meuser (Ingelheim); Zuschauer: 10 000; Tore: 0:1 Lübeke (15.), 0:2 Lübeke (23.), 1:2 Janzon (42.), 2:2 Janzon (60.), 2:3 Funkel (89.).

Nach dem 12. Spieltag

	Punkte	Tore
1. Mönchengladbach	17:7	25:12
2. Braunschweig	16:8	24:17
3. Hamburger SV	15:9	23:12
4. Bayern München	15:9	25:15
5. Hertha BSC Berlin	13:11	29:19
6. 1. FC Köln	13:11	16:14
7. FC Schalke 04	12:12	26:20
8. Rot-Weiß Essen	12:12	25:24
9. Werder Bremen	12:12	22:23
10. 1. FC Kaiserslautern	12:12	17:22
11. Karlsruher SC	11:13	14:15
12. Fortuna Düsseldorf	11:13	14:21
13. Bayer Uerdingen	11:13	13:20
14. VfL Bochum	10:14	13:15
15. Eintracht Frankfurt	10:14	19:22
16. Hannover 96	9:15	20:27
17. MSV Duisburg	9:15	21:30
18. Kickers Offenbach	8:16	17:35

Der Mann des Tages

Wolfgang Seel hat die Bundesliga ehrlicher gemacht. Nach einer Attacke des Schalkers Rüßmann kommt der Düsseldorfer im Strafraum zu Fall, und 35 000 warten auf den Elfmeterpfiff. Fragt Schiedsrichter Aldinger: „War das ein Elfmeter?" Seel: „Nein, Herr Schiedsrichter!" Schalke gewinnt 2:0.

13. Spieltag 8. November

Bayern München
Rot-Weiß Essen
5:1

MÜNCHEN: Maier, Horsmann, Schwarzenbeck (78. Förster), Beckenbauer, Dürnberger, Roth, Zobel, Kapellmann, Rummenigge, Torstensson, Wunder. ESSEN: Blasey, Neues, Wörmer, Wieczorkowski, Huhse, Lindner, Lorant, Strauch, Bast, Burgsmüller (14. Finnern), Lippens. Schiedsrichter: V. Roth (Salzgitter); Zuschauer: 17 500; Tore: 1:0 Wunder (18.), 2:0 Torstensson (50.), 3:0 Dürnberger (71., Foulelfmeter), 4:0 Rummenigge (76.), 5:0 Wunder (83.), 5:1 Lippens (84.).

Bayer Uerdingen
Borussia Mönchengladbach
1:1

UERDINGEN: Kroke, Prehn, Brinkmann, Hahn, Lenzke, Köstner, Funkel, Raschid (70. Riege), Wloka (80. Lurz), Lübeke, Kottan. MÖNCHENGLADBACH: Kleff, Vogts, Schäffer, Wittkamp, Bonhof, Danner, Wimmer, Stielike (46. Köppel), Simmonsen, Jensen (76. Hannes), Heynckes. Schiedsrichter: Eschweiler (Bonn); Zuschauer: 23 000; Tore: 0:1 Simmonsen (79.), 1:1 Riege (88.).

Werder Bremen
Hannover 96
0:0

BREMEN: Burdenski, Kontny, Hiller, Roentved, Höttges, Röber, Dietrich, Schlief, Bracht, Aslund (68. Müllner), Görts. HANNOVER: Dittel, Meyer, Damjanoff, Anders, Stiller, Wesche, Holz, Lüttges, Weber, Hayduck, Stegmayer. Schiedsrichter: Ahlenfelder (Oberhausen); Zuschauer: 21 000.

Eintracht Frankfurt
VfL Bochum
6:0

FRANKFURT: Wienhold, Reichel, Neuberger, Körbel, Müller, Weidle, Beverungen, Grabowski, Hölzenbein, Wenzel, Lorenz. BOCHUM: Scholz, Eggert, Fromm, Tenhagen (58. Miss), Lameck, Köper, Gerland, Trimhold, Kaczor, Eggeling, Pochstein (46. Versen). Schiedsrichter: Redelfs (Hannover); Zuschauer: 10 000; Tore: 1:0 Wenzel (25.), 2:0 Lorenz (48., Foulelfmeter), 3:0 Beverungen (54.), 4:0 Körbel (60.), 5:0 Reichel (84.), 6:0 Beverungen (86.).

Fortuna Düsseldorf
Kickers Offenbach
0:0

DÜSSELDORF: Woyke, Baltes, Hesse, Kriegler, Zimmermann, Zewe, Brei, Köhnen, Geye (36. Allofs), Seel, Herzog. OFFENBACH: Helmschrot, Ritschel, Berg, Schmidradner, Theis, Rausch, Bitz, Oleknavicius, Hikkersberger, Held, Janzon. Schiedsrichter: Ohmsen (Hamburg); Zuschauer: 8500.

Karlsruher SC
1. FC Kaiserslautern
3:5

KARLSRUHE: Kessler, Kalb, Ulrich, Fuchs, Komorowski, Trenkel, Schäfer, Bredenfeld, Jung (38. Hoffmann), Krauth, Berger. KAISERSLAUTERN: Hellström, Meier, E. Diehl, Melzer, Kroth, Wilhelmi, Riedl, Scheer (68. Schwarz), Pirrung, Toppmöller, Sandberg (82. Frosch). Schiedsrichter: Kindervater (Köln); Zuschauer: 35 000; Tore: 0:1 Toppmöller (1.), 0:2 Riedl (35.), 1:2 Schäfer (56.), 1:3 Kalb (60., Eigentor), 2:3 Bredenfeld (68.), 2:4 Sandberg (73.), 3:4 Schäfer (80.), 3:5 Sandberg (82.).

Hertha BSC Berlin
MSV Duisburg
1:2

BERLIN: Zander, Sziedat, Brück, Kliemann, Weiner, Hermandung (46. Szymanek), Sidka, Beer, Grau, Kostedde, Horr. DUISBURG: Heinze, W. Schneider, Pirsig, Bella, Dietz, Bregmann, Jara, Bücker, Seliger, Worm, Büssers. Schiedsrichter: Klauser (Vaterstetten); Zuschauer: 16 000; Tore: 1:0 Beer (10.), 1:1 Bella (19.), 1:2 Worm (40.).

Schalke 04
1. FC Köln
3:1

SCHALKE: Nigbur, Sobieray, Rüßmann, Fichtel, Thiele (55. Dubski), Lütkebohmert, H. Kremers, Bongartz, Oblak, Fischer, E. Kremers (80. Abramczik). KÖLN: Topalovic, Strack, Weber, Cullmann, Konopka, Hein (82. Brücken), Simmet, Overath, Glowacz, Flohe, Löhr. Schiedsrichter: Quindeau (Ludwigshafen); Zuschauer: 38 000; Tore: 0:1 Löhr (26.), 1:1 Fischer (30.), 2:1 Bongartz (67.), 3:1 H. Kremers (69.).

Eintracht Braunschweig
Hamburger SV
1:0

BRAUNSCHWEIG: Franke, Grzyb, Haebermann, Hollmann, Merkhoffer, Dremmler, Handschuh, Erler, Popivoda, Frank, Gersdorff. HAMBURG: Kargus, Kaltz, Blankenburg, Nogly, Hidien, Bertl (67. Zaczyk), Björnmose, Memering, Ettmayer (80. Ripp), Reimann, Volkert. Schiedsrichter: Riegg (Augsburg); Zuschauer: 35 000; Tor: 1:0 Gersdorff (11., Foulelfmeter).

Nach dem 13. Spieltag

	Punkte	Tore
1. Mönchengladbach	18:8	26:13
2. Braunschweig	18:8	25:17
3. Bayern München	17:9	30:16
4. Hamburger SV	15:11	23:13
5. FC Schalke 04	14:12	29:21
6. 1. FC Kaiserslautern	14:12	22:25
7. Hertha BSC Berlin	13:13	30:21
8. 1. FC Köln	13:13	17:17
9. Werder Bremen	13:13	22:23
10. Eintracht Frankfurt	12:14	25:22
11. Rot-Weiß Essen	12:14	26:29
12. Fortuna Düsseldorf	12:14	14:21
13. Bayer Uerdingen	12:14	14:21
14. Karlsruher SC	11:15	17:20
15. MSV Duisburg	11:15	23:31
16. Hannover 96	10:16	20:27
17. VfL Bochum	10:16	13:21
18. Kickers Offenbach	9:17	17:35

Der Mann des Tages

„Mit einer Fahne" kommt Schiedsrichter **Wolf-Dieter Ahlenfelder** zum Spiel Werder – Hannover. Dazu fabriziert er ulkige Sachen; die erste Halbzeit pfeift er nach 30 Minuten ab. „Selten einen so lustigen Typ erlebt!" sagt Fiffi Kronsbein. Ahlenfelder selbst: „Ja, ich habe vorher Bier getrunken. Wir sind doch Männer, wir trinken keine Brause!"

14. Spieltag   14./15. November

VfL Bochum
Bayern München   **3:1**

BOCHUM: Scholz, Eggert, Tenhagen, Fromm, Lameck, Köper, Eggeling, Trimhold, Kaczor, Balte, Ellbracht (62. Pochstein). MÜNCHEN: Maier, Horsmann, Schwarzenbeck, Beckenbauer, Dürnberger, Roth, Zobel (39. Weiß), Kapellmann, Wunder, Torstensson, Rummenigge. Schiedsrichter: Horstmann (Groß Escherde); Zuschauer: 28 000; Tore: 1:0 Trimhold (27.), 2:0 Tenhagen (30.), 3:0 Fromm (74.), 3:1 Kapellmann (80.).

Hamburger SV
Karlsruher SC   **3:0**

HAMBURG: Kargus, Kaltz (68. Ripp), Nogly, Blankenburg, Hidien, Björnmose, Bertl, Ettmayer, Memering, Reimann, Volkert. KARLSRUHE: Wimmer, Ulrich, Fuchs, Schäfer, Kalb, Trenkel (75. Vogel), Komorowski, Bredenfeld, Berger, Hoffmann (46. Kübler), Krauth. Schiedsrichter: Fork (Unna); Zuschauer: 24 000; Tore: 1:0 Volkert (66.), 2:0 Reimann (74.), 3:0 Bertl (76.).

Kickers Offenbach
Schalke 04   **1:1**

OFFENBACH: Helmschrot, Ritschel, Schmidradner, Berg, Theis (46. Rohr), Rausch, Oleknavicius, Hickersberger, Bitz, Held, Janzon. SCHALKE: Nigbur, Sobieray (46. Thiele), Rüßmann, Fichtel, H. Kremers, Dubski, Lütkebohmert, Oblak (73. Abramczik), Bongartz, Fischer, E. Kremers. Schiedsrichter: Engel (Reimsbach); Zuschauer: 25 000; Tore: 1:0 Janzon (42.), 1:1 Lütkebohmert (73.).

MSV Duisburg
Eintracht Braunschweig   **1:0**

DUISBURG: Heinze, W. Schneider, Pirsig, Dietz, Jara, Bücker, Bregmann, Bella, Seliger, Worm, Büssers. BRAUNSCHWEIG: Franke, Grzyb, Hollmann, Haebermann, Merkhoffer, Dremmler, Handschuh, Ristic, Erler, Gersdorff, Frank. Schiedsrichter: Walther (Würzburg); Zuschauer: 20 000; Tor: 1:0 Bücker (65.).

Rot-Weiß Essen
Hertha BSC Berlin   **3:1**

ESSEN: Blasey, Neues, Wörmer, Wieczorkowski, Huhse, Strauch, Lindner (73. Finnern), Lippens, Lorant, Bast, Burgsmüller (30. Hrubesch).

BERLIN: Zander (46. Wolter), Sziedat, Kliemann (86. Szymanek), Brück, Hanisch, Weiner, Sidka, Beer, Grau, Kostedde, Horr. Schiedsrichter: Jensen (Schönkirchen); Zuschauer: 17 000; Tore: 1:0 Lippens (10.), 1:1 Kostedde (20.), 2:1 Hrubesch (36.), 3:1 Bast (47., Handelfmeter).

Hannover 96
Bayer Uerdingen   **3:1**

HANNOVER: Dittel, Meyer, Anders, Damjanoff, Stiller, Wesche (51. Kaemmer), Holz, Weber, Hayduck, Lüttges (63. Dahl), Stegmayer. UERDINGEN: Kroke, Riege, Brinkmann, Hahn, Prehn, Köstner, Wloka, Funkel, Raschid (44. Mostert), Lübeke, Kottan (69. Lurz). Schiedsrichter: Haselberger (Reutlingen); Zuschauer: 20 000; Tore: 1:0 Hayduck (26.), 1:1 Wloka (43.), 2:1 Anders (73.), 3:1 Hayduck (79.).

1. FC Köln
Eintracht Frankfurt   **3:3**

KÖLN: Topalovic (14. Mattern), Konopka, Cullmann, Weber, Hein, Simmet, Overath (46. Lauscher), Neumann, Glowacz, Flohe, Löhr. FRANKFURT: Wienhold, Reichel, Neuberger, Körbel, Müller, Weidle, Beverungen, Grabowski, Hölzenbein, Wenzel, Nickel. Schiedsrichter: Schröder (Lahnstein); Zuschauer: 41 000; Tore: 0:1 Nickel (15.), 0:2 Hölzenbein (45.), 1:2 Flohe (49.), 2:2 Konopka (50.), 2:3 Nickel (57.), 3:3 Simmet (59.).

1. FC Kaiserslautern
Werder Bremen   **4:0**

KAISERSLAUTERN: Hellström, Kroth, E. Diehl (83. H.-D. Diehl), Melzer, Wilhelmi (39. Schwarz), Meier, Scheer, Riedl, Pirrung, Toppmöller, Sandberg. BREMEN: Burdenski, Kontny, Hiller, Roentved, Höttges, Röber, Dietrich, Weist, Bracht, Aslund, Görts. Schiedsrichter: Waltert (Paderborn); Zuschauer: 16 000; Tore: 1:0 Sandberg (13.), 2:0 Schwarz (47.), 3:0 Toppmöller (82.), 4:0 Sandberg (90.).

Borussia Mönchengladbach
Fortuna Düsseldorf   **1:0**

MÖNCHENGLADBACH: Kleff, Vogts, Bonhof, Wittkamp, Schäffer, Danner, Wimmer, Köppel, Simmonsen, Stielike, Heynckes. DÜSSELDORF: Woyke, Baltes, Zimmermann, Kriegler, Hesse, Zewe, Brei, Köhnen, Geye, Seel, Herzog. Schiedsrichter: Dreher (Darmstadt); Zuschauer: 21 500; Tor: 1:0 Heynckes (72.).

Nach dem 14. Spieltag

		Punkte	Tore
1.	Mönchengladbach	20:8	27:13
2.	Braunschweig	18:10	25:18
3.	Hamburger SV	17:11	26:13
4.	Bayern München	17:11	31:19
5.	1. FC Kaiserslautern	16:12	26:25
6.	FC Schalke 04	15:13	30:22
7.	1. FC Köln	14:14	20:20
8.	Rot-Weiß Essen	14:14	29:30
9.	Hertha BSC Berlin	13:15	31:24
10.	Eintracht Frankfurt	13:15	28:25
11.	Werder Bremen	13:15	22:27
12.	MSV Duisburg	13:15	24:31
13.	Hannover 96	12:16	23:28
14.	VfL Bochum	12:16	16:22
15.	Fortuna Düsseldorf	12:16	14:22
16.	Bayer Uerdingen	12:16	15:24
17.	Karlsruher SC	11:17	17:23
18.	Kickers Offenbach	10:18	18:36

Der Mann des Tages

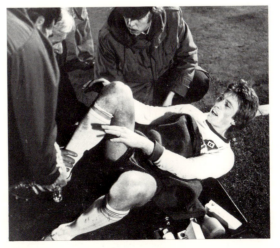

Manfred Kaltz, Abwehr-Künstler des HSV, ist unglücklich. Durch einen Wadenbeinbruch (beim 3:0 gegen den Karlsruher SC) fällt er für den Rest der Vorrunde aus. Trost kommt von höchster Stelle, Helmut Schön ruft an und sagt: „Ein Wadenbeinbruch ist noch kein Beinbruch!"

15. Spieltag 22. November

Werder Bremen / Hamburger SV 1:3

BREMEN: Burdenski, Kontny, Hiller, Roentved, Höttges, Röber, Dietrich (74. Müllner), Schlief, Bracht, Weist, Görts. HAMBURG: Kargus, Memering, Nogly, Blankenburg, Hidien, Bertl, Eigl (46. Ripp), Björnmose, Zaczyk, Reimann, Volkert. Schiedsrichter: Kindervater (Köln); Zuschauer: 36 000; Tore: 0:1 Reimann (35.), 0:2 Bertl (39.), 0:3 Memering (67.), 1:3 Görts (87.).

Eintracht Braunschweig / Rot-Weiß Essen 1:1

BRAUNSCHWEIG: Franke, Grzyb, Haebermann, Hollmann, Merkhoffer, Ristic, Dremmler, Handschuh, Erler, Bründl, Frank. ESSEN: Blasey, Wörmer, Wieczorkowski, Huhse, Neues, Strauch (76. Dörre), Lorant, Lippens, Bast, Hrubesch, Lindner (66. Finnern). Schiedsrichter: Meßmer (Mannheim); Zuschauer: 17 000; Tore: 1:0 Bründl (72., Foulelfmeter), 1:1 Lippens (85.).

Hertha BSC Berlin / VfL Bochum 4:1

BERLIN: Wolter, Sziedat, Brück, Weiner, Hanisch, Walbeek (73. Hermandung), Sidka, Beer, Grau, Kostedde, Horr. BOCHUM: Scholz, Eggert, Tenhagen, Fromm, Miss, Köper, Lameck, Eggeling (46. Pochstein), Versen, Trimhold, Kaczor (74. Balte). Schiedsrichter: Antz (Wahlen); Zuschauer: 10 000; Tore: 1:0 Kostedde (1.), 1:1 Kaczor (16.), 2:1 Horr (17.), 3:1 Kostedde (42.), 4:1 Beer (44.).

Schalke 04 / Borussia Mönchengladbach 2:2

SCHALKE: Nigbur, Sobieray, Rüßmann, Fichtel, Thiele (60. Dubski), Lütkebohmert, Oblak, H. Kremers, Bongartz, Fischer, E. Kremers. MÖNCHENGLADBACH: Kleff, Vogts, Schäffer, Wittkamp, Bonhof, Danner, Stielike, Wimmer (82. Köppel), Simmonsen, Jensen, Heynckes. Schiedsrichter: Frickel (München); Zuschauer: 70 300; Tore: 0:1 Jensen (49.), 1:1 Bongartz (61.), 2:1 Fichtel (82.), 2:2 Jensen (87.).

Karlsruher SC / MSV Duisburg 2:2

KARLSRUHE: Wimmer, Ulrich, Komorowski, Schäffner, Kalb, Trenkel, Schäfer, Bredenfeld (69. Vogel), Berger, Hoffmann, Krauth (46. Gutzeit). DUISBURG: Heinze, W. Schneider, Bruckmann, Pirsig, Dietz, Bregmann, Jara, Bücker, Seliger, Worm, Büssers. Schiedsrichter: Jensen (Schönkirchen); Zuschauer: 22 000; Tore: 0:1 Bücker (63.), 0:2 Schneider (80.), 1:2 Berger (83.), 2:2 Berger (85.).

Fortuna Düsseldorf / Hannover 96 3:0

DÜSSELDORF: Woyke, Baltes, Zimmermann, Kriegler, Hesse, Zewe, Brei, Köhnen, Geye, Seel, Herzog. HANNOVER: Dittel, Stiller, Anders, Damjanoff, Meyer, Wesche (57. Kaemmer), Holz, Weber, Hayduck, Lüttges (46. Dahl), Stegmayer. Schiedsrichter: Schmoock (Reichenau); Zuschauer: 13 500; Tore: 1:0 Seel (25.), 2:0 Geye (55.), 3:0 Brei (62., Handelfmeter).

Bayer Uerdingen / 1. FC Kaiserslautern 2:2

UERDINGEN: Kroke, Prehn, Brinkmann, Hahn, Lenzke (77. Riege), Lurz, Funkel, Köstner, Wloka, Lübeke, Raschid (46. Kottan). KAISERSLAUTERN: Hellström, Kroth, Diehl, Melzer, Schwarz (13. Frosch), Meier, Scheer (77. Wilhelmi), Toppmöller, Riedl, Pirrung, Sandberg. Schiedsrichter: Gabor (Berlin); Zuschauer: 17 000; Tore: 0:1 Sandberg (30.), 1:1 Funkel (75.), 1:2 Sandberg (78.), 2:2 Lübeke (89.).

Eintracht Frankfurt / Bayern München 6:0

FRANKFURT: Wienhold, Reichel, Neuberger, Körbel, Müller, Weidle, Beverungen, Grabowski, Hölzenbein, Wenzel, Nickel. MÜNCHEN: Maier, Horsmann, Schwarzenbeck, Beckenbauer, Dürnberger, Roth, Marek, Weiß (46. Wunder), Torstensson (61. Zobel), Rummenigge, Kapellmann. Schiedsrichter: Eschweiler (Bonn); Zuschauer: 55 000; Tore: 1:0 Wenzel (8.), 2:0 Nickel (17.), 3:0 Grabowski (28.), 4:0 Hölzenbein (40.), 5:0 Neuberger (45.), 6:0 Nickel (61.).

1. FC Köln / Kickers Offenbach 4:0

KÖLN: Schumacher, Konopka, Cullmann, Weber, Hein, Simmet, Neumann, Flohe, Glowacz, Löhr, Lauscher. OFFENBACH: Helmschrot, Ritschel, Schmidradner, Berg (55. Fass), Rohr, Rausch, Oleknavicius (40. Bihn), Bitz, Held, Hickersberger, Janzon. Schiedsrichter: V. Roth (Salzgitter); Zuschauer: 26 000; Tore: 1:0 Neumann (13.), 2:0 Löhr (41.), 3:0 Neumann (47.), 4:0 Löhr (59.).

Nach dem 15. Spieltag

	Punkte	Tore
1. Mönchengladbach	21:9	29:15
2. Hamburger SV	19:11	29:14
3. Braunschweig	19:11	26:19
4. Bayern München	17:13	31:25
5. 1. FC Kaiserslautern	17:13	28:27
6. FC Schalke 04	16:14	32:24
7. 1. FC Köln	16:14	24:20
8. Hertha BSC Berlin	15:15	35:25
9. Eintracht Frankfurt	15:15	34:25
10. Rot-Weiß Essen	15:15	30:31
11. Fortuna Düsseldorf	14:16	17:22
12. MSV Duisburg	14:16	26:33
13. Werder Bremen	13:17	23:30
14. Bayer Uerdingen	13:17	17:26
15. Karlsruher SC	12:18	19:25
16. Hannover 96	12:18	23:31
17. VfL Bochum	12:18	17:26
18. Kickers Offenbach	10:20	18:40

Der Mann des Tages

Jürgen Grabowski ist der große Zauberer beim 6:0 gegen die Bayern; noch nie spielte er besser. An vier Toren ist der Eintracht-Regisseur beteiligt, eins schießt er selbst. Sagt Nickel: „Ich würde ein halbes Jahr nicht mehr spielen, wenn ich Jürgens Gegenspieler gewesen wäre."

16. Spieltag   28./29. November

Eintracht Frankfurt / Hertha BSC Berlin   1:1

FRANKFURT: Wienhold, Reichel, Neuberger, Körbel, Müller, Weidle, Beverungen (72. Lorenz), Grabowski, Hölzenbein, Wenzel, Nickel. BERLIN: Wolter, Sziedat, Brück, Kliemann, Weiner, Walbeek (17. Hermandung), Sidka, Beer, Grau, Kostedde, Horr. Schiedsrichter: Ahlenfelder (Oberhausen); Zuschauer: 23 000; Tore: 1:0 Nickel (19.), 1:1 Kostedde (53.).

Hamburger SV / Bayer Uerdingen   0:0

HAMBURG: Kargus, Memering (73. Björnmose), Nogly, Blankenburg, Ripp, Bertl, Ettmayer (73. Eigl), Zaczyk, Sperlich, Reimann, Volkert. UERDINGEN: Kroke, Stieber, Brinkmann, Hahn, Lenzke, Riege (80. Prehn), Köstner, Wloka, Funkel, Lübeke, Raschid (74. Mostert). Schiedsrichter: Schroeder (Lahnstein); Zuschauer: 31 000.

Hannover 96 / Schalke 04   1:1

HANNOVER: Dittel, Blumenthal, Anders, Damjanoff, Meyer, Kaemmer (82. Wesche), Weber, Lüttges, Stiller, Hayduck, Stegmayer. SCHALKE: Nigbur, Sobieray, Rüßmann, Fichtel, Thiele, Lütkebohmert, Oblak, Bongartz, H. Kremers, Fischer, E. Kremers. Schiedsrichter: Walz (Waiblingen); Zuschauer: 33 500; Tore: 1:0 Hayduck (28.), 1:1 E. Kremers (54.).

Bayern München / 1. FC Köln   1:2

MÜNCHEN: Maier, Horsmann, Schwarzenbeck, Beckenbauer, Dürnberger, Roth, Zobel, Kapellmann, Rummenigge, Marek (46. Torstensson), Wunder. KÖLN: Schumacher, Konopka, Cullmann, Weber, Strack, Hein, Neumann, Flohe, Simmet, Glowacz, Löhr. Schiedsrichter: Redelfs (Hannover); Zuschauer: 30 000; Tore: 1:0 Rummenigge (15.), 1:1 Strack (41.), 1:2 Neumann (69.).

1. FC Kaiserslautern / Fortuna Düsseldorf   2:1

KAISERSLAUTERN: Hellström, Kroth, E. Diehl, Melzer, Meier, Wilhelmi (85. Frosch), Scheer, Riedl, Pirrung, Toppmöller, Sandberg. DÜS-SELDORF: Woyke, Czernotzky, Hesse, Kriegler, Baltes, Zewe, Brei, Köhnen, Geye, Seel, Herzog. Schiedsrichter: Haselberger (Reutlingen); Zuschauer: 20 000; Tore: 1:0 Toppmöller (23.), 1:1 Geye (60.), 2:1 Toppmöller (80., Foulelfmeter).

MSV Duisburg / Werder Bremen   2:0

DUISBURG: Heinze, W. Schneider, Pirsig, Dietz, Bruckmann, Bregmann, Jara, Bücker, Seliger (46. Krause), Worm, Büssers (19. L. Schneider). BREMEN: Burdenski, Kontny, Höttges, Hiller, Höttges, Schlief (24. Dietrich), Röber, Bracht, Aslund, Weist, Görts. Schiedsrichter: Riegg (Augsburg); Zuschauer: 9000; Tore: 1:0 Büssers (6.), 2:0 Dietz (22.).

VfL Bochum / Eintracht Braunschweig   2:0

BOCHUM: Scholz, Eggert, Tenhagen, Fromm, Lameck, Köper, Trimhold, Balte (79. Versen), Eggeling, Ellbracht (46. Pochstein), Kaczor. BRAUNSCHWEIG: Franke, Grzyb, Hollmann (62. Konschal), Haebermann, Merkhoffer, Ristic, Zembski, Handschuh, Dremmler, Frank, Erler. Schiedsrichter: Dreher (Darmstadt); Zuschauer: 13 000; Tore: 1:0 Kaczor (57.), 2:0 Kaczor (72.).

Borussia Mönchengladbach / Kickers Offenbach   2:0

MÖNCHENGLADBACH: Kleff, Vogts, Schäffer, Wittkamp, Bonhof, Danner, Wimmer (76. Köppel), Stielike, Simmonsen, Jensen, Heynckes. OFFENBACH: Helmschrot, Theis, Schmidradner, Rausch, Fass, Bitz, Bihn, Hickersberger, Ritschel, Held, Janzon (74. Blechschmidt). Schiedsrichter: G. Meuser (Ingelheim); Zuschauer: 12 000; Tore: 1:0 Simmonsen (13.), 2:0 Simmonsen (48., Foulelfmeter).

Rot-Weiß Essen / Karlsruher SC   1:0

ESSEN: Blasey, Neues, Wörmer, Wieczorkowski, Huhse, Lorant, Finnern, Lindner, Bast, Hrubesch, Lippens. KARLSRUHE: Wimmer, Bredenfeld, Fuchs, Schäffner, Ulrich, Kalb, Komorowski, Schäfer, Trenkel, Kübler, Berger (70. Gutzeit). Schiedsrichter: Picker (Hamburg); Zuschauer: 10 000; Tor: 1:0 Hrubesch (70.).

Nach dem 16. Spieltag

	Punkte	Tore
1. Mönchengladbach	23:9	31:15
2. Hamburger SV	20:12	29:14
3. Braunschweig	19:13	26:21
4. 1. FC Kaiserslautern	19:13	30:28
5. 1. FC Köln	18:14	26:21
6. FC Schalke 04	17:15	33:25
7. Bayern München	17:15	32:27
8. Rot-Weiß Essen	17:15	31:31
9. Hertha BSC Berlin	16:16	36:26
10. Eintracht Frankfurt	16:16	35:26
11. MSV Duisburg	16:16	28:33
12. Fortuna Düsseldorf	14:18	18:24
13. VfL Bochum	14:18	19:26
14. Bayer Uerdingen	14:18	17:26
15. Hannover 96	13:19	24:32
16. Werder Bremen	13:19	23:32
17. Karlsruher SC	12:20	19:26
18. Kickers Offenbach	10:22	18:42

Der Mann des Tages

Rudi Kargus rettet dem HSV gegen Uerdingen (0:0) einen Punkt. Und wieder hält er einen Elfmeter. Sein Trick: „Ich führe genau Buch und werfe mich, wie ein Sprinter beim Startschuß, in den Schuß des Schützen." Der Elfmeter-Killer Kargus tötet diesmal einen Strafstoß von Funkel.

17. Spieltag 6. Dezember

Karlsruher SC / VfL Bochum 2:2

KARLSRUHE: Wimmer, Kalb, Komorowski, Schäffner, Ulrich, Bredenfeld, Schäfer, Trenkel (75. Fuchs), Jung (46. Vogel), Krauth, Berger. BOCHUM: Scholz, Eggert, Tenhagen, Fromm (73. Gerland), Lameck, Köper, Versen, Balte, Pochstein, Eggeling, Kaczor. Schiedsrichter: Linn (Altendiez); Zuschauer: 18 000; Tore: 0:1 Eggeling (20.), 1:1 Schäfer (46.), 2:1 Berger (50.), 2:2 Eggeling (84.).

1. FC Köln / Borussia Mönchengladbach 0:4

KÖLN: Schumacher, Strack, Weber, Cullmann, Konopka (81. Lauscher), Simmet, Neumann, Hein, Glowacz (67. Hiestermann), Flohe, Löhr. MÖNCHENGLADBACH: Kleff, Bonhof, Schäffer, Wittkamp, Vogts, Wimmer (81. Klinkhammer), Stielike, Danner, Simmonsen, Jensen (81. Köppel), Heynckes. Schiedsrichter: Biwersi (Bliesransbach); Zuschauer: 61 000; Tore: 0:1 Simmonsen (24.), 0:2 Heynckes (35.), 0:3 Jensen (38.), 0:4 Jensen (62.).

Werder Bremen / Rot-Weiß Essen 3:3

BREMEN: Burdenski, Höttges, Hiller, Assauer, Kamp, Röber (88. Kontny), Dietrich (65. Ohling), Müllner, Görts, Weist, Bracht. ESSEN: Blasey, Neues, Wieczorkowski, Wörmer, Huhse, Finnern (65. Dörre), Lorant, Bast, Lindner, Hrubesch, Lippens. Schiedsrichter: Gabor (Berlin); Zuschauer: 12 000; Tore: 0:1 Hrubesch (7.), 1:1 Röber (15., Foulelfmeter), 2:1 Görts (33.), 3:1 Weist (77.), 3:2 Hrubesch (79.), 3:3 Hrubesch (91.).

Schalke 04 / 1. FC Kaiserslautern 2:2

SCHALKE: Nigbur, Sobieray, Rüßmann (46. Bruns), Fichtel, Thiele, Lütkebohmert, Oblak, Bongartz, Dubski, Fischer, E. Kremers. KAISERSLAUTERN: Hellström, Kroth, E. Diehl, Melzer, Frosch, Meier, Scheer (81. H.-D. Diehl), Riedl, Pirrung (71. Wilhelmi), Toppmöller, Sandberg. Schiedsrichter: Horstmann (Groß Escherde); Zuschauer: 25 000; Tore: 0:1 Sandberg (5.), 1:1 Fischer (52.), 2:1 Bongartz (79.), 2:2 H.-D. Diehl (86.).

Kickers Offenbach / Hannover 96 1:0

OFFENBACH: Helmschrot, Ritschel, Rausch, Rohr, Theis, Enders (46. Bihn), Bitz, Hickersberger, Janzon, Bastrup, Held. HANNOVER: Dittel, Blumenthal, Damjanoff, Anders, Meyer, Stiller, Holz, Weber, Wunder, Hayduck, Stegmayer. Schiedsrichter: Hilker (Bochum); Zuschauer: 12 000; Tor: 1:0 Hickersberger (82.).

Bayer Uerdingen / MSV Duisburg 0:4

UERDINGEN: Kroke, Stieber, Brinkmann, Hahn, Lenzke (50. Falter), Köstner, Riege, Funkel, Wloka, Lübeke, Raschid (46. Mostert). DUISBURG: Heinze, W. Schneider, Bruckmann, Pirsig. Dietz, L. Schneider, Jara, Bücker, Seliger, Worm, Büssers. Schiedsrichter: Schmoock (Reichenau); Zuschauer: 20 000; Tore: 0:1 Worm (7.), 0:2 L. Schneider (48.), 0:3 Worm (87.), 0:4 Worm (89.).

Hertha BSC Berlin / Bayern München 2:1

BERLIN: Wolter, Sziedat, Brück, Kliemann, Weiner, Hermandung (64. Szymanek), Sidka, Beer, Grau, Kostedde, Horr. MÜNCHEN: Maier, Horsmann, Beckenbauer, Schwarzenbeck, Michelberger (31. J. Weiß), Roth (71. Hoeneß), Zobel, Marek, Dürnberger, Rummenigge, Kapellmann. Schiedsrichter: Wichmann (Gelsenkirchen); Zuschauer: 45 000; Tore: 0:1 Kapellmann (8.), 1:1 Szymanek (69.), 2:1 Horr (70.).

Eintracht Braunschweig / Eintracht Frankfurt 2:0

BRAUNSCHWEIG: Franke, Grzyb, Haebermann, Hollmann, Merkhofer, Ristic, Dremmler, Handschuh, Erler, Frank, Gersdorff (55. Konschal). FRANKFURT: Wienhold, Reichel, Neuberger, Müller, Weidle, Grabowski, Nickel, Hölzenbein, Wenzel (73. Stradt), Lorenz. Schiedsrichter: Hennig (Duisburg); Zuschauer: 17 000; Tore: 1:0 Dremmler (35.), 2:0 Konschal (79.).

Fortuna Düsseldorf / Hamburger SV 1:0

DÜSSELDORF: Woyke, Baltes, Kriegler, Zimmermann, Czernotzky (46. Allofs), Hesse, Brei, Zewe, Köhnen, Geye, Seel. HAMBURG: Kargus, Ripp, Nogly, Blankenburg, Hidien, Memering, Bertl, Björnmose, Zaczyk, Reimann, Volkert. Schiedsrichter: Walther (Würzburg); Zuschauer: 20 000; Tor: 1:0 Köhnen (77.).

Nach dem 17. Spieltag

	Punkte	Tore
1. Mönchengladbach	25:9	35:15
2. Braunschweig	21:13	28:21
3. Hamburger SV	20:14	29:15
4. 1. FC Kaiserslautern	20:14	32:30
5. Hertha BSC Berlin	18:16	38:27
6. FC Schalke 04	18:16	35:27
7. 1. FC Köln	18:16	26:25
8. Rot-Weiß Essen	18:16	34:34
9. MSV Duisburg	18:16	32:33
10. Bayern München	17:17	33:29
11. Eintracht Frankfurt	16:18	35:28
12. Fortuna Düsseldorf	16:18	19:24
13. VfL Bochum	15:19	21:28
14. Werder Bremen	14:20	26:35
15. Bayer Uerdingen	14:20	17:30
16. Karlsruher SC	13:21	21:28
17. Hannover 96	13:21	24:33
18. Kickers Offenbach	12:22	19:42

Der Mann des Tages

„Kann man eigentlich noch besser spielen?" fragt **Udo Lattek** nach dem 4:0 Borussias in Köln. Und er gibt sich selbst die Antwort: „Wohl kaum." Udo hat mit dieser Superschau den Anspruch seiner Elf auf die Deutsche Fußball-Meisterschaft mit aller Deutlichkeit unterstrichen. Mit im Bild Mannschaftsarzt Dr. Gerhards.

18. Spieltag   16./17. Januar 1976

Kickers Offenbach
1. FC Kaiserslautern
1:4

OFFENBACH: Helmschrot, Ritschel, Rausch, Theis, Rohr, Bitz (46. Blechschmidt), Hickersberger, Janzon, Bihn (68. Fass), Bastrup, Held. KAISERSLAUTERN: Hellström, Kroth, E. Diehl, Melzer, Frosch, Meier, Scheer, Riedl (87. Wilhelmi), Pirrung, Toppmöller, Sandberg. Schiedsrichter: Jensen (Schönkirchen); Zuschauer: 23 000; Tore: 0:1 Toppmöller (15.), 0:2 Sandberg (34.), 1:2 Blechschmidt (57.), 1:3 Diehl (77.), 1:4 Melzer (82.).

Werder Bremen
VfL Bochum
4:1

BREMEN: Burdenski, Höttges, Assauer, Roentved, Kamp, Röber, Hiller, Müllner, Bracht, Ohling (65. Aslund), Görts. BOCHUM: Scholz, Fromm, Tenhagen, Lameck, Eggert, Köper, Gerland, Balte, Eggeling (73. Euteneuer), Ellbracht, Pochstein. Schiedsrichter: Walz (Waiblingen); Zuschauer: 15 000; Tore: 0:1 Lameck (31., Foulelfmeter), 1:1 Roentved (36.), 2:1 Müllner (49.), 3:1 Röber (65., Foulelfmeter), 4:1 Roentved (78.).

Bayer Uerdingen
Rot-Weiß Essen
1:1

UERDINGEN: Kroke, Stieber, Brinkmann, Hahn, Raschid (70. Riege), Funkel, Wloka, Köstner, Lurz, Lübeke, Hansel (82. Prehn). ESSEN: Blasey, Neues, Wörmer, Wieczorkowski, Huhse, Finnern (76. Fürhoff), Lorant, Burgsmüller (64. Lindner), Hrubesch, Bast, Lippens. Schiedsrichter: Klauser (Vaterstetten); Zuschauer: 15 000; Tore: 1:0 Wloka (54.), 1:1 Hrubesch (75.).

Schalke 04
Hamburger SV
0:1

SCHALKE: Nigbur, Sobieray, Fichtel, Bruns, H. Kremers (54. Schipper), Lütkebohmert (76. Gede), Thiele, Bongartz, Dubski, Abramczik, Fischer. HAMBURG: Kargus, Ripp, Nogly, Blankenburg, Hidien, Björnmose, Zaczyk, Eigl, Memering, Sperlich, Reimann. Schiedsrichter: Linn (Altendiez); Zuschauer: 30 000; Tor: 0:1 Sobieray (49., Eigentor).

Karlsruher SC
Eintracht Frankfurt
1:0

KARLSRUHE: Wimmer, Bredenfeld, Ulrich (57. Radau), Schäffner, Kalb, Struth, Schäfer, Trenkel, Berger, Flindt, Kübler. FRANKFURT: Wienhold, Neuberger, Körbel, Trinklein, Müller, Weidle (74. Kraus), Beverungen, Grabowski, Hölzenbein, Wenzel (57. Lorenz), Nickel. Schiedsrichter: Waltert (Paderborn); Zuschauer: 35 000; Tor: 1:0 Struth (69.).

Fortuna Düsseldorf
MSV Duisburg
1:3

DÜSSELDORF: Woyke, Zimmermann, Hesse, Kriegler, Baltes, Zewe, Brei, Seel, Geye, Mattsson (75. Köhnen) Herzog. DUISBURG: Heinze, W. Schneider, Bella, Jara, Pirsig, Dietz, Bruckmann, Seliger (75. Thies), Worm, Büssers. Schiedsrichter: Zuchantke (Berlin); Zuschauer: 22 000; Tore: 0:1 Worm (58.), 0:2 Worm (70.), 0:3 Worm (71.), 1:3 Herzog (80.).

Eintracht Braunschweig
Bayern München
1:1

BRAUNSCHWEIG: Franke, Grzyb, Haebermann, Hollmann, Merkhoffer, Ristic, Dremmler, Handschuh, Erler (38. Konschal), Frank, Gersdorff (38. Popivoda). MÜNCHEN: Maier, Hansen, Beckenbauer, Schwarzenbeck, Horsmann, Roth, Zobel, Kapellmann, Müller, Rummenigge (48. Marek), Hoeneß (88. Künkel). Schiedsrichter: Fork (Unna); Zuschauer: 36 000; Tore: 0:1 Roth (53.), 1:1 Hollmann (82.).

Borussia Mönchengladbach
Hannover 96
2:0

MÖNCHENGLADBACH: Kleff, Vogts, Schäffer (46. Klinkhammer), Wittkamp, Bonhof, Danner, Wimmer, Stielike, Simmonsen, Jensen, Heynckes. HANNOVER: Dittel, Meyer (46. Kaemmer), Anders, Damjanoff, Blumenthal, Holz, Stiller, Weber (74. Wesche), Hayduck, Wunder, Stegmayer. Schiedsrichter: Haselberger (Reutlingen); Zuschauer: 19 000; Tore: 1:0 Wimmer (29.), 2:0 Wesche (75., Eigentor).

1. FC Köln
Hertha BSC Berlin
2:0

KÖLN: Schumacher, Konopka, Cullmann, Weber, Hein, Simmet, Neumann, Flohe, Müller, Löhr, Wendt. BERLIN: Wolter, Sziedat, Brück, Hermandung, Weiner, Sidka, Beer, Rasmussen, Grau, Kostedde, Horr (78. Szymanek). Schiedsrichter: Engel (Reimsbach); Zuschauer: 31 000; Tore: 1:0 Weber (82.), 2:0 Löhr (85.).

Nach dem 18. Spieltag

	Punkte	Tore
1. Mönchengladbach	27:9	37:15
2. Hamburger SV	22:14	30:15
3. Braunschweig	22:14	29:22
4. 1. FC Kaiserslautern	22:14	36:31
5. 1. FC Köln	20:16	28:25
6. MSV Duisburg	20:16	35:34
7. Rot-Weiß Essen	19:17	35:35
8. Hertha BSC Berlin	18:18	38:29
9. FC Schalke 04	18:18	35:28
10. Bayern München	18:18	34:30
11. Eintracht Frankfurt	16:20	35:29
12. Werder Bremen	16:20	30:36
13. Fortuna Düsseldorf	16:20	20:27
14. Karlsruher SC	15:21	22:28
15. VfL Bochum	15:21	22:32
16. Bayer Uerdingen	15:21	18:31
17. Hannover 96	13:23	24:35
18. Kickers Offenbach	12:24	20:46

Der Mann des Tages

Achtung, Torjäger der Bundesliga! Der Ronnie kommt! Gegen Fortuna schießt **Ronnie Worm** beim 3:1 alle drei Tore. Und am Spieltag davor traf der Duisburger beim 4:0 gegen Uerdingen ebenfalls dreimal ins Schwarze. Ronnie ist derzeit einfach nicht zu halten; die Fortunen-Abwehr kann ein Lied davon singen.

19. Spieltag 24. Januar

Hertha BSC Berlin
Eintracht Braunschweig **1:0**

BERLIN: Wolter, Sziedat, Brück, Hermandung, Weiner, Rasmussen (74. Szymanek), Sidka, Beer, Grau, Kostedde, Horr. BRAUNSCHWEIG: Franke, Grzyb, Holl, Haebermann, Merkhoffer, Ristic, Handschuh, Gersdorff, Popivoda, Erler, Frank. Schiedsrichter: Eschweiler (Euskirchen); Zuschauer: 19 000; Tor: 1:0 Szymanek (90.).

Hamburger SV
Kickers Offenbach **2:0**

HAMBURG: Kargus, Ripp, Nogly, Blankenburg, Hidien (90. Spincke), Björnmose, Zaczyk, Memering, Sperlich (65. Bertl), Reimann, Volkert. OFFENBACH: Helmschrot, Ritschel (65. Fass), Theis, Rausch, Rohr, Hickersberger, Bitz, Blechschmidt, Held, Janzon, Bastrup (70. Bihn). Schiedsrichter: Antz (Wahlen); Zuschauer: 24 000; Tore: 1:0 Memering (56.), 2:0 Nogly (61.).

Bayern München
Karlsruher SC **2:0**

MÜNCHEN: Maier, Dürnberger (49. Horsmann), Schwarzenbeck, Beckenbauer, Hansen, Roth, Zobel, Rummenigge, Hoeneß, Müller, Kapellmann. KARLSRUHE: Wimmer, Bredenfeld, Schäfer, Schäffner, Kalb, Struth, Trenkel, Ulrich, Berger, Flindt (74. Vogel), Kübler. Schiedsrichter: Ahlenfelder (Oberhausen); Zuschauer: 26 000; Tore: 1:0 Hoeneß (20.), 2:0 Roth (55.).

1. FC Kaiserslautern
Borussia Mönchengladbach **0:3**

KAISERSLAUTERN: Hellström, Kroth, E. Diehl, Melzer, Frosch, Meier, Scheer, Riedl, Pirrung, Toppmöller, Sandberg. MÖNCHENGLADBACH: Kleff, Bonhof, Schäffer (56. Klinkhammer), Wittkamp, Vogts, Danner, Wimmer (70. Köppel), Stielike, Simmonsen, Jensen, Heynckes. Schiedsrichter: Aldinger (Waiblingen); Zuschauer: 36 000; Tore: 0:1 Heynckes (16.), 0:2 Simmonsen (31.), 0:3 Danner (84.).

Rot-Weiß Essen
Fortuna Düsseldorf **2:2**

ESSEN: Blasey, Neues, Wörmer, Wieczorkowski, Huhse, Strauch, Lorant, Lindner (46. Burgsmüller), Bast, Hrubesch, Lippens. DÜSSEL-DORF: Woyke, Hesse, Zimmermann, Kriegler, Baltes, Zewe, Brei, Seel (78. Köhnen), Geye, Mattsson, Herzog. Schiedsrichter: Horstmann (Nordstemmen); Zuschauer: 15 000; Tore: 0:1 Mattsson (1.), 0:2 Mattsson (17.), 1:2 Lippens (38.), 2:2 Hrubesch (48.).

VfL Bochum
Bayer Uerdingen **3:0**

BOCHUM: Scholz, Gerland, Tenhagen, Fromm, Eggert, Köper, Balte, Eggeling, Lameck, Pochstein, Ellbracht. UERDINGEN: Kroke, Prehn, Brinkmann, Hahn, Raschid, Funkel, Wloka, Köstner, Hansel, Lübeke (46. Riege), Lurz (79. Willi). Schiedsrichter: G. Meuser (Ingelheim); Zuschauer: 11 000; Tore: 1:0 Ellbracht (13.), 2:0 Ellbracht (23.), 3:0 Lameck (61.).

Hannover 96
1. FC Köln **3:3**

HANNOVER: Dittel, Meyer, Anders, Damjanoff, Blumenthal, Holz, Stiller, Weber, Hayduck, Wunder, Stegmayer. KÖLN: Schumacher, Konopka, Cullmann, Weber, Hein, Simmet, Neumann, Flohe, Müller, Löhr, Wendt. Schiedsrichter: Dreher (Darmstadt); Zuschauer: 24 600; Tore: 1:0 Anders (19.), 1:1 Konopka (62., Foulelfmeter), 2:1 Damjanoff (70.), 2:2 Weber (73.), 2:3 Löhr (79.), 3:3 Damjanoff (87.).

MSV Duisburg
Schalke 04 **1:3**

DUISBURG: Linders, Bella, Pirsig, Dietz, W. Schneider, Bregmann, Bükker, Jara, Seliger, Worm, Büssers (60. Thies). SCHALKE: Nigbur, Sobieray, Bruns, Fichtel, Thiele, Oblak, Bongartz, Lütkebohmert, Abramczik, Fischer, Dubski. Schiedsrichter: Ohmsen (Hamburg); Zuschauer: 31 000; Tore: 1:0 Büssers (6.), 1:1 Fischer (34.), 1:2 Fischer (60.), 1:3 Bongartz (81.).

Eintracht Frankfurt
Werder Bremen **2:0**

FRANKFURT: Wienhold, Müller, Neuberger, Körbel, Weidle, Kraus, Beverungen, Grabowski, Hölzenbein, Wenzel, Nickel. BREMEN: Burdenski, Höttges, Roentved, Assauer, Kamp, Röber, Hiller, Müllner (74. Dietrich), Bracht, Ohling, Görts. Schiedsrichter: Kindervater (Köln); Zuschauer: 10 000; Tore: 1:0 Müllner (58., Eigentor), 2:0 Kraus (71.).

Nach dem 19. Spieltag

	Punkte	Tore
1. Mönchengladbach	29:9	40:15
2. Hamburger SV	24:14	32:15
3. Braunschweig	22:16	29:23
4. 1. FC Kaiserslautern	22:16	36:34
5. 1. FC Köln	21:17	31:28
6. Hertha BSC Berlin	20:18	39:29
7. FC Schalke 04	20:18	38:29
8. Bayern München	20:18	36:30
9. Rot-Weiß Essen	20:18	37:37
10. MSV Duisburg	20:18	36:37
11. Eintracht Frankfurt	18:20	37:29
12. VfL Bochum	17:21	25:32
13. Fortuna Düsseldorf	17:21	22:29
14. Werder Bremen	16:22	30:38
15. Karlsruher SC	15:23	22:30
16. Bayer Uerdingen	15:23	18:34
17. Hannover 96	14:24	27:38
18. Kickers Offenbach	12:26	20:48

Der Mann des Tages

„Ein Mann für Helmut Schön!" freute sich Max Merkel. Tatsächlich lieferte **Hannes Bongartz** beim 3:1 in Duisburg eine Superpartie. Seinen „770 000-Mark-Komplex" (so viel kostete er die Schalker) hat er offensichtlich überwunden. Hannes glaubte bis dahin, für das viele Geld nicht genug zu leisten.

20. Spieltag   7. Februar

Schalke 04
Rot-Weiß Essen   **5:1**

SCHALKE: Nigbur, Sobieray, Fichtel, Bruns, H. Kremers (73. Thiele), Lütkebohmert, Bongartz, Oblak, Dubski, Fischer, E. Kremers (76. Abramczik). ESSEN: Blasey, Neues, Wieczorkowski, Wörmer (57. Dörre), Huhse, Strauch, Lorant, Burgsmüller, Bast, Hrubesch, Lindner (68. Finnern). Schiedsrichter: Gabor (Berlin); Zuschauer: 30 000; Tore: 1:0 Fichtel (3., Foulelfmeter), 1:1 Bruns (11., Eigentor), 2:1 H. Kremers (48.), 3:1 Oblak (50.), 4:1 Fischer (52.), 5:1 Fischer (57.).

Karlsruher SC
Hertha BSC Berlin   **3:0**

KARLSRUHE: Wimmer, Bredenfeld, Ulrich, Schäffner, Kalb, Struth, Schäfer, Trenkel, Berger, Flindt, Kübler. BERLIN: Wolter (12. Zander), Sziedat, Hermandung, Brück, Weiner, Sidka, Rasmussen, Beer, Kostedde (69. Szymanek), Grau. Schiedsrichter: Hennig (Duisburg); Zuschauer: 32 000; Tore: 1:0 Flindt (18.), 2:0 Schäfer (66.), 3:0 Flindt (90.).

Hannover 96
1. FC Kaiserslautern   **2:0**

HANNOVER: Dittel, Blumenthal, Anders, Damjanoff, Meyer, Holz, Stiller, Weber (75. Kaemmer), Hayduck, Wunder, Stegmayer. KAISERSLAUTERN: Hellström, Kroth, E. Diehl, Melzer, Frosch, Scheer (82. Schwarz), Meier, Wilhelmi, Riedl, Toppmöller, Sandberg. Schiedsrichter: Wichmann (Gelsenkirchen); Zuschauer: 17 000; Tore: 1:0 Wunder (36.), 2:0 Holz (86., Foulelfmeter).

Borussia Mönchengladbach
Hamburger SV   **1:1**

MÖNCHENGLADBACH: Kleff, Vogts, Klinkhammer, Wittkamp, Bonhof, Danner, Wimmer, Stielike, Simmonsen, Jensen, Heynckes. HAMBURG: Kargus, Ripp, Nogly, Blankenburg, Hidien, Björnmose, Eigl, Zaczyk, Bertl, Memering, Volkert. Schiedsrichter: Quindeau (Ludwigshafen); Zuschauer: 30 000; Tore: 1:0 Heynckes (21.), 1:1 Eigl (26.).

Fortuna Düsseldorf
VfL Bochum   **3:1**

DÜSSELDORF: Woyke, Baltes, Zimmermann, Kriegler, Hesse, Zewe, Brei, Seel, Geye, Mattsson (19. Köhnen), Herzog. BOCHUM: Scholz, Eg-

gert, Tenhagen, Fromm, Lameck, Miss, Köper, Eggeling, Gerland (46. Franke), Pochstein, Ellbracht (58. Kursinski). Schiedsrichter: Meßmer (Mannheim); Zuschauer: 13 000; Tore: 1:0 Mattsson (11.), 2:0 Mattsson (18.), 3:0 Zimmermann (46.), 3:1 Miss (60.).

1. FC Köln
Eintracht Braunschweig   **1:1**

KÖLN: Schumacher, Konopka, Cullmann, Weber, Hein, Simmet, Neumann, Flohe (46. Wendt), Glowacz, Müller, Löhr. BRAUNSCHWEIG: Franke, Grzyb, Haebermann, Hollmann, Merkhoffer, Ristic, Handschuh, Erler, Gersdorff, Konschal, Frank. Schiedsrichter: Frickel (München); Zuschauer: 24 000; Tore: 0:1 Frank (22.), 1:1 Löhr (53.).

Werder Bremen
Bayern München   **0:0**

BREMEN: Burdenski, Höttges, Assauer, Roentved, Kontny, Hiller, Röber, Kamp, Dietrich, Görts, Bracht. MÜNCHEN: Maier, Hansen, Schwarzenbeck, Beckenbauer, Dürnberger, Roth, Kapellmann, Rummenigge, Zobel, Müller, Hoeneß. Schiedsrichter: Waltert (Paderborn); Zuschauer: 25 000.

Kickers Offenbach
MSV Duisburg   **2:1**

OFFENBACH: Helmschrot, Ritschel, Rausch, Theis, Rohr, Bitz, Blechschmidt, Hickersberger (60. Bihn), Janzon, Bastrup, Held. DUISBURG: Linders, W. Schneider, Bella, Pirsig, Dietz, Bregmann, Jara, Bücker, Büssers, Seliger, Worm (72. Thies). Schiedsrichter: Picker (Hamburg); Zuschauer: 9 000; Tore: 1:0 Ritschel (77., Foulelfmeter), 1:1 Dietz (80.), 2:1 Theis (84.).

Bayer Uerdingen
Eintracht Frankfurt   **0:5**

UERDINGEN: Kroke, Prehn (46. Lenzke), Brinkmann, Hahn, Stieber, Riege, Wloka, Köstner, Funkel, Raschid (65. Willi), Lübeke. FRANKFURT: Wienhold, Neuberger, Körbel, Trinklein, Reichel, Nickel, Müller, Grabowski (76. Kraus), Weidle, Wenzel, Hölzenbein. Schiedsrichter: Horstmann (Nordstemmen); Zuschauer: 10 000; Tore: 0:1 Reichel (34.), 0:2 Nickel (56. Foulelfmeter), 0:3 Nickel (83.), 0:4 Wenzel (86.), 0:5 Hölzenbein (89.).

Nach dem 20. Spieltag

	Punkte	Tore
1. Mönchengladbach	30:10	41:16
2. Hamburger SV	25:15	33:16
3. Braunschweig	23:17	30:24
4. FC Schalke 04	22:18	43:30
5. 1. FC Köln	22:18	32:29
6. 1. FC Kaiserslautern	22:18	36:36
7. Bayern München	21:19	36:30
8. Eintracht Frankfurt	20:20	42:29
9. Hertha BSC Berlin	20:20	39:32
10. MSV Duisburg	20:20	37:39
11. Rot-Weiß Essen	20:20	38:42
12. Fortuna Düsseldorf	19:21	25:30
13. Karlsruher SC	17:23	25:30
14. Werder Bremen	17:23	30:38
15. VfL Bochum	17:23	26:35
16. Hannover 96	16:24	29:38
17. Bayer Uerdingen	15:25	18:39
18. Kickers Offenbach	14:26	22:49

Der Mann des Tages

Branko Zebec erfüllte Braunschweig einen großen Wunsch: Den ersten Punktgewinn in Köln nach 12 Jahren Bundesliga. Trainer Zebec schafft das 1:1 mit seiner neuen Abseitsfalle. „Die stolperten ja förmlich hinein", schmunzelte Zebec. Der neueste Stand der Kölner Heimbilanz gegen Braunschweig: „Nur noch" 23:1 Punkte.

21. Spieltag 14. Februar

MSV Duisburg
Borussia Mönchengladbach **2:3**

DUISBURG: Heinze, W. Schneider, Pirsig, Dietz, Bella, Jara, Bregmann, Bücker, Seliger, Worm. Büssers. MÖNCHENGLADBACH: Kleff, Klinkhammer, Wittkamp, Bonhof, Vogts, Wimmer (74. Köppel), Stielike, Danner, Simmonsen, Jensen, Heynckes. Schiedsrichter: Scheffner (Nußloch); Zuschauer: 14 000; Tore: 0:1 Simmonsen (27.), 1:1 Dietz (35.), 2:1 Worm (42.), 2:2 Bonhof (71., Foulelfmeter), 2:3 Vogts (90.).

Bayern München
Bayer Uerdingen **2:0**

MÜNCHEN: Maier, Hansen, Beckenbauer, Schwarzenbeck, Dürnberger, Roth, Andersson, Kapellmann, Hoeneß, Müller, Rummenigge. UERDINGEN: Kroke, Stieber, Lenzke, Hahn, Brinkmann, Funkel, Willi (46. Hansel), Köstner, Lübeke, Wloka, Riege (80. Raschid). Schiedsrichter: Lutz (Bremen); Zuschauer: 7 000; Tore: 1:0 Müller (54., Foulelfmeter), 2:0 Rummenigge (85.).

Eintracht Frankfurt
Fortuna Düsseldorf **5:2**

FRANKFURT: Wienhold, Reichel, Neuberger, Körbel, Müller, Kraus, Beverungen, Grabowski, Hölzenbein, Wenzel, Nickel (89. Stradt). DÜSSELDORF: Büns, Baltes, Zimmermann, Kriegler (78. Degen), Hesse, Zewe, Brei, Seel, Geye, Mattsson, Herzog. Schiedsrichter: Biwersi (Bliesransbach); Zuschauer: 7 000; Tore: 0:1 Mattsson (3.), 1:1 Nickel (9.), 1:2 Mattsson (24.), 2:2 Neuberger (45.), 3:2 Beverungen (57.), 4:2 Nickel (80.), 5:2 Kraus (85.).

Hamburger SV
Hannover 96 **3:0** *

HAMBURG: Kargus, Ripp, Nogly, Blankenburg, Hidien, Björnmose, Zaczyk, Ettmayer, Memering, Reimann, Volkert. HANNOVER: Dittel, Meyer, Anders, Damjanoff, Blumenthal, Stiller, Holz, Weber, Hayduck, Wunder, Stegmayer. Schiedsrichter: Weyland (Oberhausen); Zuschauer: 22 000; Tore: 1:0 Nogly (49.), 2:0 Volkert (58.), 3:0 Volkert (82.).
*Am 17. Februar nachgeholt

Rot-Weiß Essen
Kickers Offenbach **2:2** *

ESSEN: Blasey, Neues, Wörmer (28. Strauch), Wieczorkowski, Huhse, Lorant, Fürhoff, Burgsmüller, Bast, Hrubesch, Lippens. OFFENBACH: Helmschrot, Ritschel, Theis, Rausch, Skala, Blechschmidt, Hickersberger, Bitz, Janzon, Bastrup, Held. Schiedsrichter: Roth (Salzgitter); Zuschauer: 10 000; Tore: 0:1 Bastrup (8.), 1:1 Lorant (70.), 1:2 Janzon (87.), 2:2 Lippens (88.).
*Am 17. Februar nachgeholt

1. FC Kaiserslautern
1. FC Köln **1:1** *

KAISERSLAUTERN: Hellström, Kroth, E. Diehl, Melzer, Frosch, Meier (82. Schwarz), Scheer (75. Wilhelmi), Riedl, Pirrung, Toppmöller, Sandberg. KÖLN: Schumacher, Konopka, Strack, Cullmann, Hein, Simmet, Glowacz, Neumann, Flohe, Müller, Löhr (79. Overath). Schiedsrichter: Klauser (Vaterstetten); Zuschauer: 25 000; Tore: 1:0 Toppmöller (29., Foulelfmeter), 1:1 Glowacz (73.).
*Am 9. März nachgeholt

Hertha BSC Berlin
Werder Bremen **0:0** *

BERLIN: Zander, Sziedat, Brück (68. Sidka), Hermandung, Diefenbach, Weiner, Rasmussen, Beer, Grau, Kostedde, Horr. BREMEN: Burdenski, Kamp, Roentved, Höttges, Kontny, Röber, Assauer, Müllner, Bracht, Ohling, Görts. Schiedsrichter: Fork (Unna); Zuschauer: 8 000.
*Am 23. März nachgeholt

VfL Bochum
Schalke 04 **1:4** *

BOCHUM: Scholz, Gerland, Miss (46. Pochstein), Fromm, Lameck, Köper, Eggert, Tenhagen, Eggeling, Balte, Ellbracht (46. Kaczor). SCHALKE: Nigbur, Dubski, Sobieray, Fichtel, Bruns (71. H. Kremers), Gede (67. Lütkebohmert), Oblak, Bongartz, Abramczik, Fischer, E. Kremers. Schiedsrichter: Walther (Würzburg); Zuschauer: 45 000; Tore: 0:1 E. Kremers (35.), 0:2 Bongartz (51.), 0:3 Lütkebohmert (71.), 0:4 Fischer (74.), 1:4 Pochstein (88.).
*Am 2. April nachgeholt

Eintracht Braunschweig
Karlsruher SC **2:0** *

BRAUNSCHWEIG: Franke, Grzyb, Haebermann, Hollmann, Merkhofer, Dremmler, Handschuh, Gersdorff, Konschal (46. Zembski), Frank, Popivoda. KARLSRUHE: Wimmer, Kalb, Schäffner, Bredenfeld, Ulrich, Struth, Schäfer, Trenkel, Kübler, Flindt, Vogel (75. Fuchs). Schiedsrichter: Kindervater (Köln); Zuschauer: 14 000; Tore: 1:0 Gersdorff (37.), 2:0 Frank (88.).
*Am 3. April nachgeholt

Nach dem 21. Spieltag

	Punkte	Tore
1. Mönchengladbach	32:10	44:18
2. Hamburger SV	25:15	33:16
3. Braunschweig	23:17	30:24
4. Bayern München	23:19	38:30
5. FC Schalke 04	22:18	43:30
6. 1. FC Köln	22:18	32:29
7. 1. FC Kaiserslautern	22:18	36:36
8. Eintracht Frankfurt	22:20	47:31
9. Hertha BSC Berlin	20:20	39:32
10. Rot-Weiß Essen	20:20	38:42
11. MSV Duisburg	20:22	39:42
12. Fortuna Düsseldorf	19:23	27:35
13. Karlsruher SC	17:23	25:30
14. Werder Bremen	17:23	30:38
15. VfL Bochum	17:23	26:35
16. Hannover 96	16:24	29:38
17. Bayer Uerdingen	15:27	18:41
18. Kickers Offenbach	14:26	22:49

Der Mann des Tages

Der neueste Hit: Ein Mann aus dem Norden! **Jan Mattsson** schoß in den letzten drei Spielen je zwei Treffer für Fortuna. Zuletzt beim 2:5 gegen Frankfurt. Wenn Mattsson so weiterbombt, rollt er noch die Bundesliga-Torjägerliste von hinten auf.

22. Spieltag 21. Februar

Fortuna Düsseldorf
Bayern München
1:1

DÜSSELDORF: Woyke, Baltes, Zimmermann, Kriegler, Hesse, Zewe, Seel, Brei, Geye, Mattsson, Herzog. MÜNCHEN: Maier, Hansen (62. Andersson), Schwarzenbeck, Beckenbauer, Horsmann, Roth, Dürnberger, Kapellmann, Hoeneß (81. Künkel), Rummenigge, Müller. Schiedsrichter: Picker (Hamburg); Zuschauer: 31 000; Tore: 1:0 Hesse (1.), 1:1 Beckenbauer (65.).

Borussia Mönchengladbach
Rot-Weiß Essen
1:2

MÖNCHENGLADBACH: Kleff, Vogts, Bonhof, Wittkamp, Klinkhammer, Danner (46. Köppel), Wimmer, Stielike, Simmonsen, Jensen, Heynckes. ESSEN: Blasey, Neues, Strauch, Wieczorkowski, Huhse, Bast, Dörre, Lorant, Burgsmüller, Hrubesch, Lippens. Schiedsrichter: Schmoock (Reichenau); Zuschauer: 15 000; Tore: 1:0 Wimmer (22.), 1:1 Hrubesch (30.), 1:2 Lorant (31.).

1. FC Köln
Karlsruher SC
1:3

KÖLN: Topalovic, Konopka, Cullmann, Strack, Hein, Simmet, Overath, Neumann, Glowacz (80. Wendt), Müller, Löhr. KARLSRUHE: Wimmer, Bredenfeld, Schäffner, Ulrich, Kalb, Struth, Schäfer, Trenkel, Berger (46. Krauth), Flindt (81. Radau), Kübler. Schiedsrichter: Redelfs (Hannover); Zuschauer: 13 000; Tore: 1:0 Müller (42.), 1:1 Flindt (65.), 1:2 Flindt (73.), 1:3 Kübler (77.).

Schalke 04
Eintracht Frankfurt
2:4

SCHALKE: Nigbur, Sobieray, Fichtel, Bruns (58. Thiele), H. Kremers, Lütkebohmert, Oblak, Bongartz, Dubski, Fischer, E. Kremers. FRANKFURT: Wienhold, Reichel, Neuberger, Körbel, Müller, Weidle (46. Kraus), Beverungen, Grabowski, Nickel, Hölzenbein, Wenzel. Schiedsrichter: Schröder (Lahnstein); Zuschauer: 25 000; Tore: 1:0 E. Kremers (18.), 2:0 Fischer (29.), 2:1 Hölzenbein (50.), 2:2 Wenzel (55.), 2:3 Wenzel (60.), 2:4 Hölzenbein (81.).

Bayer Uerdingen
Hertha BSC Berlin
1:1

UERDINGEN: Kroke, Stieber, Brinkmann, Hahn, Lenzke, Funkel, Riege (85. Raschid), Köstner, Wloka, Lübeke, Kottan (51. Mostert). BERLIN: Zander, Sziedat, Hermandung, Brück, Weiner (72. Walbeek), Szymanek, Sidka, Beer, Grau, Kostedde, Horr (52. Magnusson). Schiedsrichter: Linn (Altendiez); Zuschauer: 8000; Tore: 1:0 Brinkmann (68.), 1:1 Beer (77.).

1. FC Kaiserslautern
Hamburger SV
2:0

KAISERSLAUTERN: Hellström, Kroth, E. Diehl, Melzer, Frosch, Meier, Scheer, Riedl, Pirrung, Toppmöller, Sandberg (74. Wilhelmi). HAMBURG: Kargus, Ripp, Nogly, Blankenburg (46. Sperlich), Hidien, Björnmose, Zaczyk (74. Reimann), Bertl, Eigl, Memering, Volkert. Schiedsrichter: Hilker (Bochum); Zuschauer: 20 000; Tore: 1:0 Toppmöller (35.), 2:0 Pirrung (60.).

Hannover 96
MSV Duisburg
0:2

HANNOVER: Dittel, Stiller, Anders, Damjanoff, Blumenthal, Wesche, Kaemmer, Holz (73. Lüttges), Weber (46. Hayduck), Wunder, Stegmayer. DUISBURG: Heinze, W. Schneider, Dietz, Pirsig, Bella, Bregmann, Bükker, Jara, Büssers (67. Thies), Seliger, Worm. Schiedsrichter: Riegg (Augsburg); Zuschauer: 16 000; Tore: 0:1 Bücker (36.), 0:2 Bella (56.).

Werder Bremen
Eintracht Braunschweig
0:1

BREMEN: Burdenski, Höttges, Assauer, Roentved, Kamp, Röber, Hiller, Dietrich, Bracht, Weist (46. Müllner), Görts. BRAUNSCHWEIG: Franke, Grzyb, Hollmann, Haebermann, Merkhoffer, Dremmler, Handschuh, Gersdorff, Erler, Konschal, Frank. Schiedsrichter: Hennig (Duisburg); Zuschauer: 18 000; Tor: 0:1 Frank (78.).

Kickers Offenbach
VfL Bochum
1:0

OFFENBACH: Helmschrot, Ritschel, Rausch, Theis, Skala, Bitz, Hikkersberger, Blechschmidt, Janzon, Bastrup, Held. BOCHUM: Scholz, Eggert, Fromm (46. Gerland), Franke, Lameck, Tenhagen, Köper, Miss, Eggeling, Kursinski (56. Balte), Pochstein. Schiedsrichter: Zuchantke (Berlin); Zuschauer: 13 000; Tor: 1:0 Janzon (10.).

Nach dem 22. Spieltag

	Punkte	Tore
1. Mönchengladbach	32:12	45:20
2. Hamburger SV	27:17	36:18
3. Braunschweig	25:17	31:24
4. 1. FC Kaiserslautern	24:18	38:36
5. Eintracht Frankfurt	24:20	51:33
6. Bayern München	24:20	39:31
7. Rot-Weiß Essen	23:21	42:45
8. FC Schalke 04	22:20	45:34
9. 1. FC Köln	22:20	33:32
10. MSV Duisburg	22:22	41:42
11. Hertha BSC Berlin	21:21	40:33
12. Fortuna Düsseldorf	20:24	28:36
13. Karlsruher SC	19:23	28:31
14. Werder Bremen	17:25	30:39
15. VfL Bochum	17:25	26:36
16. Kickers Offenbach	17:27	25:51
17. Hannover 96	16:28	29:43
18. Bayer Uerdingen	16:28	19:42

Der Mann des Tages

Berti Vogts schlägt Alarm! Das Gladbacher 1:2 gegen RW Essen (1. Heimniederlage nach 22 Heimspielen) hat ihn in Panik versetzt. „Nichts läuft mehr, eine Katastrophe!" schimpft er. „Wir denken nur noch an unser Cup-Spiel gegen Real, von deutschen Clubs spricht keiner mehr." Berti will das Steuer herumreißen.

23. Spieltag   6. März

Hamburger SV
1. FC Köln   2:1

HAMBURG: Kargus, Ripp, Nogly, Blankenburg (80. Björnmose), Hidien, Bertl, Ettmayer, Sperlich (46. Kaltz), Reimann, Volkert. KÖLN: Schumacher, Konopka, Strack, Cullmann, Hein, Simmet, Neumann, Flohe, G. Weber (78. Glowacz), Müller (75. Wendt), Löhr. Schiedsrichter: Biwersi (Bliesransbach); Zuschauer: 20 000; Tore: 0:1 Löhr (32.), 1:1 Ettmayer (55.), 2:1 Reimann (77.).

Bayern München
Schalke 04   3:2

MÜNCHEN: Maier, Horsmann, Schwarzenbeck, Beckenbauer, Andersson, Dürnberger, Zobel, ·Hoeneß, Rummenigge, Müller, Kapellmann. SCHALKE: Nigbur, Sobieray, Fichtel, Dubski, H. Kremers (46. Gede), Thiele, Lütkebohmert, Oblak, Bongartz, Fischer, E. Kremers (56. Abramczik). Schiedsrichter: Redelfs (Hannover); Zuschauer: 25 000; Tore: 1:0 Kapellmann (26.), 2:0 Dürnberger (37.), 3:0 Müller (40., Foulelfmeter), 3:1 Gede (50.), 3:2 Sobieray (62.).

Eintracht Braunschweig
Bayer Uerdingen   1:0

BRAUNSCHWEIG: Franke, Grzyb, Hollmann, Haebermann, Merkhoffer, Dremmler, Handschuh, Erler, Gersdorff, Konschal, Frank. UERDINGEN: Kroke, Lenzke, Hahn, Brinkmann, Stieber, Riege (79. Figura), Wloka, Köstner (51. Lurz), Funkel, Mostert, Raschid. Schiedsrichter: Walther (Würzburg); Zuschauer: 12 000; Tor: 1:0 Gersdorff (9., Foulelfmeter).

VfL Bochum
Borussia Mönchengladbach   2:0

BOCHUM: Scholz, Gerland, Miss, Franke, Lameck, Köper, Balte, Tenhagen, Eggeling, Pochstein, Kaczor. MÖNCHENGLADBACH: Kleff, Bonhof, Vogts, Wittkamp, Klinkhammer (46. Surau), Wimmer, Stielike (67. Kulik), Danner, Simmonsen, Jensen, Heynckes. Schiedsrichter: Frickel (München); Zuschauer: 25 000; Tore: 1:0 Köper (48.), 2:0 Kaczor (87.).

Eintracht Frankfurt
Kickers Offenbach   1:0

FRANKFURT: Wienhold, Reichel, Neuberger, Körbel, Müller, Weidle (62. Beverungen), Kraus, Grabowski, Nickel, Hölzenbein, Wenzel. OF-FENBACH: Helmschrot, Ritschel, Rausch, Theis, Skala, Bitz, Hickersberger, Held, Blechschmidt (78. Berg), Bastrup (62. Bihn), Janzon. Schiedsrichter: Weyland (Oberhausen); Zuschauer: 45 000; Tor: 1:0 Beverungen (70.).

MSV Duisburg
1. FC Kaiserslautern   1:2

DUISBURG: Heinze, W. Schneider, Dietz, Pirsig, Bella, Bregmann, Jara (74. Bruckmann), Bücker, Seliger, Worm, Büssers (74. Thies). KAISERSLAUTERN: Hellström, Frosch, E. Diehl, Melzer, Kroth, Meier, Scheer, Riedl, Pirrung (70. Wilhelmi), Toppmöller, Sandberg. Schiedsrichter: Meßmer (Mannheim); Zuschauer: 13 500; Tore: 1:0 Bücker (16.), 1:1 Sandberg (30.), 1:2 Sandberg (71.).

Hertha BSC Berlin
Fortuna Düsseldorf   2:2

BERLIN: Zander, Sziedat, Brück, Hermandung, Weiner, Rasmussen, Sidka, Beer, Grau, Kostedde, Horr. DÜSSELDORF: Woyke, Baltes, Kriegler (64. Köhnen), Zimmermann, Hesse, Zewe, Brei, Seel, Geye, Mattsson, Herzog. Schiedsrichter: Lutz (Bremen); Zuschauer: 8500; Tore: 1:0 Brück (18.), 2:0 Kostedde (47.), 2:1 Seel (49.), 2:2 Köhnen (83.).

Karlsruher SC
Werder Bremen   2:0

KARLSRUHE: Wimmer, Bredenfeld, Ulrich, Schäffner, Kalb, Struth, Schäfer, Trenkel, Berger, Flindt, Kübler (46. Krauth). BREMEN: Burdenski, Kamp, Höttges, Assauer, Kontny, Röber, Hiller, Roentved, Aslund (46. Ohling), Bracht, Görts. Schiedsrichter: Engel (Reimsbach); Zuschauer: 30 000; Tore: 1:0 Struth (58., Foulelfmeter im Nachschuß), 2:0 Flindt (70., Foulelfmeter).

Rot-Weiß Essen
Hannover 96   1:0

ESSEN: Blasey, Strauch, Wörmer, Wieczorkowski, Huhse, Dörre, Lorant, Burgsmüller, Bast, Hrubesch, Lippens. HANNOVER: Dittel, Stiller, Anders, Damjanoff, Blumenthal, Kaemmer, Wesche, Weber, Hayduck (46. Kulik), Wunder, Stegmayer. Schiedsrichter: Dreher (Darmstadt); Zuschauer: 12 000; Tor: 1:0 Hrubesch (24.).

Nach dem 23. Spieltag

	Punkte	Tore
1. Mönchengladbach	32:14	45:22
2. Hamburger SV	29:17	38:19
3. Braunschweig	27:17	32:24
4. 1. FC Kaiserslautern	26:18	40:37
5. Eintracht Frankfurt	26:20	52:33
6. Bayern München	26:20	42:33
7. Rot-Weiß Essen	25:21	43:45
8. FC Schalke 04	22:22	47:37
9. Hertha BSC Berlin	22:22	42:35
10. 1. FC Köln	22:22	34:34
11. MSV Duisburg	22:24	42:44
12. Karlsruher SC	21:23	30:31
13. Fortuna Düsseldorf	21:25	30:38
14. VfL Bochum	19:25	28:36
15. Werder Bremen	17:27	30:41
16. Kickers Offenbach	17:29	25:52
17. Hannover 96	16:30	29:44
18. Bayer Uerdingen	16:30	19:43

Der Mann des Tages

Klaus Beverungen im Mittelpunkt des Frankfurter Jubels. In der 70. Minute schießt er vor 45 000 Zuschauern im Waldstadion das 1:0 gegen Offenbach. Es ist der erste Eintracht-Sieg im Derby nach fünf Jahren. Noch nie stand der Ex-Schalker bei den Hessen so hoch im Kurs.

24. Spieltag   12./13. März

Hannover 96
VfL Bochum   **4:1**

HANNOVER: Dittel (33. Pauly), Stiller, Anders, Damjanoff, Blumenthal, Kaemmer, Lüttges, Weber (68. Wesche), Kulik, Wunder, Stegmayer. BOCHUM: Scholz, Eggert, Miss (46. Fromm), Franke, Lameck, Köper, Tenhagen (52. Euteneuer), Eggeling, Pochstein, Gerland, Balte. Schiedsrichter: Schmoock (Reichenau); Zuschauer: 12 500; Tore: 1:0 Anders (42.), 2:0 Kaemmer (44., Foulelfmeter), 2:1 Anders (68., Eigentor), 3:1 Kaemmer (70.), 4:1 Lüttges (83.).

Fortuna Düsseldorf
Eintracht Braunschweig   **3:3**

DÜSSELDORF: Woyke, Baltes, Zimmermann, Zewe, Hesse, Köhnen (65. Allofs), Brei, Seel, Geye, Mattsson, Herzog. BRAUNSCHWEIG: Franke, Grzyb, Hollmann, Haebermann, Merkhoffer, Zembski, Handschuh, Dremmler, Gersdorff, Popivoda, Frank. Schiedsrichter: Gabor (Berlin); Zuschauer: 15 000; Tore: 0:1 Gersdorff (12., Foulelfmeter), 1:1 Brei (29., Foulelfmeter), 1:2 Frank (36.), 1:3 Popivoda (74.), 2:3 Hollmann (78., Eigentor), 3:3 Herzog (88.).

Schalke 04
Hertha BSC Berlin   **2:2**

SCHALKE: Nigbur, Sobieray, Bruns, Fichtel, Thiele, Lütkebohmert, Dubski (34. Gede), Bongartz, Abramczik, Fischer, E. Kremers. BERLIN: Zander, Sziedat, Brück, Hermandung, Diefenbach, Sidka, Beer, Szymanek, Kostedde, Grau. Schiedsrichter: Quindeau (Ludwigshafen); Zuschauer: 20 000; Tore: 1:0 Gede (44.), 2:0 Fischer (52.), 2:1 Grau (57.), 2:2 Beer (68.).

Borussia Mönchengladbach
Eintracht Frankfurt   **4:2**

MÖNCHENGLADBACH: Kleff, Vogts, Schäffer (46. Klinkhammer), Wittkamp, Bonhof, Danner, Wimmer, Stielike, Simonsen (63. Hannes), Jensen, Heynckes. FRANKFURT: Wienhold (14. Dr. Kunter), Müller, Körbel, Neuberger, Reichel, Nickel, Beverungen, Weidle, Grabowski, Wenzel, Hölzenbein. Schiedsrichter: Ohmsen (Hamburg); Zuschauer: 23 000; Tore: 0:1 Neuberger (30.), 1:1 Wittkamp (35.), 2:1 Simonsen (43.), 2:2 Grabowski (55.), 3:2 Heynckes (64.), 4:2 Hannes (66.).

Hamburger SV
MSV Duisburg   **3:0**

HAMBURG: Kargus, Ripp, Nogly, Kaltz, Hidien, Björnmose, Zaczyk (81. Bertl), Ettmayer, Sperlich, Reimann, Memering. DUISBURG: Heinze, W.

Schneider, Bella, Pirsig, Dietz, Bruckmann, Jara, Bücker, Thies, Worm, Büssers. Schiedsrichter: Klauser (Vaterstetten); Zuschauer: 21 000; Tore: 1:0 Björnmose (13.), 2:0 Memering (74.), 3:0 Reimann (90.).

1. FC Köln
Werder Bremen   **1:1**

KÖLN: Schumacher, Glowacz, Cullmann (36. Gerber), W. Weber, Strack, Simmet, Neumann (48. G. Weber), Flohe, Overath, Müller, Löhr. BREMEN: Burdenski, Kamp, Roentved, Höttges, Kontny, Röber, Müllner, Hiller, Bracht, Görts, Ohling. Schiedsrichter: G. Meuser (Ingelheim); Zuschauer: 12 000; Tore: 1:0 Müller (85.), 1:1 Ohling (90.).

Bayer Uerdingen
Karlsruher SC   **1:1**

UERDINGEN: Kroke, Stieber, Brinkmann, Hahn, Lenzke (60. Raschid), Funkel, Riege (80. Lurz), Köstner, Wloka, Mostert, Kottan. KARLSRUHE: Wimmer, Bredenfeld, Ulrich, Schäffner, Kalb, Struth, Schäfer, Trenkel, Berger, Flindt, Kübler. Schiedsrichter: V. Roth (Salzgitter); Zuschauer: 9000; Tore: 1:0 Mostert (10.), 1:1 Struth (43.).

1. FC Kaiserslautern
Rot-Weiß Essen   **5:0**

KAISERSLAUTERN: Hellström, Kroth, E. Diehl, Melzer, Frosch, Meier, Scheer (34. Wilhelmi), Riedl, Pirrung (62. Stickel), Toppmöller, Sandberg. ESSEN: Blasey, Strauch, Wieczorkowski, Wörmer, Huhse (80. Erlhoff), Dörre, Finnern, Burgsmüller, Lindner, Hrubesch, Lippens. Schiedsrichter: Aldinger (Waiblingen); Zuschauer: 13 000; Tore: 1:0 Sandberg (5.), 2:0 Toppmöller (16.), 3:0 Toppmöller (33.), 4:0 Frosch (55.), 5:0 Toppmöller (59.).

Kickers Offenbach
Bayern München   **2:2**

OFFENBACH: Helmschrot, Ritschel, Skala, Rausch, Theis, Bitz, Blechschmidt (46. Bihn), Hickersberger, Janzon, Bastrup, Held. MÜNCHEN: Maier, Hansen, Schwarzenbeck, Beckenbauer, Horsmann, Roth, Dürnberger, Zobel, Kapellmann, Müller, Hoeneß. Schiedsrichter: Wichmann (Gelsenkirchen); Zuschauer: 26 000; Tore: 0:1 Müller (8.), 1:1 Rausch (29.), 1:2 Roth (47.), 2:2 Held (72.).

Nach dem 24. Spieltag

	Punkte	Tore
1. Mönchengladbach	34:14	49:24
2. Hamburger SV	31:17	41:19
3. 1. FC Kaiserslautern	29:19	46:38
4. Braunschweig	28:18	35:27
5. Bayern München	27:21	44:35
6. Eintracht Frankfurt	26:22	54:37
7. Rot-Weiß Essen	25:23	43:50
8. 1. FC Köln	24:24	36:36
9. FC Schalke 04	23:23	49:39
10. Hertha BSC Berlin	23:23	44:37
11. Karlsruher SC	22:24	31:32
12. MSV Duisburg	22:26	42:47
13. Fortuna Düsseldorf	22:26	33:41
14. VfL Bochum	19:27	29:40
15. Werder Bremen	18:28	31:42
16. Hannover 96	18:30	33:45
17. Kickers Offenbach	18:30	27:54
18. Bayer Uerdingen	17:31	20:44

Der Mann des Tages

Ein „Ritter ohne Furcht und Tadel", dieser **Horst-Dieter Höttges**. Bei einem schweren Zusammenstoß (25.) mit dem Kölner Cullmann zieht er sich schwere Knieverletzungen zu. Mit Spezialverbänden humpelt er aufs Feld zurück und hält mit letzter Energie durch. Sein Lohn und Trost: Werders 1:1 in Köln.

25. Spieltag 20. März

Eintracht Braunschweig
Schalke 04   4:1

BRAUNSCHWEIG: Franke, Grzyb, Haebermann, Hollmann, Merkhoffer, Zembski, Handschuh, Dremmler, Popivoda, Frank, Erler (46. Konschal). SCHALKE: Nigbur, Sobieray, Fichtel, van den Berg (55. Schonhoff), Bruns, Gede, Dubski, Bittcher (82. Schütte), Abramczik, Fischer, E. Kremers. Schiedsrichter: Walz (Waiblingen); Zuschauer: 20 000; Tore: 0:1 Abramczik (38.), 1:1 Frank (41.), 2:1 Frank (57.), 3:1 Frank (77.), 4:1 Sobieray (89., Eigentor).

Rot-Weiß Essen
Hamburger SV   1:1

ESSEN: Blasey, Strauch, Wieczorkowski, Wörmer, Huhse, Dörre, Bast (82. Finnern), Burgsmüller, Lindner, Hrubesch, Lippens. HAMBURG: Kargus, Kaltz, Blankenburg, Nogly, Hidien, Björnmose, Zaczyk, Ettmayer, Memering, Reimann, Volkert. Schiedsrichter: Meßmer (Mannheim); Zuschauer: 17 000; Tore: 1:0 Hrubesch (15.), 1:1 Nogly (61.).

Hertha BSC Berlin
Kickers Offenbach   1:0

BERLIN: Zander, Sziedat, Brück, Hermandung, Diefenbach, Weiner, Sidka, Beer, Szymanek, Kostedde, Horr. OFFENBACH: Helmschrot, Ritschel, Rausch, Theis, Skala, Bleckschmidt, Bitz, Hickersberger (77. Enders), Janzon, Bastrup (46. Bihn), Held. Schiedsrichter: Hennig (Duisburg); Zuschauer: 10 000; Tor: 1:0 Beer (81.).

Bayern München
Borussia Mönchengladbach   4:0

MÜNCHEN: Maier, Hansen, Beckenbauer, Schwarzenbeck, Horsmann, Roth, Dürnberger, Kapellmann, Rummenigge, Müller, Hoeneß. MÖNCHENGLADBACH: Kleff, Klinkhammer, Wittkamp, Vogts, Bonhof, Danner, Wimmer, Stielike, Simonsen, Jensen, Heynckes. Schiedsrichter: Horstmann (Nordstemmen); Zuschauer: 75 000; Tore: 1:0 Schwarzenbeck (7.), 2:0 Hoeneß (10.), 3:0 Hoeneß (59.), 4:0 Müller (64., Foulelfmeter).

MSV Duisburg
1. FC Köln   0:4

DUISBURG: Heinze, W. Schneider, Pirsig, Dietz, Bruckmann (56. Jara), L. Schneider, Bregmann, Bücker, Bella, Seliger, Worm. KÖLN: Schuma-cher, Konopka, Strack (27. Neumann), Weber, Hein, Flohe, Simmet, Overath, Glowacz, Müller, Löhr (74. Wendt). Schiedsrichter: Engel (Reimsbach); Zuschauer: 11 000; Tore: 0:1 Müller (29.), 0:2 Löhr (48.), 0:3 Müller (58.), 0:4 Müller (72.).

Karlsruher SC
Fortuna Düsseldorf   1:0

KARLSRUHE: Wimmer, Bredenfeld, Schäffner, Ulrich, Kalb, Struth, Trenkel, Schäfer, Berger (66. Vogel), Flindt, Kübler. DÜSSELDORF: Woyke, Baltes, Zewe, Zimmermann, Hesse, Köhnen (73. Czernotzky), Brei, Seel, Geye, Mattsson (66. Allofs), Herzog. Schiedsrichter: Linn (Altendiez); Zuschauer: 30 000; Tor: 1:0 Trenkel (4.).

VfL Bochum
1. FC Kaiserslautern   2:0

BOCHUM: Scholz, Gerland, Franke, Fromm, Lameck, Eggert, Tenhagen (46. Ellbracht), Balte, Köper, Pochstein, Eggeling (75. Miss). KAISERSLAUTERN: Hellström, Frosch, Melzer, E. Diehl, Kroth, Meier (60. Wilhelmi), Stickel, Riedl, Pirrung (60. Schwarz), Toppmöller, Sandberg. Schiedsrichter: Roth (Salzgitter); Zuschauer: 18 000; Tore: 1:0 Eggert (11.), 2:0 Lameck (62.).

Eintracht Frankfurt
Hannover 96   5:1

FRANKFURT: Dr. Kunter (64. Friedl), Reichel, Neuberger, Simons, Müller (53. Beverungen), Körbel, Kraus, Grabowski, Hölzenbein, Wenzel, Nickel. HANNOVER: Pauly, Stiller, Damjanoff, Anders, Wesche, Kaemmer, Lüttges (72. Hayduck), Weber, Kulik, Wunder, Stegmayer. Schiedsrichter: Ahlenfelder (Oberhausen); Zuschauer: 10 000; Tore: 1:0 Hölzenbein (30.), 2:0 Körbel (35.), 3:0 Kraus (45.), 4:0 Kraus (48.), 5:0 Nickel (73.), 5:1 Stegmayer (89.).

Werder Bremen
Bayer Uerdingen   3:0

BREMEN: Burdenski, Kontny, Roentved, Höttges, Kamp, Röber, Assauer, Müllner, Bracht, Ohling, Görts. UERDINGEN: Kroke, Riege, Hahn, Brinkmann, Prehn, Funkel (74. Figura), Köstner, Wloka, Kottan (53. Raschid), Mostert, Lübeke. Schiedsrichter: Dreher (Darmstadt); Zuschauer: 13 000; Tore: 1:0 Görts (47.), 2:0 Röber (61.), 3:0 Ohling (77.).

Nach dem 25. Spieltag

	Punkte	Tore
1. Mönchengladbach	34:16	49:28
2. Hamburger SV	32:18	42:20
3. Braunschweig	30:18	39:28
4. Bayern München	29:21	48:35
5. 1. FC Kaiserslautern	29:21	46:40
6. Eintracht Frankfurt	28:22	59:38
7. 1. FC Köln	26:24	40:36
8. Rot-Weiß Essen	26:24	44:51
9. Hertha BSC Berlin	25:23	45:37
10. Karlsruher SC	24:24	32:32
11. FC Schalke 04	23:25	50:43
12. MSV Duisburg	22:28	42:51
13. Fortuna Düsseldorf	22:28	33:42
14. VfL Bochum	21:27	31:40
15. Werder Bremen	20:28	34:42
16. Hannover 96	18:32	34:50
17. Kickers Offenbach	18:32	27:55
18. Bayer Uerdingen	17:33	20:47

Der Mann des Tages

Traumflanken, zwei Tore und die Gewißheit: **Uli Hoeneß** ist wieder da! Der Münchner feiert beim 4:0 gegen Gladbach sieben Monate nach seiner Knieoperation ein Comeback, wie es strahlender nicht hätte sein können. Hoeneß: „Vielleicht das beste Spiel meiner Laufbahn. So sahen es wenigstens meine Kameraden!"

26. Spieltag   26./27. März

**Hamburger SV
VfL Bochum**   **5:3**

HAMBURG: Kargus, Ripp, Kaltz, Nogly, Hidien, Björnmose, Zaczyk, Ettmayer, Sperlich (84. Eigl), Bertl, Memering. BOCHUM: Scholz, Gerland, Franke (46. Tenhagen), Fromm, Lameck, Köper, Eggert, Miss, Pochstein (31. Balte), Eggeling, Ellbracht. Schiedsrichter: Haselberger (Reutlingen); Zuschauer: 18 000; Tore: 0:1 Eggert (33.), 1:1 Memering (68.), 2:1 Sperlich (73.), 3:1 Zaczyk (75.), 4:1 Björnmose (77.), 4:2 Balte (78.), 4:3 Lameck (81., Foulelfmeter im Nachschuß), 5:3 Nogly (90.).

**Kickers Offenbach
Eintracht Braunschweig**   **4:2**

OFFENBACH: Helmschrot, Rausch, Theis, Skala, Bitz, Hickersberger (46. Bastrup), Blechschmidt, Janzon, Ritschel, Held, Bihn. BRAUNSCHWEIG: Franke, Grzyb, Haebermann, Hollmann, Merkhoffer, Zembski, Dremmler, Gersdorff, Handschuh, Popivoda, Frank. Schiedsrichter: Fork (Unna); Zuschauer: 12 000; Tore: 0:1 Gersdorff (11.), 1:1 Hickersberger (19.), 2:1 Ritschel (26., Foulelfmeter), 2:2 Popivoda (28.), 3:2 Held (62.), 4:2 Ritschel (65.).

**1. FC Kaiserslautern
Eintracht Frankfurt**   **3:1**

KAISERSLAUTERN: Hellström, Kroth, Melzer, E. Diehl, Frosch, Meier, Stickel (46. Wilhelmi), Riedl, Pirrung, Toppmöller, Sandberg. FRANKFURT: Dr. Kunter, Reichel, Neuberger, Körbel, Müller (65. Trinklein), Weidle, Kraus, Grabowski, Nickel, Hölzenbein, Wenzel. Schiedsrichter: Eschweiler (Euskirchen); Zuschauer: 28 000; Tore: 1:0 Toppmöller (5.), 2:0 Weidle (51., Eigentor), 3:0 Pirrung (73.), 3:1 Hölzenbein (86.).

**Borussia Mönchengladbach
Hertha BSC Berlin**   **1:1**

MÖNCHENGLADBACH: Kleff, Klinkhammer, Wittkamp, Vogts, Bonhof, Danner (60. Hannes), Wimmer, Stielike, Simmonsen, Jensen, Heynckes. BERLIN: Zander, Sziedat, Hermandung, Brück, Diefenbach, Beer, Rasmussen (76. Horr), Sidka, Weiner, Kostedde, Grau. Schiedsrichter: Schröder (Lahnstein); Zuschauer: 18 000; Tore: 0:1 Beer (30.), 1:1 Heynckes (90.).

**MSV Duisburg
Rot-Weiß Essen**   **4:0**

DUISBURG: Heinze, W. Schneider, Pirsig, Dietz, Bella, Bücker, L. Schneider, Bregmann, Seliger, Worm, Büssers. ESSEN: Blasey, Neues,

Wieczorkowski, Strauch, Huhse, Wörmer, Dörre (63. Finnern), Burgsmüller, Bast, Hrubesch, Lippens. Schiedsrichter: Riegg (Augsburg); Zuschauer: 8000; Tore: 1:0 L. Schneider (3.), 2:0 Büssers (67.), 3:0 Seliger (72.), 4:0 Bücker (79.).

**1. FC Köln
Bayer Uerdingen**   **4:0**

KÖLN: Schuhmacher, Glowacz, Weber, Konopka, Hein, Simmet (77. Gerber), Overath, Flohe, Neumann (46. Brücken), Müller, Löhr. UERDINGEN: Kroke, Riege, Hahn, Brinkmann, Stieber, Mostert, Funkel, Wloka, Lübeke, Hansel (82. Raschid), Figura. Schiedsrichter: Jensen (Schönkirchen); Zuschauer: 8000; Tore: 1:0 Flohe (34.), 2:0 Müller (56.), 3:0 Müller (59.), 4:0 Brücken (80.).

**Schalke 04
Karlsruher SC**   **6:2**

SCHALKE: Nigbur, Sobieray, Fichtel, van den Berg (52. Gede), Bruns, Dubski, Oblak, Bongartz (83. Bittcher), Abramczik, Fischer, E. Kremers. KARLSRUHE: Wimmer, Kalb, Schäffner, Ulrich, Bredenfeld, Struth, Schäfer, Trenkel, Berger, Flindt, Kübler. Schiedsrichter: Antz (Wahlen); Zuschauer: 12 000; Tore: 1:0 Fischer (18.), 2:0 Fischer (26.), 3:0 Fischer (37.), 3:1 Schäffner (39.), 4:1 Abramczik (61.), 5:1 E. Kremers (70.), 6:1 Fischer (79.), 6:2 Schäffner (81.).

**Hannover 96
Bayern München**   **2:2**

HANNOVER: Pauly, Meyer, Damjanoff, Anders, Blumenthal, Kaemmer, Lüttges, Wunder, Hayduck, Stegmayer, Kulik. MÜNCHEN: Maier, Hansen, Beckenbauer, Schwarzenbeck, Horsmann, Dürnberger, Roth, Zobel (46. Rummenigge), Kapellmann, Hoeneß, Müller. Schiedsrichter: Kindervater (Köln); Zuschauer: 48 500; Tore: 0:1 Kapellmann (16.), 1:1 Lüttges (45.), 2:1 Lüttges (47.), 2:2 Dürnberger (79.).

**Fortuna Düsseldorf
Werder Bremen**   **3:0**

DÜSSELDORF: Woyke, Hesse, Zewe, Kriegler, Baltes, Zimmermann (76. Czernotzky), Köhnen (65. Degen), Seel, Geye, Mattsson, Herzog. BREMEN: Burdenski, Kontny, Roentved, Assauer, Kamp, Röber, Hiller, Müllner (58. Aslund), Bracht, Ohling (70. Schlief), Görts. Schiedsrichter: Zuchantke (Berlin); Zuschauer: 10 000; Tore: 1:0 Mattsson (45.), 2:0 Geye (53.), 3:0 Geye (54.).

Nach dem 26. Spieltag

	Punkte	Tore
1. Mönchengladbach	35:17	50:29
2. Hamburger SV	34:18	47:23
3. 1. FC Kaiserslautern	31:21	49:41
4. Braunschweig	30:20	41:32
5. Bayern München	30:22	50:37
6. Eintracht Frankfurt	28:24	60:41
7. 1. FC Köln	28:24	44:36
8. Hertha BSC Berlin	27:25	46:38
9. Rot-Weiß Essen	26:26	44:55
10. FC Schalke 04	25:25	56:45
11. Karlsruher SC	24:26	43:38
12. MSV Duisburg	24:28	46:51
13. Fortuna Düsseldorf	24:28	36:42
14. VfL Bochum	21:29	34:45
15. Werder Bremen	21:31	34:45
16. Kickers Offenbach	20:32	31:57
17. Hannover 96	19:33	36:52
18. Bayer Uerdingen	17:35	20:51

Der Mann des Tages

Der Bomber des Tages heißt **Klaus Fischer**! Viermal trifft er beim 6:2 gegen Karlsruhe ins Schwarze. Dabei gelingt ihm in 19 Minuten ein echter Hattrick: Zweimal Kopf und einmal rechter Fuß. Mit 22 Toren führt Fischer jetzt die Torjäger-Rangliste an. Ein rechter Fischer-Tag.

27. Spieltag 10. April

Eintracht Braunschweig / Borussia Mönchengladbach **0:0**

BRAUNSCHWEIG: Franke, Grzyb (75. Erler), Haebermann, Hollmann, Merkhoffer, Zembski, Dremmler, Handschuh, Popivoda, Frank, Gersdorff. MÖNCHENGLADBACH: Kleff, Klinkhammer, Wittkamp, Bonhof, Vogts, Danner, Wimmer, Stielike, Simmonsen, Jensen, Heynckes (77. Hannes). Schiedsrichter: Biwersi (Bliesransbach); Zuschauer: 35 000.

Werder Bremen / Schalke 04 **1:1**

BREMEN: Burdenski, Kontny, Roentved, Höttges, Kamp, Röber, Assauer (74. Müllner), Bracht, Hiller, Ohling (82. Aslund), Görts. SCHALKE: Nigbur, Dubski, Fichtel, Sobieray, Bruns (46. Lütkebohmert), Gede (75. H. Kremers), Oblak, Bongartz, Abramczik, Fischer, E. Kremers. Schiedsrichter: Frickel (München); Zuschauer: 23 000; Tore: 1:0 Röber (4.), 1:1 Fichtel (83.).

Eintracht Frankfurt / Hamburger SV **1:0**

FRANKFURT: Dr. Kunter, Reichel, Neuberger, Simons (30. Körbel), Müller, Weidle, Kraus (32. Beverungen), Nickel, Hölzenbein, Grabowski, Wenzel. HAMBURG: Kargus, Kaltz, Blankenburg, Nogly, Hidien, Björnmose, Zaczyk (76. Bertl), Ettmayer (60. Eigl), Ripp, Sperlich, Reimann. Schiedsrichter: Hennig (Duisburg); Zuschauer: 36 000; Tor 1:0 Wenzel (57.).

Bayern München / 1. FC Kaiserslautern **3:4**

MÜNCHEN: Maier, Dürnberger, Beckenbauer, Schwarzenbeck, Horsmann, Roth, Zobel, Kapellmann, Hoeneß, Müller, Rummenigge. KAISERSLAUTERN: Hellström, Kroth, Melzer, Meier, Frosch, Schwarz, Riedl, E. Diehl, Sandberg, Toppmöller, Wilhelmi (66. Briegel). Schiedsrichter: Ohmsen (Hamburg); Zuschauer: 43 000; Tore: 1:0 Kapellmann (6.), 1:1 Toppmöller (44.), 2:1 Roth (52.), 3:1 Hoeneß (54.), 3:2 Riedl (57.), 3:3 Toppmöller (62.), 3:4 Toppmöller (81.).

VfL Bochum / MSV Duisburg **1:2**

BOCHUM: Scholz, Gerland, Fromm (69. Balte), Franke, Lameck, Eggert (75. Ellbracht), Köper, Tenhagen, Eggeling, Pochstein, Kaczor. DUISBURG: Heinze, W. Schneider, Pirsig, Bruckmann, Dietz, Bücker, Bregmann, Jara, Seliger, Worm, Büssers. Schiedsrichter: Aldinger (Waiblingen); Zuschauer: 10 000; Tore: 0:1 Bruckmann (9.), 1:1 Gerland (84.), 1:2 Büssers (88.).

Hertha BSC Berlin / Hannover 96 **1:0**

BERLIN: Zander, Sziedat, Kliemann, Hermandung, Weiner, Brück, Diefenbach (68. Sidka), Beer, Magnusson, Horr, Grau. HANNOVER: Pauly, Meyer, Damjanoff, Anders, Bengsch, Blumenthal, Wunder, Lüttges, Kulik, Hayduck, Milewski. Schiedsrichter: Scheffner (Nußloch); Zuschauer: 14 000; Tor: 1:0 Weiner (10.).

Karlsruher SC / Kickers Offenbach **2:1**

KARLSRUHE: Wimmer, Ulrich, Schäffner, Bredenfeld, Kalb, Struth, Schäfer, Trenkel, Berger (79. Vogel), Flindt, Kübler. OFFENBACH: Helmschrot, Ritschel, Rausch, Theis, Rohr, Bitz, Hickersberger, Bihn (66. Fass), Blechschmidt (39. Berg), Bastrup, Held. Schiedsrichter: Horstmann (Nordstemmen); Zuschauer: 28 000; Tore: 1:0 Bredenfeld (61.), 2:0 Ritschel (66., Eigentor), 2:1 Berg (74.).

Bayer Uerdingen / Fortuna Düsseldorf **2:0**

UERDINGEN: Kroke, Stieber, Hahn (65. Hansel), Brinkmann, Raschid, Funkel, Lurz, Wloka, Riege, Lübeke, Kottan (30. Willi). DÜSSELDORF: Woyke, Baltes, Kriegler, Zimmermann, Hesse (40. Herzog), Zewe, Brei, Köhnen, Seel, Geye, Mattsson (70. Allofs). Schiedsrichter: Schröder (Lahnstein); Zuschauer: 10 000; Tore: 1:0 Riege (14.), 2:0 Funkel (16., Foulelfmeter).

Rot-Weiß Essen / 1. FC Köln **2:3**

ESSEN: Blasey, Neues, Strauch, Wieczorkowski, Huhse, Wörmer, Dörre, Burgsmüller, Bast, Hrubesch, Lindner. KÖLN: Schumacher, Konopka, Cullmann, Weber (41. Neumann), Hein, Simmet, Flohe, Overath, Brücken (70. Lauscher), Müller, Glowacz. Schiedsrichter: Haselberger (Reutlingen); Zuschauer: 12 000; Tore: 0:1 Müller (28.), 0:2 Müller (30.), 0:3 Dörre (34., Eigentor), 1:3 Hrubesch (72., Foulelfmeter im Nachschuß), 2:3 Burgsmüller (87.).

Nach dem 27. Spieltag

	Punkte	Tore
1. Mönchengladbach	36:18	50:29
2. Hamburger SV	34:20	47:24
3. Braunschweig	33:21	43:32
4. 1. FC Kaiserslautern	33:21	53:44
5. Eintracht Frankfurt	30:24	61:41
6. Bayern München	30:24	53:41
7. 1. FC Köln	30:24	47:38
8. Hertha BSC Berlin	29:25	47:38
9. FC Schalke 04	28:26	61:47
10. MSV Duisburg	26:28	48:52
11. Karlsruher SC	26:28	36:41
12. Rot-Weiß Essen	26:28	46:58
13. Fortuna Düsseldorf	24:30	36:44
14. Werder Bremen	22:32	35:46
15. VfL Bochum	21:33	36:51
16. Kickers Offenbach	20:34	32:59
17. Hannover 96	19:35	36:53
18. Bayer Uerdingen	19:35	22:51

Der Mann des Tages

„Mann-oh-Mann! Dieser **Klaus Toppmöller** gehört in die Nationalmannschaft!" So lautet das Urteil von Gerd Müller, Schwarzenbeck und FCK-Trainer Ribbeck über den Wuschelkopf aus Kaiserslautern, nachdem er die Bayern in München 4:3 besiegt hatte. Toppmöller schoß drei Tore. Er stach sogar „Kaiser Franz" aus.

28. Spieltag   15./17. April

1. FC Kaiserslautern
Hertha BSC Berlin   **5:0**

KAISERSLAUTERN: Hellström, Kroth (76. Briegel), E. Diehl, Melzer, Frosch, Meier (62. H.-D. Diehl), Schwarz, Riedl, Wilhelmi, Toppmöller, Sandberg. BERLIN: Zander, Sziedat, Hermandung, Kliemann, Weiner, Sidka, Beer, Brück, Rasmussen (59. Szymanek), Horr, Grau. Schiedsrichter: Waltert (Paderborn); Zuschauer: 33 000; Tore: 1:0 Sandberg (5.), 2:0 Toppmöller (24.), 3:0 Sandberg (46.), 4:0 Schwarz (62.), 5:0 Schwarz (72.).

Hamburger SV
Bayern München   **0:1**

HAMBURG: Kargus, Kaltz, Nogly, Blankenburg, Hidien, Björnmose, Bertl, Memering, Zaczyk (78. Ettmayer), Reimann, Volkert (78. Sperlich). MÜNCHEN: Maier, Andersson, Schwarzenbeck, Beckenbauer, Horsmann, Zobel, Weiß (75. Förster), Kapellmann, Rummenigge, Müller, Torstensson. Schiedsrichter: Kindervater (Köln); Zuschauer: 62 000; Tor: 0:1 Müller (74.).

Schalke 04
Bayer Uerdingen   **5:1**

SCHALKE: Nigbur, Dubski (19. Lütkebohmert), Sobieray, Fichtel, H. Kremers, Gede, Oblak, Bongartz, Abramczik, Fischer, E. Kremers. UERDINGEN: Kroke, Prehn, Brinkmann, Mostert, Stieber, Funkel, Lurz, Wloka, Riege, Lübeke, Raschid (85. Hansel). Schiedsrichter: Schmoock (Reichenau); Zuschauer: 23 000; Tore: 1:0 H. Kremers (27.), 2:0 Fischer (39.), 2:1 Raschid (65.), 3:1 Fichtel (75., Foulelfmeter), 4:1 Oblak (79.), 5:1 Fischer (89.).

Borussia Mönchengladbach
Karlsruher SC   **4:0**

MÖNCHENGLADBACH: Kleff, Klinkhammer, Wittkamp, Vogts, Schäffer, Bonhof, Danner, Wimmer, Kulik (58. Hannes), Simmonsen, Jensen. KARLSRUHE: Wimmer, Ulrich, Schäffner, Kalb, Bredenfeld, Struth, Schäfer, Trenkel, Berger, Flindt, Kübler. Schiedsrichter: Zuchantke (Berlin); Zuschauer: 28 000; Tore: 1:0 Wittkamp (40.), 2:0 Bonhof (58.), 3:0 Simmonsen (62.), 4:0 Klinkhammer (74.).

Kickers Offenbach
Werder Bremen   **2:0**

OFFENBACH: Helmschrot, Rohr, Rausch, Theis, Berg, Bitz, Hickersberger, Blechschmidt, Ritschel, Bastrup, Held. BREMEN: Burdenski, Kamp, Höttges (22. Müllner), Roentved, Kontny, Assauer, Bracht, Hiller, Röber, Ohling, Görts. Schiedsrichter: Quindeau (Ludwigshafen); Zuschauer: 15 000; Tore: 1:0 Bastrup (45.), 2:0 Berg (60.).

Rot-Weiß Essen
VfL Bochum   **1:0**

ESSEN: Blasey, Neues, Wörmer, Wieczorkowski, Huhse, Strauch, Lorant, Burgsmüller, Bast, Hrubesch, Lippens. BOCHUM: Scholz, Gerland, Franke, Fromm, Lameck, Eggert (55. Balte), Tenhagen, Köper, Eggeling, Kaczor, Ellbracht (73. Pochstein). Schiedsrichter: Klauser (Vaterstetten); Zuschauer: 10 000; Tor: 1:0 Burgsmüller (84.).

MSV Duisburg
Eintracht Frankfurt   **1:1**

DUISBURG: Heinze, W. Schneider, Pirsig, Dietz, Bella, Bregmann, Bükker, Jara, Seliger, Worm, Büssers. FRANKFURT: Dr. Kunter, Reichel, Neuberger, Körbel, Beverungen, Kraus, Grabowski, Nickel, Müller, Hölzenbein, Wenzel. Schiedsrichter: Redelfs (Hannover); Zuschauer: 13 000; Tore: 0:1 Kraus (44.), 1:1 Büssers (62.).

Hannover 96
Eintracht Braunschweig   **2:0**

HANNOVER: Pauly, Stiller, Anders (74. Weber), Damjanoff, Blumenthal, Kulik, Meyer, Kaemmer, Lüttges, Wunder (29. Hayduck), Milewski. BRAUNSCHWEIG: Franke, Grzyb, Haebermann, Hollmann, Merkhoffer, Zembski, Handschuh (67. Erler), Dremmler (67. Konschal), Popivoda, Gersdorff, Frank. Schiedsrichter: Eschweiler (Euskirchen); Zuschauer: 36 000; Tore: 1:0 Stiller (50., Foulelfmeter), 2:0 Milewski (62.).

1. FC Köln
Fortuna Düsseldorf   **4:0**

KÖLN: Schumacher, Konopka, Cullmann, Weber, Hein (62. Brücken), Simmet, Overath, Flohe, Glowacz (68. Strack), Müller, Löhr. DÜSSELDORF: Woyke, Baltes, Kriegler, Zimmermann, Czernotzky, Zewe, Brei, Köhnen, Geye, Seel, Herzog (46. Mattsson). Schiedsrichter: Frickel (München); Zuschauer: 18 000; Tore: 1:0 Konopka (20.), 2:0 Glowacz (38.), 3:0 Glowacz (50.), 4:0 Müller (53.).

Nach dem 28. Spieltag

	Punkte	Tore
1. Mönchengladbach	38:18	54:29
2. 1. FC Kaiserslautern	35:21	58:44
3. Hamburger SV	34:22	47:25
4. Braunschweig	33:23	43:34
5. Bayern München	32:24	54:41
6. 1. FC Köln	32:24	51:38
7. Eintracht Frankfurt	31:25	62:42
8. FC Schalke 04	30:26	66:48
9. Hertha BSC Berlin	29:27	47:43
10. Rot-Weiß Essen	28:28	47:58
11. MSV Duisburg	27:29	49:53
12. Karlsruher SC	26:30	36:45
13. Fortuna Düsseldorf	24:32	36:48
14. Werder Bremen	22:34	35:48
15. Kickers Offenbach	22:34	34:59
16. Hannover 96	21:35	38:53
17. VfL Bochum	21:35	36:52
18. Bayer Uerdingen	19:37	23:56

Der Mann des Tages

Striptease vor Wut! **Georg Volkert** wirft seinem Trainer nach dem 0:1 durch Gerd Müller (74.) Trikot und Kapitäns-Armbinde vor die Füße. „Sucht mir einen Verein in Spanien!" schnaubt er HSV-Manager Krohn an. Grund des Zorns: Klötzer hatte Volkert (Beinmuskelschmerzen) seiner Ansicht nach zu spät ausgewechselt.

29. Spieltag   30. April/1. Mai

**Werder Bremen
Borussia Mönchengladbach**   **2:2**

BREMEN: Burdenski, Kontny, Roentved, Hiller, Kamp, Assauer (56. Aslund), Röber, Bracht, Müllner, Görts, Ohling (77. Schlief). MÖNCHENGLADBACH: Kleff, Vogts, Wittkamp, Schäffer, Klinkhammer (46. Hannes), Bonhof, Wimmer, Danner, Stielike, Simmonsen, Jensen. Schiedsrichter: Meßmer (Mannheim); Zuschauer: 33 000; Tore: 1:0 Kamp (15.), 1:1 Jensen (32.), 2:1 Roentved (33.), 2:2 Bonhof (53.).

**Eintracht Frankfurt
Rot-Weiß Essen**   **1:3**

FRANKFURT: Dr. Kunter, Müller, Neuberger, Körbel, Beverungen, Reichel (46. Trinklein), Kraus, Grabowski, Nickel, Hölzenbein, Wenzel. ESSEN: Blasey, Neues, Wieczorkowski, Wörmer, Huhse, Strauch, Lorant, Burgsmüller, Bast, Hrubesch, Lindner. Schiedsrichter: Picker (Hamburg); Zuschauer: 9000; Tore: 0:1 Hrubesch (8.), 0:2 Burgsmüller (30.), 1:2 Hölzenbein (66.), 1:3 Hrubesch (80.).

**Eintracht Braunschweig
1. FC Kaiserslautern**   **2:0**

BRAUNSCHWEIG: Franke, Zembski, Haebermann, Hollmann, Merkhoffer, Grzyb, Dremmler, Handschuh, Popivoda, Frank, Gersdorff. KAISERSLAUTERN: Hellström, Frosch, Melzer, E. Diehl, Kroth, Riedl, Schwarz (76. Scheer), Meier, Wilhelmi (81. Briegel), Toppmöller, Sandberg. Schiedsrichter: Hennig (Duisburg); Zuschauer: 20 000; Tore: 1:0 Gersdorff (45., Foulelfmeter), 2:0 Popivoda (81.).

**Hertha BSC Berlin
Hamburger SV**   **1:1**

BERLIN: Zander, Diefenbach, Kliemann, Hermandung, Weiner, Sidka, Brück, Beer, Szymanek, Horr, Grau (46. Magnusson). HAMBURG: Kargus, Kaltz, Nogly, Blankenburg, Hidien, Björnmose, Zaczyk, Eigl, Reimann, Memering, Volkert. Schiedsrichter: Linn (Altendiez); Zuschauer: 30 000; Tore: 0:1 Volkert (29.), 1:1 Hermandung (75.).

**Bayer Uerdingen
Kickers Offenbach**   **1:2**

UERDINGEN: Kroke, Stieber, Brinkmann, Mostert, Raschid, Franke (75. Kottan), Funkel (28. Willi), Wloka, Riege, Lübeke, Lurz. OFFENBACH: Helmschrot, Rohr, Berg, Rausch, Fass, Theis, Bitz, Hickersberger, Ritschel, Bastrup (65. Bihn), Held. Schiedsrichter: Engel (Reimsbach); Zuschauer: 12 500; Tore: 0:1 Theis (17.), 1:1 Wloka (25.), 1:2 Theis (84.).

**Bayern München
MSV Duisburg**   **3:0**

MÜNCHEN: Maier, Andersson, Beckenbauer, Zobel, Horsmann, Roth, Dürnberger, Kapellmann, Hoeneß, Müller, Rummenigge. DUISBURG: Heinze, W. Schneider, Dietz, Pirsig, Bella, Bregmann, Jara (74. Bruckmann), Bücker, Seliger, Büssers, Thies (74. L. Schneider). Schiedsrichter: Jensen (Schönkirchen); Zuschauer: 22 000; Tore: 1:0 Müller (39.), 2:0 Müller (63.), 3:0 Müller (72.).

**Fortuna Düsseldorf
Schalke 04**   **1:2**

DÜSSELDORF: Woyke, Hesse, Kriegler (46. Mattsson), Zewe, Baltes, Zimmermann, Brei, Köhnen, Geye, Seel, Herzog. SCHALKE: Nigbur, Dubski, Fichtel, Rüßmann, Sobieray, Gede (75. Lütkebohmert), Oblak (78. Bruns), Bongartz, Abramczik, Fischer, E. Kremers. Schiedsrichter: Walther (Würzburg); Zuschauer: 22 000; Tore: 0:1 Fischer (36.), 0:2 Fischer (44.), 1:2 Mattsson (71.).

**VfL Bochum
1. FC Köln**   **1:0**

BOCHUM: Scholz, Gerland, Fromm, Franke, Lameck, Köper, Tenhagen, Versen, Balte (72. Eggert), Kaczor, Eggeling. KÖLN: Schumacher, Hein, Weber, Strack, Konopka, Simmet, Overath, Flohe, Glowacz, Müller, Löhr (58. Neumann). Schiedsrichter: Dreher (Darmstadt); Zuschauer: 18 000; Tor: 1:0 Kaczor (27.).

**Karlsruher SC
Hannover 96**   **3:2***

KARLSRUHE: Wimmer, Bredenfeld, Ulrich, Schäffner, Kalb, Struth, Schäfer, Trenkel (79. Radau), Berger (70. Vogel), Flindt, Kübler. HANNOVER: Pauly, Meyer, Kaemmer, Damjanoff, Blumenthal, Weber, Lüttges, Stiller, Milewski, Wunder (66. Hayduck), Kulik. Schiedsrichter: Fork (Unna); Zuschauer: 20 000; Tore: 1:0 Bredenfeld (13.), 2:0 Kübler (44.), 2:1 Damjanoff (54.), 3:1 Trenkel (73.), 3:2 Lüttges (79.).
*Bereits am 23. April ausgetragen

Nach dem 29. Spieltag

	Punkte	Tore
1. Mönchengladbach	39:19	56:31
2. Hamburger SV	35:23	48:26
3. 1. FC Kaiserslautern	35:23	58:46
4. Braunschweig	35:23	45:34
5. Bayern München	34:24	57:41
6. FC Schalke 04	32:26	68:49
7. 1. FC Köln	32:26	51:39
8. Eintracht Frankfurt	31:27	63:45
9. Hertha BSC Berlin	30:28	48:44
10. Rot-Weiß Essen	30:28	50:59
11. Karlsruher SC	28:30	39:47
12. MSV Duisburg	27:31	49:56
13. Fortuna Düsseldorf	24:34	37:50
14. Kickers Offenbach	24:34	36:60
15. Werder Bremen	23:35	37:50
16. VfL Bochum	23:35	37:52
17. Hannover 96	21:37	40:56
18. Bayer Uerdingen	19:39	24:58

Der Mann des Tages

Amand Theis wird immer mehr zum Zugpferd der Offenbacher Kickers im schweren Abstiegskampf. Der Vorstopper zeigt beim 2:1 in Uerdingen eine Superleistung und schießt auch die beiden Tore zum Sieg. Der Ex-Nürnberger hat sich unter die besten Vorstopper der Bundesliga gespielt.

30. Spieltag   7./8. Mai

Hannover 96
Werder Bremen   **0:0**

HANNOVER: Dittel, Blumenthal, Kaemmer, Damjanoff, Stiller, Meyer, Holz (74. Wesche), Lüttges, Milewski, Hayduck, Kulik (74. Wunder). BREMEN: Burdenski, Kontny, Hiller, Roentved, Kamp, Assauer, Röber, Schlief (74. Darras), Bracht, Ohling (83. Geils), Görts. Schiedsrichter: Schröder (Lahnstein); Zuschauer: 22 000.

Borussia Mönchengladbach
Bayer Uerdingen   **6:1**

MÖNCHENGLADBACH: Kleff, Vogts, Schäffer, Wittkamp, Bonhof, Wimmer, Stielike (84. Klinkhammer), Danner, Simmonsen, Köppel (46. Kulik), Jensen. UERDINGEN: Kroke, Stieber, Brinkmann, Mostert, Lurz, Funkel, Köstner (77. Willi), Wloka, Franke (63. Hansel), Riege, Lübeke. Schiedsrichter: Gabor (Berlin); Zuschauer: 18 000; Tore: 1:0 Simmonsen (11.), 2:0 Stielike (24.), 3:0 Wittkamp (64.), 4:0 Bonhof (73.), 5:0 Wittkamp (75.), 6:0 Bonhof (86.), 6:1 Wloka (87.).

Rot-Weiß Essen
Bayern München   **3:3**

ESSEN: Blasey, Neues, Wörmer, Wieczorkowski, Huhse, Strauch, Lorant, Burgsmüller, Bast, Hrubesch, Lindner (46. Dörre). MÜNCHEN: Maier, Hansen, Schwarzenbeck, Beckenbauer, Zobel, Roth, Horsmann, Dürnberger, Hoeneß, Müller, Rummenigge. Schiedsrichter: Lutz (Bremen); Zuschauer: 25 000; Tore: 1:0 Burgsmüller (55.), 2:0 Burgsmüller (65.), 2:1 Müller (72., Foulelfmeter), 3:1 Hrubesch (74., Foulelfmeter), 3:2 Müller (75.), 3:3 Beckenbauer (81.).

1. FC Kaiserslautern
Karlsruher SC   **3:1**

KAISERSLAUTERN: Hellström, Kroth, E. Diehl, Melzer, Frosch, Meier, Scheer (78. Briegel), Riedl, Wilhelmi (62. Schwarz), Toppmöller, Sandberg. KARLSRUHE: Wimmer, Bredenfeld, Ulrich, Struth, Kalb, Komorowski, Schäfer, Trenkel, Kübler, Berger (55. Krauth), Flindt. Schiedsrichter: Ahlenfelder (Oberhausen); Zuschauer: 20 000; Tore: 0:1 Schäfer (4.), 1:1 Sandberg (30.), 2:1 Kroth (35.), 3:1 Toppmöller (51.).

Hamburger SV
Eintracht Braunschweig   **4:0**

HAMBURG: Kargus, Kaltz, Blankenburg, Nogly, Hidien, Björnmose, Zaczyk (85. Ettmayer), Eigl, Memering, Bertl, Volkert. BRAUN-

SCHWEIG: Franke, Zembski, Haebermann, Hollmann, Merkhoffer, Grzyb, Dremmler, Handschuh, Popivoda, Gersdorff (69. Konschal), Frank. Schiedsrichter: Hilker (Bochum); Zuschauer: 25 000; Tore: 1:0 Volkert (47.), 2:0 Memering (51.), 3:0 Eigl (71.), 4:0 Merkhoffer (80., Eigentor).

Kickers Offenbach
Fortuna Düsseldorf   **1:1**

OFFENBACH: Helmschrot, Rohr, Rausch, Theis, Fass (46. Janzon), Berg, Bitz, Hickersberger, Ritschel, Bastrup (63. Bihn), Held. DÜSSELDORF: Woyke, Baltes, Zewe, Zimmermann, Hesse, Köhnen, Brei, Seel, Geye, Mattsson, Herzog. Schiedsrichter: V. Roth (Salzgitter); Zuschauer: 25 000; Tore: 1:0 Berg (26.), 1:1 Herzog (41.).

VfL Bochum
Eintracht Frankfurt   **5:3**

BOCHUM: Scholz, Gerland, Fromm, Franke, Lameck, Köper, Tenhagen, Versen, Balte (52. Eggert), Kaczor, Eggeling (79. Pochstein). FRANKFURT: Dr. Kunter, Müller, Trinklein (72. Wenzel), Körbel, Neuberger, Weidle (61. Simons), Kraus, Beverungen, Grabowski, Hölzenbein, Nickel. Schiedsrichter: Biwersi (Bliesransbach); Zuschauer: 18 000; Tore: 1:0 Kaczor (9.), 1:1 Kraus (29.), 1:2 Hölzenbein (40.), 2:2 Eggeling (48.), 3:2 Lameck (67. Foulelfmeter), 3:3 Hölzenbein (78.), 4:3 Eggert (80.), 5:3 Kaczor (89.).

MSV Duisburg
Hertha BSC Berlin   **2:1**

DUISBURG: Heinze, W. Schneider, Dietz, Pirsig, Jara, Bregmann, Bella, Bücker, Seliger, Worm, Büssers (56. Thies). BERLIN: Wolter, Diefenbach, Brück, Kliemann, Weiner, Sziedat, Beer, Hermandung, Sidka, Szymanek (80. Rasmussen), Magnusson. Schiedsrichter: Haselberger (Reutlingen); Zuschauer: 7 000; Tore: 0:1 Sidka (28., Foulelfmeter), 1:1 Jara (75.), 2:1 Seliger (77.).

1. FC Köln
Schalke 04   **2:1***

KÖLN: Schumacher, Konopka, Gerber, Zimmermann, Hein, Simmet, Overath, Flohe, Glowacz, Müller, Löhr. SCHALKE: Nigbur, Sobieray, Fichtel, Rüßmann, Dubski, Oblak, Gede (74. Thiele), Bongartz, Abramczik (82. Bruns), Fischer, E. Kremers. Schiedsrichter: Walz (Waiblingen); Zuschauer: 40 000; Tore: 0:1 Fischer (27.), 1:1 Müller (39.), 2:1 Overath (65.).
*Am 25. Mai nachgeholt

Nach dem 30. Spieltag

	Punkte	Tore
1. Mönchengladbach	41:19	62:32
2. Hamburger SV	37:23	52:26
3. 1. FC Kaiserslautern	37:23	61:47
4. Bayern München	35:25	60:44
5. Braunschweig	35:25	45:38
6. FC Schalke 04	32:26	68:49
7. 1. FC Köln	32:26	51:39
8. Eintracht Frankfurt	31:29	66:50
9. Rot-Weiß Essen	31:29	53:62
10. Hertha BSC Berlin	30:30	49:46
11. MSV Duisburg	29:31	51:57
12. Karlsruher SC	28:32	40:50
13. VfL Bochum	25:35	42:55
14. Fortuna Düsseldorf	25:35	38:51
15. Kickers Offenbach	25:35	37:61
16. Werder Bremen	24:36	37:50
17. Hannover 96	22:38	40:56
18. Bayer Uerdingen	19:41	25:64

Der Mann des Tages

Ein kühler, klarer Kopf entscheidet das turbulenteste Spiel (8 Tore) des 30. Spieltages: **Michael Lameck**. Er dirigiert seinen VfL Bochum gegen die Frankfurter Eintracht meisterhaft. Lameck behält sogar die Nerven, als die Eintracht 12 Minuten vor Schluß das 3:3 erzielt. Am Ende stand's 5:3.

31. Spieltag   15. Mai

Eintracht Braunschweig
MSV Duisburg   **3:1**

BRAUNSCHWEIG: Franke, Grzyb, Hellfritz, Hollmann, Merkhoffer, Zembski, Dremmler (46. Konschal), Handschuh, Popivoda, Frank, Gersdorff. DUISBURG: Heinze, W. Schneider, Pirsig, Bella, Dietz, Bregmann, Jara, Bücker (70. Thies), Seliger, Worm, Büssers. Schiedsrichter: Klauser (Vaterstetten); Zuschauer: 12 000; Tore: 0:1 Schneider (11.), 1:1 Frank (53.), 2:1 Frank (61.), 3:1 Gersdorff (86.).

Fortuna Düsseldorf
Borussia Mönchengladbach   **1:1**

DÜSSELDORF: Woyke, Hesse, Zimmermann, Zewe, Baltes, Seel, Köhnen (72. Kriegler), Brei, Geye, Mattsson, Herzog. MÖNCHENGLADBACH: Kleff, Klinkhammer, Wittkamp, Schäffer, Vogts, Danner, Bonhof, Wimmer, Simmonsen, Stielike, Jensen. Schiedsrichter: Kindervater (Köln); Zuschauer: 36 000; Tore: 0:1 Jensen·(41.), 1:1 Brei (44.).

Karlsruher SC
Hamburger SV   **3:2**

KARLSRUHE: Wimmer, Bredenfeld, Struth, Ulrich, Kalb, Komorowski, Schäfer, Trenkel, Berger, Flindt (29. Vogel), Kübler. HAMBURG: Kargus, Kaltz, Nogly, Blankenburg, Hidien (66. Ripp), Björnmose, Zaczyk, Eigl (80. Ettmayer), Reimann, Memering, Volkert. Schiedsrichter: Wichmann (Gelsenkirchen); Zuschauer: 38 000; Tore: 0:1 Reimann (8.), 1:1 Komorowski (16.), 1:2 Zaczyk (42.), 2:2 Kübler (67.), 3:2 Kübler (75.).

Eintracht Frankfurt
1. FC Köln   **2:2**

FRANKFURT: Dr. Kunter, Reichel, Trinklein, Körbel, Neuberger, Beverungen, Kraus (68. Weidle), Nickel, Hölzenbein, Grabowski, Wenzel. KÖLN: Schumacher, Konopka, Strack (62. Neumann), Weber, Hein, Simmet, Glowacz, Flohe (39. Prestin), Overath, Müller, Löhr. Schiedsrichter: Redelfs (Hannover); Zuschauer: 15 000; Tore: 1:0 Nickel (4.), 2:0 Neuberger (33.), 2:1 Löhr (60.), 2:2 Hein (84.).

Hertha BSC Berlin
Rot-Weiß Essen   **2:2**

BERLIN: Wolter, Diefenbach, Brück, Kliemann (55. Rasmussen), Weiner, Hermandung, Sidka, Beer, Sziedat, Szymanek, Magnusson. ESSEN: Blasey, Neues, Wieczorkowski, Wörmer, Huhse, Strauch, Dörre, Bast, Burgsmüller, Hrubesch, Lippens. Schiedsrichter: Horstmann (Nordstemmen); Zuschauer: 10 000; Tore: 0:1 Burgsmüller (24.), 1:1 Weiner (31.), 2:1 Beer (67.), 2:2 Burgsmüller (74.).

Bayer Uerdingen
Hannover 96   **1:1**

UERDINGEN: Kroke, Prehn, Mostert, Brinkmann, Stieber, Raschid, Lübeke (84. Hansel), Wloka, Lurz, Riege, Willi (56. Franke). HANNOVER: Dittel, Meyer, Damjanoff, Kaemmer, Blumenthal, Stiller, Holz, Wunder (62. Weber), Lüttges, Milewski, Hayduck (75. Krummbein). Schiedsrichter: Aldinger (Waiblingen); Zuschauer: 6 500; Tore: 0:1 Kaemmer (52.), 1:1 Wloka (62.).

Schalke 04
Kickers Offenbach   **1:1**

SCHALKE: Nigbur, Dubski (46. Rüßmann), Sobieray (60. Thiele), Fichtel, H. Kremers, Gede, Bongartz, Oblak, Abramczik, Fischer, E. Kremers. OFFENBACH: Helmschrot, Ritschel, Theis, Rausch, Rohr, Berg, Bitz, Hickersberger, Blechschmidt, Bastrup, Held. Schiedsrichter: Antz (Wahlen); Zuschauer: 30 000; Tore: 0:1 Blechschmidt (27.), 1:1 E. Kremers (43.).

Bayern München
VfL Bochum   **4:0**

MÜNCHEN: Maier, Hansen, Beckenbauer, Schwarzenbeck, J. Weiß, Roth (36. Künkel), Zobel, Dürnberger, Hoeneß, Müller, Rummenigge. BOCHUM: Scholz, Lameck, Gerland, Franke, Miss, Köper, Tenhagen, Versen, Eggert (46. Pochstein), Kaczor (72. Balte), Eggeling. Schiedsrichter: G. Meuser (Ingelheim); Zuschauer: 26 000; Tore: 1:0 Beckenbauer (33.), 2:0 Künkel (52.), 3:0 Müller (56.), 4:0 Müller (82., Foulelfmeter).

Werder Bremen
1. FC Kaiserslautern   **3:2**

BREMEN: Burdenski, Kontny, Roentved, Höttges (75. Assauer), Kamp, Röber, Hiller, Bracht, Ohling (75. Müllner), Aslund, Görts. KAISERSLAUTERN: Hellström, Kroth, E. Diehl, Melzer, Frosch, Meier, Scheer (60. Schwarz), Wilhelmi, Riedl (75. H.-D. Diehl), Toppmöller, Sandberg. Schiedsrichter: Fork (Unna); Zuschauer: 21 000; Tore: 1:0 Kontny (14.), 2:0 Röber (27., Foulelfmeter), 3:0 Roentved (43.), 3:1 Meier (64.), 3:2 Frosch (89.).

Nach dem 31. Spieltag

	Punkte	Tore
1. Mönchengladbach	42:20	63:33
2. Hamburger SV	37:25	54:29
3. Bayern München	37:25	64:44
4. 1. FC Kaiserslautern	37:25	63:50
5. Braunschweig	37:25	48:39
6. FC Schalke 04	33:27	69:50
7. 1. FC Köln	33:27	53:41
8. Eintracht Frankfurt	32:30	68:52
9. Rot-Weiß Essen	32:30	55:64
10. Hertha BSC Berlin	31:31	51:48
11. Karlsruher SC	30:32	43:52
12. MSV Duisburg	29:33	52:60
13. Werder Bremen	26:36	40:52
14. Fortuna Düsseldorf	26:36	39:52
15. Kickers Offenbach	26:36	38:62
16. VfL Bochum	25:37	42:59
17. Hannover 96	23:39	41:57
18. Bayer Uerdingen	20:42	26:65

Der Mann des Tages

Respekt vor **Ronnie Hellström.** Der Schwede im Kaiserslauterer Tor ist mit dem Bremer Ohling (68. Min.) zusammengestoßen; Ohling krümmt sich am Boden. Da läßt Ronnie Spiel Spiel sein und kümmert sich um den Verletzten. Die Bremer Zuschauer applaudieren dem schwedischen Gentleman. Werder gewinnt 3:2.

32. Spieltag 28./29. Mai

1. FC Kaiserslautern / Bayer Uerdingen **1:2**

KAISERSLAUTERN: Hellström, Kroth (46. Stickel), Melzer, E. Diehl, Frosch, Meier, Scheer (79. Briegel), H.-D. Diehl, Wilhelmi, Toppmöller, Sandberg. UERDINGEN: Vollack, Prehn, Mostert, Brinkmann, Stieber, Funkel, Lurz, Hansel (80. Willi), Wloka, Lübeke, Riege. Schiedsrichter: Picker (Hamburg); Zuschauer: 12 000; Tore: 1:0 E. Diehl (42., Foulelfmeter), 1:1 Riege (56.), 1:2 Funkel (80.).

Hamburger SV / Werder Bremen **1:2**

HAMBURG: Kargus, Kaltz, Blankenburg, Nogly, Hidien, Björnmose, Memering, Ettmayer, Sperlich, Bertl (66. Mackensen), Volkert. BREMEN: Burdenski, Kontny, Roentved, Höttges, Kamp, Röber, Ohling, Bracht, Aslund, Görts. Schiedsrichter: Waltert (Paderborn); Zuschauer: 24 000; Tore: 0:1 Görts (22.), 0:2 Aslund (40.), 1:2 Memering (43.).

Kickers Offenbach / 1. FC Köln **1:5**

OFFENBACH: Helmschrot, Ritschel, Rausch, Theis, Rohr, Bitz, Blechschmidt, Hickersberger, Berg (12. Bihn), Bastrup (46. Fass), Held. KÖLN: Schumacher, Konopka (82. Prestin), Gerber, Zimmermann, Hein, Simmet, Flohe, Overath, Glowacz, Müller, Löhr. Schiedsrichter: Schröder (Lahnstein); Zuschauer: 25 000; Tore: 1:0 Theis (26.), 1:1 Glowacz (27.), 1:2 Müller (33.), 1:3 Löhr (78.), 1:4 Flohe (86.), 1:5 Zimmermann (89.).

Borussia Mönchengladbach / Schalke 04 **0:2**

MÖNCHENGLADBACH: Kleff, Klinkhammer, Wittkamp, Schäffer, Vogts, Bonhof, Danner, Wimmer, Simmonsen, Stielike, Jensen. SCHALKE: Nigbur, Rüßmann, Sobieray, Bongartz, Dubski, Gede (54. van den Berg), Thiele, Oblak (82. Bruns), Abramczik, Fischer, E. Kremers. Schiedsrichter: Eschweiler (Euskirchen); Zuschauer: 32 000; Tore: 0:1 E. Kremers (44.), 0:2 E. Kremers (74.).

MSV Duisburg / Karlsruher SC **1:0**

DUISBURG: Heinze, W. Schneider, Pirsig (60. L. Schneider), Dietz, Bruckmann, Bregmann, Jara, Büssers, Bücker, Seliger, Thies (63. Worm).

KARLSRUHE: Wimmer, Bredenfeld, Schäffner, Ulrich, Kalb, Komorowski, Schäfer, Trenkel, Kübler (70. Vogel), Niedermayer, Berger (60. Krauth). Schiedsrichter: Lutz (Bremen); Zuschauer: 7000; Tor: 1:0 Bükker (75.).

Rot-Weiß Essen / Eintracht Braunschweig **2:2**

ESSEN: Blasey, Neues, Wieczorkowski, Wörmer, Huhse, Strauch, Dörre, Bast, Lindner, Burgsmüller, Lippens. BRAUNSCHWEIG: Franke, Zembski, Hellfritz, Hollmann, Merkhoffer, Grzyb, Handschuh, Gersdorff, Konschal, Frank, Popivoda. Schiedsrichter: Quindeau (Ludwigshafen); Zuschauer: 15 000; Tore: 1:0 Bast (38.), 1:1 Frank (50.), 2:1 Huhse (69.), 2:2 Popivoda (88.).

VfL Bochum / Hertha BSC Berlin **2:0**

BOCHUM: Scholz, Gerland, Fromm, Franke, Lameck, Köper, Tenhagen, Versen, Kaczor, Eggeling (73. Pochstein). BERLIN: Wolter, Sziedat, Brück, Hermandung, Weiner (87. Hanisch), Diefenbach, Sidka, Beer, Rasmussen, Grau, Szymanek (73. Magnusson). Schiedsrichter: Schmoock (Reichenau); Zuschauer: 18 000; Tore: 1:0 Kaczor (24.), 2:0 Tenhagen (74.).

Hannover 96 / Fortuna Düsseldorf **1:2**

HANNOVER: Dittel, Stiller, Damjanoff, Anders, Blumenthal, Meyer, Lüttges, Holz (63. Hayduck), Kaemmer (63. Dahl), Wunder, Stegmayer. DÜSSELDORF: Woyke, Baltes, Zewe, Zimmermann, Kriegler, Degen (84. Czernotzky), Geye (79. Allofs), Seel, Herzog. Schiedsrichter: G. Meuser (Ingelheim); Zuschauer: 13 000; Tore: 0:1 Zimmermann (57.), 0:2 Zimmermann (62.), 1:2 Hayduck (76.).

Bayern München / Eintracht Frankfurt **1:1**

MÜNCHEN: Maier, Hansen, Beckenbauer, Schwarzenbeck, Horsmann, Roth, Dürnberger, Kapellmann, Rummenigge, Müller, Hoeneß. FRANKFURT: Koitka, Reichel, Trinklein, Körbel, Neuberger, Kraus (30. Weidle), Grabowski, Müller, Beverungen, Nickel, Hölzenbein. Schiedsrichter: Gabor (Berlin); Zuschauer: 35 000; Tore: 1:0 Horsmann (58.), 1:1 Grabowski (59.).

Nach dem 32. Spieltag

	Punkte	Tore
1. Mönchengladbach	42:22	63:35
2. Bayern München	38:26	65:45
3. Braunschweig	38:26	50:41
4. Hamburger SV	37:27	55:31
5. 1. FC Köln	37:27	60:43
6. 1. FC Kaiserslautern	37:27	64:52
7. FC Schalke 04	35:29	72:52
8. Eintracht Frankfurt	33:31	69:53
9. Rot-Weiß Essen	33:31	57:66
10. Hertha BSC Berlin	31:33	51:50
11. MSV Duisburg	31:33	53:60
12. Karlsruher SC	30:34	43:53
13. Werder Bremen	28:36	42:53
14. Fortuna Düsseldorf	28:36	41:53
15. VfL Bochum	27:37	44:59
16. Kickers Offenbach	26:38	39:67
17. Hannover 96	23:41	42:59
18. Bayer Uerdingen	22:42	28:66

Der Mann des Tages

Er ist der Veteran unter den Bundesligastürmern, aber was für einer. Beim sensationellen 2:1 Werders in Hamburg überragt **Werner Görts** jedenfalls alle. Sehenswert vor allem sein 1:0 in der 22. Minute: Erst Kaltz umspielt, dann aus 15 Metern eingebombt (im Bild ganz rechts, von Kargus nicht zu halten).

33. Spieltag 4. Juni

Schalke 04
Hannover 96 **1:2**

SCHALKE: Nigbur, Thiele, Sobieray, Rüßmann, Bruns, Gede (68. Lütke-bohmert), Oblak, Bongartz, Abramczik, Fischer, E. Kremers. HANNOVER: Dittel, Stiller, Damjanoff, Anders, Blumenthal, Meyer, Kaemmer, Holz, Wesche, Lüttges, Stegmayer. Schiedsrichter: Dreher (Darmstadt); Zuschauer: 21 000; Tore: 0:1 Damjanoff (24.), 0:2 Holz (29.), 1:2 Sobieray (46.).

Kickers Offenbach
Borussia Mönchengladbach **1:1**

OFFENBACH: Helmschrot, Ritschel, Rausch, Theis, Rohr, Berg, Bitz, Blechschmidt (85. Oleknavicius), Hickersberger, Held, Bastrup. MÖNCHENGLADBACH: Kleff, Vogts, Wittkamp, Schäffer, Bonhof, Danner, Wimmer, Stielike, Köppel (58. Del Haye), Simmonsen, Jensen. Schiedsrichter: Ohmsen (Hamburg); Zuschauer: 30 000; Tore: 1:0 Hickersberger (56., Foulelfmeter), 1:1 Simmonsen (81.).

Bayer Uerdingen
Hamburger SV **0:1**

UERDINGEN: Vollack, Prehn, Mostert, Brinkmann, Stieber, Funkel (62. Hansel), Lurz, Franke (55. Willi) Wloka, Lübeke, Riege. HAMBURG: Kargus, Kaltz, Blankenburg, Nogly, Hidien, Memering, Zaczyk (71. Ettmayer), Björnmose, Reimann, Eigl (71. Sperlich), Volkert. Schiedsrichter: Scheffner (Nußloch); Zuschauer: 8000; Tor: 0:1 Eigl (12.).

1. FC Köln
Bayern München **1:0**

KÖLN: Schumacher, Konopka, Gerber, Zimmermann, Hein, Simmet, Overath, Flohe, Glowacz (82. Neumann), Müller, Löhr (55. Prestin). MÜNCHEN: Maier, Andersson, Beckenbauer, Schwarzenbeck, Horsmann, Rummenigge, Roth, Dürnberger, Hoeneß, Müller, Torstensson. Schiedsrichter: Biwersi (Bliesransbach); Zuschauer: 58 000; Tor: 1:0 Konopka (77., Foulelfmeter).

Hertha BSC Berlin
Eintracht Frankfurt **4:4**

BERLIN: Wolter, Sziedat, Brück, Hermandung, Hanisch, Diefenbach, Weiner, Beer, Magnusson, Szymanek, Grau. FRANKFURT: Koitka, Reichel, Trinklein (85. Weidle), Körbel, Neuberger, Müller, Kraus (46. Wenzel), Beverungen, Hölzenbein, Grabowski, Nickel. Schiedsrichter: Wichmann (Gelsenkirchen); Zuschauer: 11 000; Tore: 1:0 Sziedat (14.), 2:0 Beer (42., Foulelfmeter), 2:1 Grabowski (46.), 3:1 Szymanek (65.), 3:2 Grabowski (67.), 3:3 Grabowski (69., Foulelfmeter), 3:4 Beverungen (79.), 4:4 Beer (82., Foulelfmeter).

Fortuna Düsseldorf
1. FC Kaiserslautern **5:1**

DÜSSELDORF: Woyke, Baltes, Zewe, Kriegler (86. Czernotzky), Hesse, Zimmermann, Seel, Brei, Geye, Mattsson (86. Allofs), Herzog. KAISERSLAUTERN: Hellström, Kroth, Melzer, E. Diehl, Stickel, Meier, Scheer (85. Weiler), Schwarz (74. H.-D. Diehl), Wilhelmi, Briegel, Sandberg. Schiedsrichter: Walz (Waiblingen); Zuschauer: 18 000; Tore: 1:0 Briegel (35.), 1:1 Seel (38.), 2:1 Herzog (74.), 3:1 Zimmermann (77.), 4:1 Herzog (80.), 5:1 Herzog (90.).

Karlsruher SC
Rot-Weiß Essen **1:2**

KARLSRUHE: Wimmer, Bredenfeld, Struth, Ulrich, Kalb, Komorowski, Schäfer, Trenkel, Niedermayer (46. Vogel), Krauth, Kübler. ESSEN: Blasey, Neues, Wörmer, Wieczorkowski, Huhse, Strauch, Lindner, Bast, Dörre, Burgsmüller, Lippens. Schiedsrichter: Antz (Wahlen); Zuschauer: 18 000; Tore: 0:1 Lippens (39.), 1:1 Krauth (41.), 1:2 Burgsmüller (76.).

Eintracht Braunschweig
VfL Bochum **1:1**

BRAUNSCHWEIG: Franke, Grzyb, Hollmann, Hellfritz, Merkhoffer, Zembski, Handschuh, Gersdorff, Konschal (46. Dremmler), Frank, Popivoda. BOCHUM: Scholz, Eggert, Tenhagen, Franke, Lameck, Köper, Versen, Miss, Gerland, Kaczor (54. Pochstein), Eggeling. Schiedsrichter: Meßmer (Mannheim); Zuschauer: 18 000; Tore: 0:1 Kaczor (31.), 1:1 Gersdorff (73.).

Werder Bremen
MSV Duisburg **2:0**

BREMEN: Burdenski, Kontny, Roentved, Höttges, Kamp, Röber, Hiller, Bracht, Ohling, Aslund, Görts. DUISBURG: Heinze, W. Schneider, Bregmann, Bruckmann, Dietz, Bella (85. Pirsig), Jara (70. Thies), Büssers, Bücker, Seliger, Worm. Schiedsrichter: Zuchantke (Berlin); Zuschauer: 25 000; Tore: 1:0 Röber (31.), 2:0 Aslund (81.).

Nach dem 33. Spieltag

	Punkte	Tore
1. Mönchengladbach	43:23	64:36
2. Hamburger SV	39:27	56:31
3. 1. FC Köln	39:27	61:43
4. Braunschweig	39:27	51:42
5. Bayern München	38:28	65:46
6. 1. FC Kaiserslautern	37:29	65:57
7. FC Schalke 04	35:31	73:54
8. Rot-Weiß Essen	35:31	59:67
9. Eintracht Frankfurt	34:32	73:57
10. Hertha BSC Berlin	32:34	55:54
11. MSV Duisburg	31:35	53:62
12. Fortuna Düsseldorf	30:36	46:54
13. Werder Bremen	30:36	44:53
14. Karlsruher SC	30:36	44:55
15. VfL Bochum	28:38	45:60
16. Kickers Offenbach	27:39	40:68
17. Hannover 96	25:41	44:60
18. Bayer Uerdingen	22:44	28:67

Der Mann des Tages

Allan Simmonsen köpft das Meisterschaftstor (1:1) für Gladbach. „Nur weil er so klein ist!" sagt Kickers-Torhüter Helmschrot. So war's: 81. Minute: Danner flankt, drei Mann springen, der Ball rutscht durch – genau auf den Kopf von Allan (1,68 m). Tor! „Jedem anderen wäre der Ball auf die Brust gefallen!"

34. Spieltag 12. Juni

**Hamburger SV
Fortuna Düsseldorf** 3:1

HAMBURG: Kargus, Kaltz, Blankenburg (46. Ripp), Nogly, Hidien (75. Sperlich), Zaczyk, Memering, Eigl, Reimann, Björnmose, Volkert. DÜSSELDORF: Woyke, Baltes, Zewe, Kriegler, Hesse, Zimmermann, Brei, Seel, Geye, Mattsson, Allofs. Schiedsrichter: Gabor (Berlin); Zuschauer: 21 000; Tore: 0:1 Zimmermann (27.), 1:1 Eigl (30.), 2:1 Nogly (46.), 3:1 Volkert (66.).

**1. FC Kaiserslautern
Schalke 04** 1:3

KAISERSLAUTERN: Hellström, Kroth, Melzer, E. Diehl, Frosch, Meier, Stickel, Scheer, Wilhelmi, Briegel (62. Schwarz), Sandberg. SCHALKE: Nigbur, Sobieray, Fichtel, Rüßmann, Thiele, Lütkebohmert (77. Abramczik), Dubski, Oblak, Bongartz, Fischer, E. Kremers. Schiedsrichter: Walther (Würzburg); Zuschauer: 12 500; Tore: 0:1 Fischer (51.), 0:2 E. Kremers (57.), 1:2 Schwarz (74.), 1:3 Abramczik (87.).

**Eintracht Frankfurt
Eintracht Braunschweig** 6:1

FRANKFURT: Koitka, Müller, Neuberger, Körbel, Beverungen, Weidle, Kraus, Nickel, Hölzenbein, Grabowski, Wenzel (54. Borchers). BRAUNSCHWEIG: Franke, Grzyb, Hellfritz, Hollmann, Merkhoffer, Zembski, Handschuh (24. Dremmler), Gersdorff, Konschal (46. Haebermann), Frank, Popivoda. Schiedsrichter: Linn (Altendiez); Zuschauer: 11 000; Tore: 1:0 Grabowski (2.), 2:0 Hölzenbein (12.), 3:0 Nickel (45.), 4:0 Grabowski (47.), 5:0 Nickel (78., Foulelfmeter), 6:0 Grabowski (81.), 6:1 Frank (83.).

**Borussia Mönchengladbach
1. FC Köln** 2:1

MÖNCHENGLADBACH: Kleff, Vogts, Wittkamp, Schäffer, Danner, Wimmer (70. Ringels), Stielike (46. Kulik), Bonhof, Simmonsen, Jensen, Köppel. KÖLN: Schumacher, Konopka, Gerber, Zimmermann, Hein, Simmet (68. Neumann), Overath, Flohe, Glowacz (62. Prestin), Müller, Löhr. Schiedsrichter: Aldinger (Waiblingen); Zuschauer: 34 000; Tore: 1:0 Jensen (6.), 2:0 Wittkamp (35.), 2:1 Müller (78.).

**Rot-Weiß Essen
Werder Bremen** 2:0

ESSEN: Blasey, Neues, Wieczorkowski, Wörmer, Huhse, Dörre, Strauch, Burgsmüller, Lindner, Bast, Lippens. BREMEN: Burdenski, Kamp, Roentved, Hiller, Müllner, Kontny, Röber (46. Sunday), Bracht, Ohling, Aslund, Görts (80. Schlief). Schiedsrichter: Frickel (München); Zuschauer: 14 500; Tore: 1:0 Bast (25.), 2:0 Lindner (61.).

**Bayern München
Hertha BSC Berlin** 7:4

MÜNCHEN: Maier, Hansen, Schwarzenbeck, Beckenbauer (78. Seneca), Horsmann, Zobel, Rummenigge, Dürnberger, Hoeneß, Müller, Künkel. BERLIN: Wolter, Hanisch (28. Rasmussen), Hermandung, Brück, Sziedat, Weiner, Beer, Diefenbach, Sidka, Szymanek, Grau. Schiedsrichter: Hilker (Bochum); Zuschauer: 21 000; Tore: 1:0 Müller (3.), 2:0 Müller (18.), 3:0 Müller (23., Foulelfmeter), 4:0 Müller (31.), 5:0 Künkel (37.), 6:0 Rummenigge (40.), 6:1 Weiner (72.), 6:2 Szymanek (82.), 7:2 Müller (84.), 7:3 Szymanek (87.), 7:4 Szymanek (89.).

**MSV Duisburg
Bayer Uerdingen** 2:0

DUISBURG: Heinze, W. Schneider, Pirsig, Bruckmann, Dietz, Bella (68. Jara), Bregmann, Bücker, Seliger, Worm, Büssers (36. Thies). UERDINGEN: Vollack, Stieber, Mostert, Brinkmann, Prehn, Franke (82. Schneiders), Hansel, Riege, Wloka, Willi (80. Steeger), Lurz. Schiedsrichter: Eschweiler (Euskirchen); Zuschauer: 6 500; Tore: 1:0 Seliger (36.), 2:0 Bruckmann (42.).

**VfL Bochum
Karlsruher SC** 4:2

BOCHUM: Scholz, Gerland, Fromm, Franke, Lameck, Köper, Eggert, Tenhagen, Versen, Kaczor (72. Pochstein), Eggeling. KARLSRUHE: Wimmer, Kalb, Struth, Radau, Ulrich (54. Fuchs), Schäfer, Kübler, Trenkel, Komorowski, Krauth, Vogel (46. Niedermayer). Schiedsrichter: V. Roth (Salzgitter); Zuschauer: 25 000; Tore: 1:0 Kaczor (4.), 2:0 Eggeling (26.), 3:0 Eggert (51.), 3:1 Niedermayer (61.), 4:1 Pochstein (81.), 4:2 Struth (84., Foulelfmeter).

**Hannover 96
Kickers Offenbach** 4:0

HANNOVER: Dittel, Blumenthal, Kaemmer, Anders, Stiller, Wesche (73. Höfer), Meyer, Weber (67. Hayduck), Holz, Lüttges, Stegmayer. OFFENBACH: Helmschrot, Rohr, Rausch, Theis, Fass, Berg, Bitz, Hickersberger, Ritschel, Bastrup, Held. Schiedsrichter: Weyland (Oberhausen); Zuschauer: 6 600; Tore: 1:0 Weber (34.), 2:0 Lüttges (57.), 3:0 Holz (73.), 4:0 Stegmayer (87.).

Nach dem 34. Spieltag

	Punkte	Tore
1. Mönchengladbach	45:23	66:37
2. Hamburger SV	41:27	59:32
3. Bayern München	40:28	72:50
4. 1. FC Köln	39:29	62:45
5. Braunschweig	39:29	52:48
6. FC Schalke 04	37:31	76:55
7. 1. FC Kaiserslautern	37:31	66:60
8. Rot-Weiß Essen	37:31	61:67
9. Eintracht Frankfurt	36:32	79:58
10. MSV Duisburg	33:35	55:62
11. Hertha BSC Berlin	32:36	59:61
12. Fortuna Düsseldorf	30:38	47:57
13. Werder Bremen	30:38	44:55
14. VfL Bochum	30:38	49:62
15. Karlsruher SC	30:38	46:59
16. Hannover 96	27:41	48:60
17. Kickers Offenbach	27:41	40:72
18. Bayer Uerdingen	22:46	28:69

Der Mann des Tages

Nach zwei Minuten schießt **Gerd Müller** gegen Hertha (7:4) sein 300. Tor. Und dann trifft er noch viermal ins Schwarze. Im Berliner Tor stand Wolter, gegen den der Gerd am 15. August 1965 auch sein erstes Bundesligator erzielt hatte. „Jetzt geh' ich erst mal in Urlaub", sagte der „Bomber der Nation".

Torjäger-Rangliste

	Gesamt	Links	Rechts	Kopf	Elfm.
1. Fischer (Schalke)	29	4	9	14	2
2. Müller (Bayern)	23	4	10	2	7
3. Beer (Hertha BSC)	23	3	13	1	6
4. Toppmöller (K'laut.)	22	1	10	9	2
5. Hrubesch (RW Essen)	18	–	4	12	2
6. Sandberg (K'lautern)	17	7	10	–	–
7. Frank (Braunschweig)	16	–	7	9	–
8. Hölzenbein (Frankf.)	16	3	12	1	–
9. Simmonsen (M'gladb.)	16	9	5	1	1
10. Löhr (1. FC Köln)	15	11	2	2	–
11. Nickel (Frankfurt)	14	12	–	–	2
12. Kostedde (Hertha)	14	2	6	6	–
13. Burgsmüller (Essen)	14	–	10	3	1
14. Müller (1. FC Köln)	13	–	9	4	–
15. Wenzel (Frankfurt)	13	3	8	2	–
16. Gersdorff (B'schw.)	13	4	2	1	6
17. Kaczor (Bochum)	12	4	6	2	–
18. Heynckes (M'gladb.)	12	4	1	6	1
19. Worm (Duisburg)	12	8	2	2	–
20. Jensen (M'gladbach)	11	2	5	4	–
21. E. Kremers (Schalke)	11	3	7	1	–
22. Hayduck (Hannover)	11	6	5	–	–
23. Grabowski (Frankf.)	10	3	6	–	1
24. Röber (Werder)	10	–	6	1	3
25. Lippens (RW Essen)	10	4	5	1	–
26. Nogly (HSV)	9	2	7	–	–
27. Janzon (Offenbach)	9	2	5	2	–
28. Herzog (Düsseldorf)	9	–	7	2	–
29. Rummenigge (Bayern)	8	2	4	2	–
30. Volkert (HSV)	8	2	5	–	1
31. Zimmermann (D'dorf)	8	–	7	1	–
32. Mattsson (Düsseldorf)	8	3	3	2	–
33. Bongartz (Schalke)	8	1	6	1	–
34. Bücker (Duisburg)	8	3	3	2	–
35. Szymanek (Hertha)	7	–	4	3	–
36. Lüttges (Hannover)	7	2	4	1	–
37. Roentved (Werder)	7	2	4	1	–
38. Björnmose (HSV)	7	2	4	1	–
39. Memering (HSV)	7	4	3	–	–
40. Lorant (RW Essen)	7	2	4	1	–
41. Dietz (Duisburg)	7	2	2	2	1
42. Geye (Düsseldorf)	7	–	4	3	–
43. Hickersberger (Off.)	7	2	1	1	3
44. Eggeling (Bochum)	6	4	–	2	–
45. Bast (RW Essen)	6	1	4	–	1
46. Görts (Werder)	6	4	2	–	–
47. Lameck (Bochum)	6	2	–	–	4
48. Wloka (Uerdingen)	6	–	5	1	–
49. Reimann (HSV)	6	1	3	2	–
50. Roth (Bayern)	6	3	3	–	–
51. Kraus (Frankfurt)	6	1	1	4	–
52. H. Kremers (Schalke)	6	2	4	–	–
53. Büssers (Duisburg)	6	2	3	1	–

Bundesliga

Heimspiele

	Punkte	Tore	Siege	Unentschieden	Niederlagen	Punkte	Tore	Siege
Mönchengladbach	45:23	66:37	16	13	5	26:8	38:12	11
Hamburger SV	41:27	59:32	17	7	10	28:6	42:13	13
Bayern München	40:28	72:50	15	10	9	28:6	52:17	13
1. FC Köln	39:29	62:45	14	11	9	25:9	34:18	10
Eintr. Braunschweig	39:29	52:48	14	11	9	29:5	37:13	12
Schalke 04	37:31	76:55	13	11	10	22:12	48:26	8
1. FC Kaiserslautern	37:31	66:60	15	7	12	25:9	41:19	11
Rot-Weiß Essen	37:31	61:67	13	11	10	24:10	37:24	9
Eintracht Frankfurt	36:32	79:58	13	10	11	25:9	44:17	10
MSV Duisburg	33:35	55:62	13	7	14	21:13	32:24	9
Hertha BSC Berlin	32:36	59:61	11	10	13	26:8	35:16	10
Fortuna Düsseldorf	30:38	47:57	10	10	14	22:12	32:18	8
Werder Bremen	30:38	44:55	11	8	15	23:11	33:20	9
VfL Bochum	30:38	49:62	12	6	16	24:10	35:21	12
Karlsruher SC	30:38	46:59	12	6	16	21:13	32:27	9
Hannover 96**	27:41	48:60	9	9	16	22:12	33:23	8
Kickers Offenbach**	27:41	40:72	9	9	16	21:13	26:28	8
Bayer Uerdingen**	22:46	28:69	6	10	18	17:17	18:24	4

* Aufsteiger 1975   ** Absteiger 1976

Auswärtsspiele

Unentschieden	Niederlagen	Punkte	Tore	Siege	Unentschieden	Niederlagen	Borussia Mönchengladbach	Hertha BSC Berlin	Eintracht Frankfurt	Hamburger SV	1. FC Köln	Fortuna Düsseldorf	Schalke 04	Kickers Offenbach	Eintracht Braunschweig	Bayern München	VfL Bochum	Rot-Weiß Essen	1. FC Kaiserslautern	MSV Duisburg	Werder Bremen	Karlsruher SC*	Hannover 96*	Bayer Uerdingen*
4	2	19:15	28:25	5	9	3	□	1:1	4:2	1:1	2:1	1:0	0:2	2:0	0:0	4:1	1:1	1:2	3:0	3:0	3:0	4:0	2:0	6:1
2	2	13:21	17:19	4	5	8	0:0	2:1	4:2	□	2:1	3:1	4:1	2:0	4:0	0:1	5:3	4:1	2:0	3:0	1:2	3:0	3:0	0:0
2	2	12:22	20:33	2	8	7	4:0	7:4	1:1	1:0	1:2	5:0	3:2	3:1	1:1	□	4:0	5:1	3:4	3:0	4:0	2:0	3:1	2:0
5	2	14:20	28:27	4	6	7	0:4	2:0	3:3	1:1	□	4:0	2:1	4:0	1:1	1:0	1:0	3:0	1:1	3:2	1:1	1:3	2:1	4:0
5	0	10:24	15:35	2	6	9	0:0	5:2	2:0	1:0	0:0	3:1	4:1	5:1	□	1:1	1:1	1:1	2:0	3:1	3:2	1:1	3:2	1:0
6	3	15:19	28:29	5	5	7	2:2	2:2	2:4	0:1	3:1	2:0	□	1:1	5:1	2:2	1:1	5:1	2:2	5:1	4:2	6:2	1:2	5:1
3	3	12:22	25:41	4	4	9	0:3	5:0	3:1	2:0	1:1	2:1	1:3	2:2	3:1	2:1	2:1	5:0	□	3:0	4:0	3:1	2:2	1:2
6	2	13:21	24:43	4	5	8	1:3	3:1	4:3	1:1	2:3	2:2	0:0	2:2	2:2	3:3	1:0	□	5:1	5:2	2:0	1:0	1:0	2:1
5	2	11:23	35:41	3	5	9	1:1	1:1	□	1:0	2:2	5:2	2:1	1:0	6:1	6:0	6:0	1:3	1:1	1:1	2:0	0:2	5:1	3:1
5	4	12:22	23:38	5	2	10	2:3	2:1	1:1	1:1	0:4	2:2	1:3	6:2	1:0	1:1	1:1	4:0	1:2	□	2:0	1:0	4:3	2:0
6	1	6:28	24:45	1	4	12	3:0	□	4:4	1:1	2:1	2:2	2:1	1:0	1:0	2:1	4:1	2:2	3:0	1:2	0:0	1:1	1:0	5:0
6	3	8:26	15:39	2	4	11	1:1	2:1	1:1	1:0	0:0	□	1:2	0:0	3:3	1:1	3:1	5:2	5:1	1:3	3:0	0:2	3:0	2:0
5	3	7:27	11:35	2	3	12	2:2	3:2	1:2	1:3	3:2	3:0	1:1	3:1	0:1	0:0	4:1	3:3	3:2	2:0	□	1:0	0:0	3:0
0	5	6:28	14:41	0	6	11	2:0	2:0	5:3	0:3	1:0	0:1	1:4	5:1	2:0	3:1	□	2:1	2:0	1:2	0:3	4:2	2:0	3:0
3	5	9:25	14:32	3	3	11	2:4	3:0	1:0	3:2	3:1	1:0	2:2	2:1	0:2	1:2	2:2	1:2	3:5	2:2	2:0	□	3:2	1:0
6	3	5:29	15:37	1	3	13	3:3	2:6	3:2	1:0	3:3	1:2	1:1	4:0	2:0	2:2	4:1	0:0	2:0	0:2	0:0	2:0	□	3:1
5	4	6:28	14:44	1	4	12	1:1	2:1	2:1	3:2	1:5	1:1	1:1	□	4:2	2:2	1:0	0:4	1:4	2:1	2:0	0:0	1:0	2:3
9	4	5:29	10:45	2	1	14	1:1	1:1	0:5	0:1	1:1	2:0	3:2	1:2	0:0	2:1	0:0	1:1	2:2	0:4	2:1	1:1	1:1	□

Um den Aufstieg zur Bundesliga

Am 17. Juni 1976 in Nürnberg:

1. FC Nürnberg – Borussia Dortmund 0:1 (0:0)

NÜRNBERG: Schwarzwälder, Pechtold (70. Eder), Hannakampf, Rüsing, Stocker, Nüssing, Petrovic, Sturz, Majkowski, Walitza, Lieberwirth (77. Meininger). DORTMUND: Bertram, Huber, Nerlinger, Schwarze, Ackermann, Votava, Hartl, Wolf, Kasperski (69. Segler), Schildt, Geyer. Schiedsrichter: Horstmann (Nordstemmen); Zuschauer: 55 000; Tor: 0:1 Wolf (85.).

Am 23. Juni in Dortmund:

Borussia Dortmund – 1. FC Nürnberg 3:2 (1:0)

DORTMUND: Bertram, Huber, Nerlinger, Schwarze, Ackermann, Votava, Wolf, Hartl, Kasperski (65. Segler), Schildt, Geyer (35. Varga). NÜRNBERG: Schwarzwälder, Pechtold, Dämpfling (58. Lachmann), Rüsing, Stocker, Nüssing, Sturz, Petrovic, Majkowski (60. Krstic), Walitza, Lieberwirth. Schiedsrichter: Biwersi (Bliesransbach); Zuschauer: 54 000; Tore: 1:0 Geyer (23.), 1:1 Sturz (60.), 2:1 Hartl (74.), 2:2 Walitza (79.), 3:2 Huber (89.).

Zweite Bundesliga
Gruppe Süd

Heimspiele

	Punkte	Tore	Siege	Unentschieden	Niederlagen	Punkte	Tore	Siege
1. FC Saarbrücken	57:19	66:28	23	11	4	34:4	45:12	15
1. FC Nürnberg	54:22	78:42	24	6	8	32:6	45:17	14
FC Homburg	51:25	72:41	19	13	6	31:7	44:18	13
1860 München	47:29	78:55	19	9	10	30:8	48:19	14
SpVgg Bayreuth	47:29	71:55	18	11	9	29:9	41:20	12
Röchl. Völklingen	45:31	72:65	18	9	11	29:9	43:26	12
Darmstadt 98	43:33	76:64	19	5	14	26:12	48:24	12
SV Waldhof	42:34	64:55	16	10	12	26:12	37:20	11
Bayern Hof	41:35	60:56	18	5	15	24:14	35:26	10
SpVgg Fürth	37:39	64:52	17	3	18	26:12	40:17	12
VfB Stuttgart	36:40	67:60	16	4	18	21:17	35:22	9
Mainz 05****	36:40	81:92	12	12	14	23:15	47:40	8
FSV Frankfurt	35:41	49:63	15	5	18	26:12	35:25	12
FK Pirmasens	33:43	66:78	13	7	18	25:13	38:26	11
FC Augsburg	32:44	57:56	12	8	18	19:19	34:24	8
Stuttgarter Kickers	32:44	57:70	13	6	19	26:12	44:21	1
Jahn Regensburg	30:46	48:74	8	14	16	19:19	26:29	6
Schweinfurt 05***	26:50	50:72	9	8	21	20:18	32:29	7
Bad Kreuznach***	23:53	49:83	8	7	23	16:22	33:29	6
SSV Reutlingen***	13:63	35:99	5	3	30	6:32	18:48	2

* Abgestiegen aus der Bundesliga   ** Aufgestiegen aus der Amateurliga

		Auswärtsspiele					FK Pirmasens	Schweinfurt 05	Bayern Hof	1860 München	1. FC Nürnberg	1. FC Saarbrücken	SV Waldhof	SpVgg Bayreuth	Darmstadt 98	Mainz 05	FC Augsburg	Röchling Völklingen	FC Homburg	SpVgg Fürth	Stuttgarter Kickers	VfB Stuttgart*	Jahn Regensburg**	SSV Reutlingen**	Eintracht Bad Kreuznach**	FSV Frankfurt**
Unentschieden	Niederlagen	Punkte	Tore	Siege	Unentschieden	Niederlagen																				
4	0	23:15	21:16	8	7	4	2:1	0:0	2:1	2:2	1:0	□	3:1	5:1	3:0	2:1	2:0	1:1	3:0	4:1	1:0	4:0	2:2	2:1	3:0	3:0
4	1	22:16	33:25	10	2	7	5:4	1:0	5:1	2:0	□	0:0	0:2	2:1	1:0	3:1	2:1	2:2	2:2	3:2	5:0	1:0	4:1	3:0	4:0	0:0
5	1	20:18	28:23	6	8	5	3:2	1:0	3:0	3:0	1:0	1:1	2:2	1:1	2:3	7:1	1:0	2:1	□	3:1	2:2	1:0	3:3	2:0	4:0	2:1
2	3	17:21	30:36	5	7	7	3:0	3:1	1:3	□	1:0	1:1	2:1	3:0	2:1	1:3	4:2	1:2	2:2	1:0	5:0	3:0	3:1	6:0	3:0	3:2
5	2	18:20	30:35	6	6	7	3:0	3:0	2:1	4:2	3:4	0:0	2:2	□	0:2	1:1	2:0	3:1	0:0	2:1	3:2	1:0	4:0	3:2	1:1	4:1
5	2	16:22	29:39	6	4	9	2:1	3:0	1:3	0:0	4:2	1:0	3:3	2:1	2:4	4:4		□	2:1	2:1	3:0	5:3	1:1	4:0	1:0	3:2
2	5	17:21	28:40	7	3	9	2:1	6:2	1:1	5:3	2:0	2:0	4:1	0:0	□	3:1	4:1	3:1	0:2	1:3	4:0	2:3	0:1	4:1	4:1	1:2
4	4	16:22	27:35	5	6	8	5:1	3:1	2:1	2:2	3:0	0:0	□	1:2	0:0	0:2	0:3	1:4	1:1	3:1	2:1	1:0	5:1	2:0	3:0	3:0
4	5	17:21	25:30	8	1	10	1:1	2:0	□	0:2	1:1	3:4	0:1	2:1	3:0	4:3	2:2	1:0	3:2	1:0	1:2	3:4	1:1	4:2	2:0	1:0
2	5	11:27	24:35	5	1	13	4:1	3:0	3:0	0:2	2:3	2:3	1:1	2:1	0:1	4:2	2:0	0:3		□	3:0	3:0	2:0	0:0	4:0	2:0
3	7	15:23	32:38	7	1	11	5:3	2:0	0:1	1:1	0:1	1:0	2:0	1:1	2:3	0:2	0:1	2:2	0:2	2:0	5:0	□	3:0	2:3	4:1	3:1
7	4	13:25	34:52	4	5	10	1:0	2:1	0:1	3:3	3:7	0:0	2:2	2:2	5:2	□	1:3	4:2	2:2	1:5	1:1	4:2	3:3	4:2	3:1	6:1
2	5	9:29	14:38	3	3	13	1:1	2:1	2:0	3:2	2:1	0:2	3:2	2:1	1:2	7:1	1:0	0:1	1:0	4:0	2:1	1:7	1:1	1:0	1:2	□
3	5	8:30	28:52	2	4	13	□	5:4	2:0	4:1	0:3	0:2	1:2	0:2	1:1	3:3	0:0	6:2	3:2	1:0	1:0	0:2	2:1	2:1	6:0	1:0
3	8	13:25	23:32	4	5	10	1:2	1:3	1:0	1:1	0:1	1:2	0:1	3:4	4:0	1:1	□	2:0	1:1	2:3	4:0	3:1	3:0	1:2	3:1	2:1
4	4	6:32	13:49	2	2	15	3:1	4:2	2:1	4:1	1:1	2:0	4:1	0:1	6:0	5:2	1:1	1:2	0:1	1:4	□	2:0	2:0	3:0	3:3	0:0
7	6	11:27	22:45	2	7	10	0:0	1:0	0:3	0:2	0:3	0:1	0:2	4:2	3:3	3:3	2:0	1:1	2:2	1:2	3:1	1:1	□	2:1	2:1	1:1
6	6	6:32	18:43	2	2	15	2:2	□	1:2	0:0	0:2	3:2	1:1	2:2	2:1	1:0	3:3	3:4	1:3	2:0	2:1	2:3	2:0	0:1	2:2	3:0
4	9	7:31	16:54	2	3	14	6:3	1:1	1:2	1:2	1:3	0:2	6:4	1:2	1:2	3:1	1:0	2:0	0:0	0:0	0:1	1:2	2:2	6:1	□	0:1
2	15	7:31	17:51	3	1	15	3:4	0:2	1:4	1:4	0:1	0:1	1:1	1:3	2:6	2:2	0:2	1:3	0:2	1:0	2:1	0:4	2:4	□	1:3	0:1

*** Absteiger 1976   **** Verzichtete auf die Lizenz

1. FC Saarbrücken
Meister der Zweiten Liga Süd

Stehend, von links: Schmitt, Greth, Cremer, Holzer, H. Traser, E. Traser, Fazlic, Semlitsch, Fechner, Trainer Cendic; sitzend, von links: Ferner, Schmidt, Denz, Bender, Spasovski, Finkler, Scherer, Sauer.

Zweite Bundesliga
Gruppe Nord

Heimspiele

	Punkte	Tore	Siege	Unentschieden	Niederlagen	Punkte	Tore	Siege
Tennis Bor. Berlin	54:22	86:43	25	4	9	33:5	54:14	1
Borussia Dortmund	52:24	93:37	22	8	8	34:4	64:9	1
Preußen Münster	49:27	65:42	20	9	9	30:8	42:15	1
Fortuna Köln	45:31	74:49	19	7	12	31:7	47:24	1
Wuppertaler SV	45:31	76:53	18	9	11	25:13	40:24	1
VfL Osnabrück	45:31	61:47	19	7	12	34:4	42:13	1
Schwarz-Weiß Essen	44:32	63:52	19	6	13	31:7	43:17	1
Wattenscheid 09	43:33	71:58	17	9	12	26:12	38:21	1
Arminia Bielefeld	42:34	49:46	14	14	10	26:12	28:19	1
Westfalia Herne	40:36	60:57	16	8	14	27:11	36:20	1
Göttingen 05	37:39	63:54	15	7	16	22:16	35:22	1
Alemannia Aachen	36:40	45:53	12	12	14	27:11	33:17	1
Union Solingen	36:40	45:56	11	14	13	26:12	23:17	
FC St. Pauli	34:42	70:82	13	8	17	18:20	34:36	
Bayer Leverkusen	32:44	46:61	12	8	18	23:15	29:19	
Wacker 04 Berlin	31:45	51:82	11	9	18	23:15	29:34	1
1. FC Mülheim***	30:46	54:76	10	10	18	23:15	35:24	
Erkenschwick***	29:47	45:69	10	9	19	22:16	36:30	
DJK Gütersloh***	28:48	52:70	12	4	22	20:18	34:32	
Spandauer SV***	8:68	33:115	2	4	32	6:32	19:54	

* abgestiegen aus der Bundesliga   ** aufgestiegen aus der Amateurliga

Unentschieden	Niederlagen	Punkte	Tore	Siege	Unentschieden	Niederlagen	FC St. Pauli	Arminia Bielefeld	Fortuna Köln	Borussia Dortmund	Wattenscheid 09	VfL Osnabrück	Preußen Münster	Göttingen 05	1. FC Mülheim	Schwarz-Weiß Essen	Wacker 04 Berlin	DJK Gütersloh	Alemannia Aachen	SpVgg Erkenschwick	Tennis Borussia Berlin*	Wuppertaler SV*	Bayer Leverkusen**	Spandauer SV**	Union Solingen**	Westfalia Herne**
1	2	21:17	32:29	9	3	7	3:0	2:0	3:2	1:3	2:1	0:0	3:0	4:0	5:0	4:1	4:1	0:1	6:0	1:0	□	2:1	4:1	3:2	4:0	3:1
4	0	18:20	29:28	7	4	8	6:2	2:2	0:0	□	4:1	2:2	1:0	3:0	6:0	3:0	6:0	2:1	3:0	6:0	4:0	2:1	7:0	3:0	0:0	4:0
6	1	19:19	23:27	8	3	8	2:2	1:1	2:1	4:1	2:1	2:0	□	1:0	3:1	2:0	4:2	2:2	4:0	2:0	0:0	1:1	1:2	7:0	2:1	0:0
1	3	14:24	27:25	4	6	9	2:1	1:2	□	3:1	5:4	3:0	1:0	3:4	2:0	3:2	2:1	2:0	1:1	1:0	6:1	0:4	3:0	4:2	2:0	3:1
3	5	20:18	36:29	7	6	6	5:0	1:4	0:1	0:3	2:0	4:2	0:1	3:1	1:1	2:2	3:1	4:1	2:2	3:0	1:4	□	2:0	2:0	3:0	2:1
2	1	11:27	19:34	3	5	11	3:0	2:0	1:0	3:2	1:0	□	3:2	2:2	3:0	2:0	4:2	3:1	1:0	3:0	1:2	4:0	1:0	3:1	1:1	1:0
5	1	13:25	20:35	6	1	12	4:0	2:2	1:1	1:0	3:1	2:0	0:2	1:1	4:1	□	3:1	2:0	2:0	3:1	2:2	2:1	2:1	3:1	2:0	4:1
6	3	17:21	33:37	7	3	9	2:0	1:1	4:3	2:1	□	3:1	1:2	1:1	1:0	3:0	0:0	4:1	3:1	1:1	1:2	2:2	2:3	3:0	2:2	2:0
6	3	16:22	21:27	4	8	7	1:0	□	1:1	1:1	2:2	1:0	2:2	2:1	2:1	1:2	1:1	2:0	1:0	3:1	0:2	3:1	2:0	1:0	0:0	2:4
5	3	13:25	24:37	5	3	11	1:1	0:0	0:2	2:1	1:2	2:0	2:1	2:2	6:1	2:0	3:3	0:1	2:0	0:0	3:2	4:2	2:1	2:0	2:1	□
2	7	15:23	28:32	5	5	9	1:2	2:0	1:1	3:0	0:2	1:2	1:3	□	0:1	1:2	2:0	2:0	4:1	3:0	1:3	2:0	4:1	2:2	3:1	5:0
7	2	9:29	12:36	2	5	12	2:2	0:0	0:0	1:2	3:0	2:1	1:2	4:1	2:1	2:1	1:1	2:1	□	1:1	1:0	1:1	2:1	1:1	2:1	5:0
8	2	10:28	22:39	2	6	11	1:4	2:0	2:1	1:1	2:2	1:1	1:0	1:1	1:0	2:1	1:0	1:1	0:0	1:1	0:0	2:1	1:1	2:1	□	1:1
4	8	16:22	36:46	6	4	9	□	2:1	2:1	1:1	3:5	2:3	0:2	0:3	1:1	2:1	5:2	1:1	2:1	1:2	2:4	1:1	5:1	1:2	1:2	1:3
5	5	9:29	17:42	3	3	13	2:3	0:0	0:0	0:2	2:1	1:1	6:1	2:1	3:0	0:1	1:1	3:2	0:1	2:0	0:2	1:1	□	2:1	2:0	2:1
3	6	8:30	22:48	1	6	12	1:4	2:1	1:7	2:1	0:3	1:0	1:1	0:1	4:3	4:3	2:1	□	2:0	2:0	2:1	1:2	0:3	1:1	0:0	3:2
7	4	7:31	19:52	2	3	14	4:3	5:1	1:0	1:1	1:2	1:3	1:1	0:4	□	3:1	2:0	2:1	0:0	1:1	0:2	0:0	2:2	6:1	5:1	0:0
4	6	7:31	9:39	1	5	13	1:3	1:1	2:1	1:4	2:3	1:1	2:0	2:1	3:2	0:1	2:2	3:1	2:0	□	1:1	0:1	4:0	5:1	4:3	0:4
2	8	8:30	18:38	3	2	14	4:4	0:2	3:2	0:2	1:2	4:2	0:1	1:0	1:1	0:2	1:0	2:1	□	4:0	2:4	0:5	3:1	4:0	3:1	1:2
2	15	2:36	14:61	0	2	17	1:5	1:3	1:3	1:2	1:1	1:0	1:2	0:4	4:5	0:1	2:3	1:1	1:4	0:2	0:5	1:4	1:0	□	2:7	0:2

*** Absteiger 1976

Tennis Borussia Berlin
Meister der Zweiten Liga Nord

Stehend, von links: Heun, Schwidrowski, Berkemeier, Kraus, Stolzenburg, Jakobs, Siegmann, Sprenger, Eggert, Mulack, Sackewitz, Trainer Johannsen. Kniend: Pagel, Schulz, Bittlmayer, Wittke, Birkenmeier, Thiel, Subkleve, Ferrin.

VIERTELFINALE
FC Homburg – Hamburger SV 1:2 (1:2)
HOMBURG: Quasten, R. Koch (69. G. Müller), Ehrmannstraut, Figlus, A. Müller, H. Koch (77. Buchberger), Diener, Leunissen, Petersen, Lenz, Detterer. HAMBURG: Kargus, Kaltz, Nogly, Blankenburg, Hidien, Björnmose (60. Bertl), Zaczyk, Eigl, Sperlich, Reimann, Memering. Schiedsrichter: Aldinger (Waiblingen); Zuschauer: 20 000; Tore: 0:1 Memering (21.), 0:2 Zaczyk (30.), 1:2 Diener (32.).

1. FC Kaiserslautern – Fortuna Düsseldorf 3:0 (1:0)
KAISERSLAUTERN: Hellström, Kroth, E. Diehl, Melzer, Frosch, Meier, Wilhelmi, Riedl, Pirrung (82. Schwarz), Toppmöller, Sandberg. DÜSSELDORF: Woyke, Hesse, Zimmermann, Zewe, Kriegler, Baltes, Brei, Seel, Geye, Mattsson (74. Köhnen), Herzog. Schiedsrichter: Riegg (Augsburg); Zuschauer: 21 500; Tore: 1:0 Toppmöller (34.), 2:0 Frosch (82.), 3:0 Schwarz (88.).

1. FC Köln – Bayern München 2:5 (1:3)
KÖLN: Schumacher, Glowacz, Weber, Konopka, Hein (38. Schwabe), Neumann, Overath, Gerber, Flohe, D. Müller, Löhr (63. Brücken). MÜNCHEN: Maier, Hansen, Beckenbauer, Schwarzenbeck, Horsmann, Rummenigge, Dürnberger, Kapellmann, Roth, Hoeneß, G. Müller. Schiedsrichter: Roth (Salzgitter); Zuschauer: 57 000; Tore: 0:1 Horsmann (5.), 1:1 D. Müller (10.), 1:2 G. Müller (27.), 1:3 Hoeneß (34.), 1:4 G. Müller (56.), 1:5 G. Müller (58.), 2:5 D. Müller (64.).

Hertha BSC Berlin – Röchling Völklingen 1:1 (1:1, 1:1) n. V.
BERLIN: Zander, Sziedat, Brück, Hermandung, Weiner, Diefenbach, Sidka, Beer, Magnusson (99. Rasmussen), Kostedde (67. Szymanek), Horr. VÖLKLINGEN: Stars, Paulus, Martin, Janz, Hommrich, Scheermann, Werthmüller, Schauss, Warken (72. Kremer), Spohr, Granitza. Schiedsrichter: Hilker (Bochum); Zuschauer: 11 000; Tore: 0:1 Hermandung (9., Eigentor), 1:1 Horr (27.).

Wiederholung
Röchling Völklingen – Hertha BSC Berlin 1:2 (0:1)
VÖLKLINGEN: Stars, Hommrich, Janz, Martin, Kremer, Scheermann, Werthmüller, Schauss, Spohr, Warken, Granitza. BERLIN: Zander, Weiner, Hermandung, Kliemann, Diefenbach, Sidka, Brück, Beer, Grau, Kostedde (78. Szymanek), Horr. Schiedsrichter: Meßmer (Mannheim); Zuschauer: 13 000; Tore: 0:1 Brück (28.), 1:1 Schauss (59.), 1:2 Diefenbach (87.).

SEMIFINALE
1. FC Kaiserslautern – Hertha BSC Berlin 4:2 (3:0)
KAISERSLAUTERN: Hellström, Kroth, E. Diehl, Melzer, Frosch, Meier, Scheer, Riedl (56. Schwarz), Wilhelmi, Toppmöller, Sandberg. BERLIN: Zander, Diefenbach, Kliemann, Hermandung, Weiner, Sidka, Beer, Brück, Magnusson, Szymanek, Horr (25. Sziedat). Schiedsrichter: Redelfs (Hannover); Zuschauer: 26 000; Tore: 1:0 Toppmöller (18.), 2:0 Toppmöller (23.), 3:0 Sandberg (30.), 3:1 Weiner (48.), 4:1 Toppmöller (60.), 4:2 Hermandung (63.).

Hamburger SV – Bayern München 2:2 (0:0, 1:1) n. V.
HAMBURG: Kargus, Hidien, Blankenburg, Nogly, Kaltz, Zaczyk (91. Bertl), Björnmose, Eigl, Reimann (91. Sperlich), Memering, Volkert. MÜNCHEN: Maier, Andersson, Beckenbauer, Horsmann, Dürnberger, Zobel (84. J. Weiß), Kapellmann, Roth, Hoeneß, Müller, Rummenigge. Schiedsrichter: Schröder (Lahnstein); Zuschauer: 52 000; Tore: 1:0 Björnmose (53.), 1:1 Rummenigge (71.), 1:2 Beckenbauer (94.), 2:2 Nogly (115.).

Wiederholung
Bayern München – Hamburger SV 0:1 (0:0)
MÜNCHEN: Maier, Hansen, Beckenbauer, Schwarzenbeck, Horsmann, Roth, J. Weiß, Dürnberger, Hoeneß, Müller, Rummenigge. HAMBURG: Kargus, Kaltz, Blankenburg, Nogly, Hidien, Memering, Björnmose, Zaczyk, Eigl, Reimann, Volkert. Schiedsrichter: Linn (Altendiez); Zuschauer: 55 000; Tor: 0:1 Eigl (90.).

ENDSPIEL
Hamburger SV – 1. FC Kaiserslautern 2:0 (2:0)
HAMBURG: Kargus, Kaltz, Blankenburg, Nogly, Hidien, Zaczyk (62. Sperlich), Memering, Eigl, Reimann, Björnmose, Volkert. KAISERSLAUTERN: Hellström, Kroth, Melzer, E. Diehl, Frosch, Meier, Scheer, Stickel (66. Schwarz), Riedl, Pirrung (62. Wilhelmi), Sandberg. Schiedsrichter: Eschweiler (Euskirchen); Zuschauer: 61 000; Tore: 1:0 Nogly (22.), 2:0 Björnmose (36.).

Erste Runde		Zweite Runde
Hamburger SV — 1. FC Köln (A)	4:0	Hamburger SV
Union Salzgitter — TSV Abbehausen	5:0	Union Salzgitter
Jülich 1910 — Wacker 04 Berlin	3:0	Jülich 1910
SpVgg Lindau — Itzehoer SV	3:0	SpVgg Lindau
Bayern Hof — VfR Bürstadt	2:1	Bayern Hof
1. FC Mülh.-Styr. — SpVgg Sterkrade 06/07	4:2	1. FC Mülh.-Styr.
Wattenscheid 09 — Condor Hamburg	4:0	Wattenscheid 09
SC Herford — SC Friedrichsthal	3:1	SC Herford
FC Homburg — Union Solingen	4:0	FC Homburg
Hannover 96 — ASV Landau	7:1	Hannover 96
SV Waldhof — SV Cuxhaven	2:1	SV Waldhof
1860 München — Göttingen 05	2:1	1860 München
Darmstadt 98 — VfB Eppingen	4:1	Darmstadt 98
VfR Heilbronn — Rot-Weiß Lüdenscheid	3:2	VfR Heilbronn
1. FC Nürnberg — Rot-Weiß Essen	2:1	1. FC Nürnberg
Fortuna Köln — ASV Bergedorf 85	6:1	Fortuna Köln
Bayern München — 1. FC Saarbrücken	3:1	Bayern München
Bündner SV — VfR Pforzheim	2:2 2:1	Bündner SV
Tennis Borussia Berlin — Schweinfurt 05	2:0	Tennis Bor. Berli
Spfr. Siegen — ATS Kulmbach	4:2	Spfr. Siegen
FK Pirmasens — FC St. Pauli	1:1 5:2	FK Pirmasens
Spandauer SV — Rot-Weiß Oberhausen	2:1	Spandauer SV
SV Weiskirchen — Spfr. Salzgitter	1:0	SV Weiskirchen
SV Auersmacher — VfB Gaggenau	6:0	SV Auersmacher
1. FC Köln — Olympia Wilhelmshaven	2:0	1. FC Köln
SC Freiburg — Victoria Hamburg	2:1	SC Freiburg
SpVgg Fürth — FSV Frankfurt	1:1 1:0	SpVgg Fürth
SV Woltmershausen — TuS Xanten	2:0	SV Woltmershau.
Schwarz-Weiß Essen — Bayer Uerdingen	2:1	Schw.-Weiß Essen
SGO Bremen — FC Herzogenaurach	5:1	SGO Bremen
Preußen Münster — Siemensstadt Berlin	7:1	Preußen Münster
Wuppertaler SV — Schwarz-Weiß Essen (A)	3:0	Wuppertaler SV
VfL Trier — TSV Kücknitz	3:6	TSV Kücknitz
SpVgg Andernach — DJK Gütersloh	0:2	DJK Gütersloh
SV Spielberg — Eintr. Höhr-Grenzhausen	3:4	E. Höhr-Grenzhs
SV St. Georg — Arminia Bielefeld	0:4	Arminia Bielefel
VfB Stuttgart (A) — SV Barmbek-Uhlenh.	1:3	SV Barmbek-Uhl
Frisia Husum — Hassia Bingen	0:7	Hassia Bingen
TSV Osterholz-Tenever — Mainz 05	2:7	Mainz 05
Wacker München — Röchling Völklingen	1:5	Röchl. Völklinger
Kickers Offenbach — Borussia Neunkirchen	0:2	Bor. Neunkircher
VfL Wolfsburg — VfL Osnabrück	2:3	VfL Osnabrück
FSV Cappel — Offenburger FV	0:2	Offenburger FV
Viktoria Köln — Eintracht Frankfurt	0:6	Eintr. Frankfurt
TuS Mayen — Spfr. Schwäbisch Hall	1:5	Spfr. Schw. Hall
Holstein Kiel — Kickers Stuttgart	1:1 1:2	Kickers Stuttgart
Rapide Wedding — VfB Stuttgart	2:9	VfB Stuttgart
FV Weinheim — Hertha BSC Berlin	1:7	Hertha BSC Berl.
SpVgg Bayreuth — Karlsruher SC	2:4	Karlsruher SC
MTV Fürth — MSV Duisburg	2:10	MSV Duisburg
VfL Neuwied — SV Hasborn	1:3	SV Hasborn
Werder Bremen — Bor. Mönchengladbach	0:3	Mönchengladbach
TSG Thannhausen — Bayer Leverkusen	0:6	Bayer Leverkus.
SpVgg Erkenschwick — VfL Bochum	2:3	VfL Bochum
Alemannia Aachen — Hessen Kassel	0:1	Hessen Kassel
FC Augsburg — Fortuna Düsseldorf	0:1	Fort. Düsseldorf
SpVgg Ludwigsburg — Borussia Dortmund	0:6	Bor. Dortmund
VfB Oldenburg — Schalke 04	0:6	Schalke 04
FK Clausen — Wormatia Worms	0:2	Wormatia Worm
SpVgg Freudenstadt — Eintr. Braunschweig	0:7	E. Braunschweig
SG Frankf.-Höchst — ASV Idar-Oberstein	2:3	ASV Idar-Oberst
Freiburger FC — Westfalia Herne	1:3	Westfalia Herne
Hertha Zehlendorf — Blumenthaler SV	0:1	Blumenthaler S\
VfR Mannheim — 1. FC Kaiserslautern	0:2	1. FC Kaiserslaut

ritte Runde		Vierte Runde		Viertelfinale		Semifinale		Finale in Frankfurt
amburger SV	4							
ilich 1910	0	Hamburger SV	2					
ayern Hof	3	Bayern Hof	0					
attenscheid 09	2			Hamburger SV	2			
C Homburg	1			FC Homburg	1			
V Waldhof	0	FC Homburg	3					
armstadt 98	3	Darmstadt 98	0					
FC Nürnberg	1					Hamburger SV	2 1	
ayern München	3					Bayern München	2 0	
ennis Bor. Berlin	0	Bayern München	2					
K Pirmasens	1	FK Pirmasens	0					
V Weiskirchen	0			Bayern München	5			
FC Köln	3			1. FC Köln	2			HAMBURGER SV: Kargus, Kaltz, Blankenburg, Nogly (1), Hidien, Zaczyk (Sperlich), Memering, Eigl, Reimann, Björnmose (1), Volkert.
Vgg Fürth	1	1. FC Köln	1 1					
hw.-Weiß Essen	2 3	Schw.-Weiß Essen	1 0					
reußen Münster	2 2							Hamburger SV 2
JK Gütersloh	2							1. FC Kaiserslautern 0
rminia Bielefeld	3	Arminia Bielefeld	0					
assia Bingen	1	Röchling Völklingen	1					1. FC KAISERSLAUTERN: Hellström, Kroth, Melzer, E. Diehl, Frosch, Meier, Scheer, Stickel (Schwarz), Riedl, Pirrung (Wilhelmi), Sandberg.
chling Völklingen	4			Röchl. Völklingen	1 1			
L Osnabrück	0			Hertha BSC Berlin	1 2			
ntracht Frankfurt	3	Eintracht Frankfurt	0					
ckers Stuttgart	1	Hertha BSC Berlin	1					
rtha BSC Berlin	3					Hertha BSC Berlin	2	
SV Duisburg	0					1. FC Kaiserslautern	4	
önchengladbach	1	Mönchengladbach	2					
L Bochum	4 1	Fortuna Düsseldorf	3					
rtuna Düsseldorf	4 3			Fortuna Düsseldorf	0			
halke 04	1			1. FC Kaiserslautern	3			
ntr. Braunschweig	2	Eintr. Braunschweig	0					
estfalia Herne	1	1. FC Kaiserslautern	2					
FC Kaiserslautern	3							

Bayern

	Punkte	Tore
1. Wacker München	51:17	92:39
2. Würzburg 04	51:17	62:25
3. Würzburger Kickers	43:25	55:36
4. ASV Neumarkt	39:29	64:47
5. FC Amberg	39:29	59:44
6. ATS Kulmbach	37:31	56:46
7. SC Fürstenfeldbruck	36:32	56:58
8. FC Passau	34:34	68:63
9. ESV Ingolstadt	34:34	35:47
10. SpVgg Büchenbach	32:36	71:63
11. Bayern München (A)	30:38	59:53
12. FC Memmingen	30:38	44:47
13. VfB Coburg	30:38	50:67
14. ASV Herzogenaurach	30:38	50:71
15. VfR Neuburg	28:40	40:53
16. FC Bamberg	26:42	40:67
17. MTV Ingolstadt	21:47	46:75
18. Kaufbeuren	21:47	48:94

Berlin

	Punkte	Tore
1. Union 06	51:17	98:30
2. Hertha BSC (A)	48:20	57:28
3. Westend 01	42:26	66:38
4. Blau-Weiß 90	40:28	62:45
5. Tennis Borussia (A)	39:29	61:52
6. Rapide Wedding	35:33	77:66
7. BFC Preußen	35:33	57:47
8. Reinickend. Füchse	35:33	63:57
9. Polizei SV	35:33	49:43
10. Hertha Zehlendorf	34:34	60:51
11. Berliner SV 92	33:35	48:48
12. Siemensstadt	33:35	52:60
13. VfB Neukölln	32:36	50:57
14. SC Staaken	31:37	43:53
15. BBC Südost	27:41	48:70
16. Preußen Wilmersdorf	26:42	50:61
17. 1. Traber FC	26:42	48:67
18. 1. FC Neukölln	10:58	28:144

Hessen

	Punkte	Tore
1. KSV Baunatal	52:16	68:34
2. VfR Bürstadt	49:19	77:30
3. Hessen Kassel	47:21	68:40
4. SV Wiesbaden	38:30	59:44
5. Eintracht Frankfurt	38:30	53:44
6. Hermannia Kassel	37:31	64:56
7. VfR Groß-Gerau	36:32	40:46
8. Bad Homburg	35:33	51:44
9. SSV Dillenburg	34:34	60:43
10. VfB Gießen	32:36	44:55
11. RW Frankfurt	32:36	45:59
12. Aschaffenburg	31:37	49:55
13. TSV Klein-Linden	30:38	50:61
14. Neu-Isenburg	29:39	51:67
15. FCA Darmstadt	28:40	39:56
16. FC Hochstadt	27:41	39:64
17. SV Sprendlingen	22:46	45:70
18. Sport Kassel	15:53	43:77

Mittelrhein

	Punkte	Tore
1. Bonner SC	50:10	78:30
2. TuS Langerwehe	49:11	87:27
3. Viktoria Köln	42:18	70:30
4. Siegburg 04	41:19	54:28
5. 1. FC Köln (A)	35:25	45:31
6. SC Jülich 1910	35:25	50:43
7. FV Godesberg	33:27	45:44
8. SC Brühl	30:30	51:59
9. VfL Köln 99	28:32	45:44
10. Düren 99	25:35	39:42
11. Oberbruch-Heinsberg	24:36	33:63
12. Baesweiler 09	23:37	31:51
13. Westwacht Aachen	19:41	39:58
14. TuS Lindlar	19:41	42:73
15. SG Eschweiler	18:42	37:65
16. SC Köln-Nord	9:51	25:83

Niederrhein

	Punkte	Tore
1. 1. FC Bocholt	44:16	58:27
2. SW Essen	40:20	48:26
3. Olympia Bocholt	39:21	58:31
4. FC Viersen	37:23	63:44
5. RW Oberhausen	36:24	41:29
6. Fortuna Düsseldorf (A)	33:27	49:33
7. VfR Neuß	33:27	62:51
8. RSV Meerbeck	32:28	39:33
9. VfB Remscheid	31:29	39:46
10. Langenberger SV	29:31	36:42
11. VfB Bottrop	28:32	41:47
12. Sterkrade 06/07	27:33	35:48
13. BV Altenessen	23:37	35:48
14. SSVg Velbert	23:37	34:50
15. Düsseldorf 99	14:46	21:53
16. Eintracht Duisburg	11:49	16:67

Nord

	Punkte	Tore
1. Arminia Hannover	50:18	81:42
2. VfL Wolfsburg	46:22	72:36
3. VfB Oldenburg	46:22	65:50
4. Olymp. Wilhelmshaven	39:29	54:54
5. Union Salzgitter	38:30	59:43
6. SV Meppen	37:31	56:49
7. SC Concordia	35:33	47:44
8. Blumenthaler SV	33:35	60:59
9. Eintracht Nordhorn	33:35	43:48
10. Bremerhaven 93	32:36	67:50
11. E. Braunschweig (A)	32:36	49:49
12. Preußen Hameln	32:36	65:71
13. Holstein Kiel	31:37	45:52
14. OSV Hannover	30:38	67:69
15. Barmbek-Uhlenhorst	30:38	65:74
16. SC Victoria	29:39	51:53
17. Itzehoer SV	28:40	69:81
18. SpVgg Bad Pyrmont	11:57	29:120

Nordbaden

	Punkte	Tore
1. VfR Mannheim	47:13	65:18
2. SV Sandhausen	42:18	53:29
3. FC Pforzheim	42:18	50:28
4. VfB Eppingen	35:25	69:53
5. VfB Bretten	34:26	43:31
6. FV Weinheim	33:27	59:47
7. SV Neckargerach	30:30	60:63
8. FC Dossenheim	28:32	57:62
9. Karlsruher SC (A)	27:33	38:48
10. ASV Feudenheim	27:33	47:67
11. VfB Knielingen	26:34	53:67
12. SpVgg Neckarelz	24:36	42:52
13. SV Schwetzingen	24:36	45:59
14. FC Neureut	22:38	38:53
15. SC Mönchzell	21:39	55:67
16. Karlsruher FV	18:42	30:55

Nord-württemberg

	Punkte	Tore
1. Ludwigsburg	43:21	46:25
2. Germania Bietigheim	39:25	55:36
3. VfR Aalen	38:26	50:42
4. VfB Stuttgart (A)	37:27	42:35
5. SSV Ulm 46	36:28	47:35
6. Union Böckingen	34:30	52:48
7. VfR Heilbronn	33:31	47:39
8. FC Eislingen	33:31	53:47
9. SpVgg Renningen	31:33	59:56
10. Spfr. Schwäbisch Hall	31:33	50:49
11. SV Göppingen	31:33	42:43
12. TSG Giengen	31:33	32:33
13. VfL Schorndorf	31:33	52:57
14. Kickers Stuttgart	31:33	43:56
15. TSV Eltingen	24:40	33:62
16. TSG Backnang	23:41	48:59
17. FV Nürtingen	18:46	28:57

Rheinland

	Punkte	Tore
1. Eintracht Trier	45:15	84:35
2. TuS Neuendorf	45:15	75:30
3. FC Bitburg	42:18	61:41
4. Alemannia Plaidt	33:27	57:44
5. Eintracht Wirges	31:29	58:54
6. Bad Neuenahr	31:29	40:49
7. VfL Neuwied	30:30	65:61
8. Ellingen-Bonefeld	29:31	49:55
9. VfB Wissen	29:31	45:54
10. TuS Mayen	28:32	42:44
11. SV Leiwen	28:32	51:58
12. Remagen-Kripp	27:33	54:55
13. Spfr. Eisbachtal	27:33	49:54
14. SpVgg Andernach	26:34	43:54
15. FV Speicher	23:37	40:64
16. TuS Marienberg	6:54	18:79

Saarland

	Punkte	Tore
1. Borussia Neunkirchen	62: 6	118:18
2. VfB Theley	52:16	83:23
3. FC Ensdorf	48:20	82:45
4. FV Eppelborn	43:25	80:45
5. FC St. Wendel	40:28	68:61
6. SV Weiskirchen	37:31	59:40
7. Saarwellingen	36:32	58:68
8. FC Hülzweiler	34:34	57:56
9. ASC Dudweiler	33:35	65:58
10. Saar 05	33:35	49:55
11. SV Auersmacher	31:37	56:64
12. SV Oberthal	30:38	65:74
13. VfB Dillingen	28:40	51:54
14. FC Oberkirchen	25:43	36:67
15. SV St. Ingbert	25:43	51:95
16. SC Friedrichsthal	24:44	36:62
17. SpVgg Merzig	23:45	47:91
18. FC Landsweiler-R.	8:60	26:111

Schwarzwald/ Bodensee

	Punkte	Tore
1. BSC Schwenningen	45:15	74:31
2. FV Biberach	40:20	50:28
3. FC Tuttlingen	37:23	46:24
4. FV Ebingen	37:23	43:27
5. FC Tailfingen	36:24	61:38
6. SV Tübingen	35:25	48:49
7. SV Kreßbronn	34:26	50:36
8. SV Weingarten	33:27	42:42
9. FV Ravensburg	30:30	35:33
10. TSV Eningen	27:33	28:36
11. SpVgg Freudenstadt	23:37	28:49
12. Friedrichshafen	22:38	32:47
13. SpVgg Lindau	22:38	43:73
14. FC Wangen	21:39	32:46
15. SV Oberzell	19:41	23:52
16. TSV Tettnang	17:43	32:64

Südbaden

	Punkte	Tore
1. FC Villingen	50:18	76:32
2. SC Baden-Baden	50:18	81:39
3. Freiburger FC	50:18	71:34
4. Offenburger FV	43:25	80:40
5. FV Lörrach	41:27	76:61
6. SC Freiburg	38:30	67:46
7. FC Rastatt	38:30	58:44
8. Bahlinger SC	36:32	46:48
9. FC Konstanz	35:33	63:68
10. FC Emmendingen	34:34	41:51
11. SV Weil	31:37	51:58
12. Lahrer FV	27:41	50:63
13. DJK Konstanz	27:41	45:59
14. SV Kuppenheim	27:41	41:72
15. FC Radolfzell	26:42	43:58
16. SpVgg Bühlertal	25:43	49:79
17. FC Singen	21:47	60:75
18. FC Rheinfelden	13:55	37:108

Südwest

	Punkte	Tore
1. Wormatia Worms	58:10	112:23
2. ASV Landau	48:20	69:32
3. FV Speyer	48:20	71:38
4. FC Rodalben	45:23	71:47
5. Hassia Bingen	41:27	72:43
6. Südw. Ludwigshafen	38:30	65:50
7. 1. FC Kaiserslautern (A)	38:30	56:50
8. VfR Frankenthal	36:32	63:59
9. Viktoria Herxheim	36:32	62:65
10. ASV Idar-Oberstein	33:35	56:55
11. VfR Kirn	31:37	64:56
12. SVW Mainz	28:40	55:77
13. SV Alsenborn	27:41	56:73
14. Ludwigshafener SC	27:41	51:68
15. FK Clausen	27:41	48:68
16. SV Horchheim	21:47	46:73
17. FV Kusel	20:48	45:90
18. TSC Zweibrücken	10:58	36:131

Westfalen I

	Punkte	Tore
1. Herforder SC	54:14	84:26
2. SV Ahlen	46:22	53:32
3. Emsdetten 05	40:28	53:43
4. Hammer SV	39:29	66:44
5. SVA Gütersloh	38:30	58:50
6. Bünder SV	37:31	60:46
7. Erle 08	35:33	40:46
8. TuS Ahlen	34:34	51:44
9. 1. FC Paderborn	34:34	51:49
10. FC Gohfeld	33:35	45:40
11. SC Recklinghausen	33:35	30:33
12. Eintr. Gelsenk.-Horst	33:35	47:57
13. VfB Rheine	32:36	39:46
14. Warendorfer SU	32:36	50:62
15. SpVgg Beckum	31:37	49:56
16. Schloß Neuhaus	29:39	40:52
17. TSV Marl-Hüls	26:42	40:58
18. VfB Bielefeld	6:62	27:99

Westfalen II

	Punkte	Tore
1. RW Lüdenscheid	51:17	84:31
2. SV Holzwickede	50:18	71:32
3. Lüner SV	43:25	68:36
4. TuS Iserlohn	39:29	53:45
5. DSC Wanne-Eickel	38:30	67:47
6. Wattenscheid 09 (A)	38:30	47:35
7. Hüsten 09	37:31	64:72
8. SC Neheim-Hüsten	33:35	45:45
9. TuS Neuenrade	33:35	44:45
10. Lütgendortmund	33:35	45:47
11. VfB Altena	31:37	42:57
12. SSV Hagen	30:38	48:57
13. VfL Bochum	30:38	38:49
14. Teutonia Lippstadt	29:39	42:54
15. Spfr. Siegen	29:39	47:61
16. Eving-Lindenhorst	25:43	50:71
17. Bad Berleburg	25:43	55:82
18. Hasper SV	18:50	34:78

Deutsche Meisterschaft der Amateure

ERSTE RUNDE (30. Mai und 5. Juni)

Schwarz-Weiß Essen – VfR Bürstadt 3:2 (1:0)
VfR Bürstadt – Schwarz-Weiß Essen 4:0 (3:0)

Blumenthaler SV – VfB Theley 3:1 (2:0)
VfB Theley – Blumenthaler SV 2:2 (1:0)

Holstein Kiel – SV Holzwickede 0:2 (0:1)
SV Holzwickede – Holstein Kiel 2:2 (0:0)

Hertha BSC Berlin – Concordia Hamburg 1:1 (1:1)
Concordia Hamburg – Hertha BSC Berlin 4:2 (1:1)

TuS Neuendorf – FV Biberach 1:0 (0:0)
FV Biberach – TuS Neuendorf 2:2 (0:2)

ASV Landau – SV Sandhausen 1:0 (1:0)
SV Sandhausen – ASV Landau 2:4 (1:3)

TuS Langerwehe – VfB Oldenburg 1:2 (0:1)
VfB Oldenburg – TuS Langerwehe 3:1 (1:1)

Wacker München – Freiburger FC 1:4 (0:0)
Freiburger FC – Wacker München 1:3 (1:1)

ZWEITE RUNDE (am 13. und 17. Juni)

VfR Bürstadt – Freiburger FC 3:0 (3:0)
Freiburger FC – VfR Bürstadt 0:2 (0:0)

Blumenthaler SV – VfB Oldenburg 1:0 (0:0)
VfB Oldenburg – Blumenthaler SV 5:2 (5:0)

ASV Landau – Concordia Hamburg 1:1 (0:0)
Concordia Hamburg – ASV Landau 2:0 (1:0)

SV Holzwickede – TuS Neuendorf 0:0
TuS Neuendorf – SV Holzwickede 0:1 (0:0, 0:0) n. V.

VORSCHLUSSRUNDE

Am 25. Juni in Delmenhorst:

VfR Bürstadt – Concordia Hamburg 2:1 (0:1)
BÜRSTADT: Neuwinger, Grieser, Weigel, Geier, Reinhard, Grimm, Groh, Köhle (63. Molitor), Stetter, Vogt (46. Schmiedl), Nathmann. HAMBURG: Westfahl, Brück, Karrasch, Hütten, Draguhn, Fornacon, Reymers (67. Hennings), von Dahle, Packmohr, Stahl (78. Wiegand), Meyer. Schiedsrichter: Gabor (Berlin); Zuschauer: 800; Tore: 0:1 von Dahle (27.), 1:1 Reinhard (89.), 2:1 Weigel (90., Foulelfmeter).

SV Holzwickede – VfB Oldenburg 1:1 (0:1, 1:1)* n. V.
HOLZWICKEDE: Scholz, Bell, Backs, Woköck, Eiler, D. Kurrat, Wulf, Serges (113. Waldschmidt), Kuhlhüser, Peter, H. J. Kurrat. OLDENBURG: Witt, Gawylcyk, Döpke (106. Klarmann), Bäumer, Darsow, Wedemann, Wegner, L. Wilhelm, Bülau (73. H. Wilhelm), Steindor, Hagen. Schiedsrichter: Meuser (Ingelheim); Zuschauer: 2500; Tore: 0:1 Bäumer (28.), 1:1 Backs (47.).
* durch Elfmeterschießen (3:2) für SV Holzwickede entschieden

UM DEN DRITTEN PLATZ:

Am 27. Juni in Oldenburg:

Concordia Hamburg – VfB Oldenburg 3:1 (1:1)

ENDSPIEL

Am 27. Juni in Oldenburg:

SV Holzwickede – VfR Bürstadt 1:0 (0:0)
HOLZWICKEDE: Scholz, Bell, Backs, Woköck, Eiler, D. Kurrat, Wulf, Waldschmidt (86. Weltmann), Kuhlhüser, Peter, H. J. Kurrat. BÜRSTADT: Neuwinger, Grieser, Weigel, Geier, Reinhard, Grimm, Groh, Köhle, Nathmann, Stetter (68. Vogt), Schmiedl (82. Jüllich). Schiedsrichter: Picker (Hamburg); Zuschauer: 1000; Tor: 1:0 Weltmann (92.).

Deutsche Frauen-Meisterschaft

(Endrunde vom 18. bis 20. Juni in Siegen)

HALBFINALE

Tennis Borussia Berlin – Sparta Göttingen 3:1 (1:1, 1:1) n. V.
Bayern München – TSV Siegen 3:2 (3:1)

UM DEN DRITTEN PLATZ

Sparta Göttingen – TSV Siegen 2:1 (2:1)

ENDSPIEL

FC Bayern München – Tennis Borussia Berlin 4:2 (2:1, 2:2) n. V.
MÜNCHEN: Köhl, Kasimir, Lehner, Völkl, Doll, Niederlöhner (70. Leroy), Raith, Süß, Mayerhofer, Schmidt, Langer (58. Wagner). BERLIN: Westphal, Wölfel (48. D. Jahnke), Vrcic, Hallbauer, Göcke, Streuffert (22. M. Jahnke), Manzke, Männig, Cygon, Keller, Lorenzen. Schiedsrichter: Hilker (Bochum); Zuschauer: 3000; Tore: 1:0 Niederlöhner (6.), 1:1 Cygon (23.), 2:1 Schmidt (33.), 2:2 Cygon (42.), 3:2 Mayerhofer (70.), 4:2 Niederlöhner (76.).

Amateur-Länderpokal

Gruppe I
Mittelrhein – Hamburg 3:2 und 0:0
Westfalen – Schleswig-Holstein 2:0 und 1:0

Gruppe II
Berlin – Niederrhein 2:0 und 2:1
Niedersachsen – Bremen 2:1 und 2:2

Gruppe III
Saarland – Südbaden 2:2 und 2:2
Saarland Sieger nach Elfmeterschießen 5:4
Hessen – Südwest 2:0 und 1:1

Gruppe IV
Bayern – Rheinland 3:0 und 1:1
Nordbaden – Württemberg 3:0 und 0:1

VIERTELFINALE

Mittelrhein – Westfalen 3:0 und 2:1
Niedersachsen – Berlin 2:0 und 1:1
Hessen – Saarland 0:0 und 2:1
Bayern – Nordbaden 5:1 und 3:0

SEMIFINALE

Am 14. Mai 1976 in Amberg:
Bayern – Mittelrhein 2:1 (1:0)
BAYERN: Hesselbach (FC Amberg), Szaule (Würzburg 04), Seufert (Kickers Würzburg), Groppe (Würzburg 04), L. Müller (FC Haßfurt), Schrettenbrunner (SpVgg Büchenbach), Weißberger (Wacker München), Lömm (Würzburg 04), Kirschner (1. FC Passau), Wohland (ATS Kulmbach), ab 61. Metzger (Würzburg 04), Hampl (ASV Neumarkt). MITTELRHEIN: Holubeck (Viktoria Köln), Breuer (Jülich 1910), Nicot (1. FC Köln), Kreis (Viktoria Köln), Bönighausen (Bonner SC), Schwaba (Bonner SC), Lenzen (Bonner SC), Schmitz (TuS Langerwehe), Langer (Viktoria Köln), Strotmann (1. FC Köln), Fuhrmann (Viktoria Köln). Schiedsrichter: Quindeau (Ludwigshafen); Zuschauer: 1200; Tore: 1:0 Weißberger (6.), 1:1 Strotmann (68.), 2:1 Szaule (82.).

Am 14. Mai in Neumarkt:
Niedersachsen – Hessen 1:0 (1:0)
NIEDERSACHSEN: Stein (1. FC Wunstorf), Eismann (VfL Wolfsburg), Otte (VfL Wolfsburg), Speh (VfL Wolfsburg), Vogeler (Arminia Hannover), Behrends (Arminia Hannover), Rühmkorb (Preußen Hameln), Krause (VfL Wolfsburg), Wegner (VfB Oldenburg), Dudda (VfL Wolfsburg), Wallek (VfL Wolfsburg). HESSEN: Birkhölzer (VfB Gießen), Weigel (VfR Bürstadt), Geier (VfR Bürstadt), Walter (Rot-Weiß Frankfurt), Prantschke (KSV Baunatal), Groh (VfR Bürstadt), Lichte (KSV Baunatal), Grimm (VfR Bürstadt), ab 60. Köhle (VfR Bürstadt), Franz (SSV Dillenburg), ab 46. Stradt (Eintracht Frankfurt), Jordan (SpVgg Neu Isenburg), Hofeditz (KSV Baunatal). Schiedsrichter: Riegg (Augsburg); Zuschauer: 400; Tor: 1:0 Rühmkorb (17.).

SPIEL UM DEN DRITTEN PLATZ

Am 15. Mai in Würzburg:
Hessen – Mittelrhein 6:1 (3:0)
HESSEN: Neuwinger (VfR Bürstadt), Deuchert (VfB Gießen), Walter (Rot-Weiß Frankfurt), Dörr (Eintracht Frankfurt), Weigel (VfR Bürstadt), Lichte (KSV Baunatal), Groh (VfR Bürstadt), ab 56. Grimm (VfR Bürstadt), Geier (VfR Bürstadt), Staudt (VfR Groß Gerau), Jordan (SpVgg Neu Isenburg), Hofeditz (KSV Baunatal), ab 75. Franz (SSV Dillenburg). MITTELRHEIN: Holubeck (Viktoria Köln), Breuer (Jülich 1910), Nicot (1. FC Köln), Kreis (Viktoria Köln), Bönighausen (Bonner SC), ab 41. Faber (1. FC Köln), Schwaba (Bonner SC), ab 37. Büchel (Viktoria Köln), Lenzen (Bonner SC), Schmitz (TuS Langerwehe), Langer (Viktoria Köln), Strotmann (1. FC Köln), Fuhrmann (Viktoria Köln). Schiedsrichter: Riegg (Augsburg); Tore: 1:0 Staudt (10.), 2:0 Geier (26.), 3:0 Staudt (29.), 4:0 Hofeditz (51.), 5:0 Weigel (65., Foulelfmeter), 6:0 Geier (67.), 6:1 Lenzen (80.).

ENDSPIEL

Am 16. Mai in Würzburg:
Niedersachsen – Bayern 1:0 (0:0)
NIEDERSACHSEN: Stein (1. FC Wunstorf), Eismann (VfL Wolfsburg), Speh (VfL Wolfsburg), Vogeler (Arminia Hannover), Otte (VfL Wolfsburg), Behrends (Arminia Hannover), Rühmkorb (Preußen Hameln), W. Krause (VfL Wolfsburg), Morsko (Arminia Hannover), Wallek (VfL Wolfsburg), ab 85. U. Krause (Eintracht Braunschweig), Dudda (VfL Wolfsburg), ab 46. Wegner (VfB Oldenburg). BAYERN: Hesselbach (FC Amberg), Szaule (Würzburg 04), Groppe (Würzburg 04), L. Müller (FC Haßfurt), Seufert (Kickers Würzburg), Schrettenbrunner (SpVgg Büchenbach), Lömm (Würzburg 04), Wohland (ATS Kulmbach), ab 67. Albert (FC Haßfurt), Weißberger (Wacker München), Kirschner (1. FC Passau), Hampl (ASV Neumarkt). Schiedsrichter: Quindeau (Ludwigshafen); Zuschauer: 2400; Tor: 1:0 Wallek (61.).

Jugend-Länderpokal
VORSCHLUSSRUNDE

Am 18. Oktober 1975 in Bergkamen:
Württemberg – Niederrhein 3:2 (2:0)

Am 18. Oktober in Bockum-Hövel:
Südwest – Hamburg 4:1 (2:0)

SPIEL UM DEN DRITTEN PLATZ

Am 19. Oktober in Kamen-Methler:
Niederrhein – Hamburg 4:1 (1:0)

ENDSPIEL

Am 19. Oktober in Unna:
Südwest – Württemberg 2:1 (1:0)
SÜDWEST: Kühnert (ASV Landau), Schmidt (VfB Pirmasens), Breininger (Südwest Ludwigshafen), List (Arminia Ludwigshafen), Klein (FK Pirmasens), Schmidt (SpVgg Nahbollenbach), Blauth (SV Weilenbach), Scherbel (Viktoria Lambsheim), Heuberger (Südwest Ludwigshafen), Konradt (SpVgg Fischbach), Iser (Mainz 05). Zuschauer: 300; Tore: 1:0 Heuberger (11.), 2:0 Konradt (37.), 2:1 Schittek (39.).

Gruppe I

	Punkte	Tore	Spiele	Gewonnen	Unentschieden	Verloren	CSSR	England	Portugal	Zypern
CSSR	9:3	15:5	6	4	1	1	□	2:1	5:0	4:0
England	8:4	11:3	6	3	2	1	3:0	□	0:0	5:0
Portugal	7:5	5:7	6	2	3	1	1:1	1:1	□	1:0
Zypern	0:12	0:16	6	0	0	6	0:3	0:1	0:2	□

Gruppe II

	Punkte	Tore	Spiele	Gewonnen	Unentschieden	Verloren	Wales	Ungarn	Österreich	Luxemburg
Wales	10:2	14:4	6	5	0	1	□	2:0	1:0	5:0
Ungarn	7:5	15:8	6	3	1	2	1:2	□	2:1	8:1
Österreich	7:5	11:7	6	3	1	2	2:1	0:0	□	6:2
Luxemburg	0:12	7:28	6	0	0	6	1:3	2:4	1:2	□

Gruppe III

	Punkte	Tore	Spiele	Gewonnen	Unentschieden	Verloren	Jugoslawien	Nordirland	Schweden	Norwegen
Jugoslawien	10:2	12:4	6	5	0	1	□	1:0	3:0	3:1
Nordirland	6:6	8:5	6	3	0	3	1:0	□	1:2	3:0
Schweden	6:6	8:9	6	3	0	3	1:2	0:2	□	3:1
Norwegen	2:10	5:15	6	1	0	5	1:3	2:1	0:2	□

Gruppe IV

	Punkte	Tore	Spiele	Gewonnen	Unentschieden	Verloren	Spanien	Rumänien	Schottland	Dänemark
Spanien	9:3	10:6	6	3	3	0	□	1:1	1:1	2:0
Rumänien	7:5	11:6	6	1	5	0	2:2	□	1:1	6:1
Schottland	7:5	8:6	6	2	3	1	1:2	1:1	□	3:1
Dänemark	1:11	3:14	6	0	1	5	1:2	0:0	0:1	□

Gruppe V

	Punkte	Tore	Spiele	Gewonnen	Unentschieden	Verloren	Niederlande	Polen	Italien	Finnland
Niederlande	8:4	14:8	6	4	0	2	□	3:0	3:1	4:1
Polen	8:4	9:5	6	3	2	1	4:1	□	0:0	3:0
Italien	7:5	3:3	6	2	3	1	1:0	0:0	□	0:0
Finnland	1:11	3:13	6	0	1	5	1:3	1:2	0:1	□

Gruppe VI

	Punkte	Tore	Spiele	Gewonnen	Unentschieden	Verloren	UdSSR	Eire	Türkei	Schweiz
UdSSR	8:4	10:6	6	4	0	2	□	2:1	3:0	4:1
Eire	7:5	11:5	6	3	1	2	3:0	□	4:0	2:1
Türkei	6:6	5:10	6	2	2	2	1:0	1:1	□	2:1
Schweiz	3:9	5:10	6	1	1	4	0:1	1:0	1:1	□

Gruppe VII

	Punkte	Tore	Spiele	Gewonnen	Unentschieden	Verloren	Belgien	DDR	Frankreich	Island
Belgien	8:4	6:3	6	3	2	1	□	1:2	2:1	1:0
DDR	7:5	8:7	6	2	3	1	0:0	□	2:1	1:1
Frankreich	5:7	7:6	6	1	3	2	0:0	2:2	□	3:0
Island	4:8	3:8	6	1	2	3	0:2	2:1	0:0	□

Gruppe VIII

	Punkte	Tore	Spiele	Gewonnen	Unentschieden	Verloren	Deutschland	Griechenland	Bulgarien	Malta
Deutschland	9:3	14:4	6	3	3	0	□	1:1	1:0	8:0
Griechenland	7:5	12:9	6	2	3	1	2:2	□	2:1	4:0
Bulgarien	6:6	12:7	6	2	2	2	1:1	3:3	□	5:0
Malta	2:10	2:20	6	1	0	5	0:1	2:0	0:2	□

VIERTELFINALE

Am 24. April 1976 in Zagreb:

Jugoslawien – Wales 2:0 (1:0)

JUGOSLAWIEN: O. Petrovic, Buljan, Hadziabdic, Katalinski, Muzinic, Oblak, Acimovic, Vukotic (60. Jerkovic), Popivoda, Surjak, Vabec. WALES: Davies, Thomas, Page, Mahoney, Phillips, Evans, James (85. Curtis), Flynn, Yorath, Toshack, Griffiths. Schiedsrichter: Schiller (Österreich); Zuschauer: 50 000; Tore: 1:0 Vukotic (1.), 2:0 Popivoda (56.).

Am 22. Mai in Cardiff:

Wales – Jugoslawien 1:1 (1:1)

WALES: Davies, Phillips, D. Roberts, Evans, Page, Griffiths (66. Curtis), Yorath, Mahoney, Flynn, Toshack, James. JUGOSLAWIEN: Maric, Buljan, Katalinski, Hadziabdic, Zungul (60. Vladic), Jerkovic, Oblak, Surjak, Djordjevic, Popivoda. Schiedsrichter: Glöckner (DDR); Zuschauer: 30 000; Tore: 0:1 Katalinski (18., Foulelfmeter), 1:1 Evans (38.).

Jugoslawien qualifiziert

Am 24. April in Bratislava:

CSSR – UdSSR 2:0 (1:0)

CSSR: Viktor, Dobias, Jo. Capkovic, Ondrus, Gögh, Pollak, Moder (78. Knapp), Panenka, Masny, Nehoda, Petras (17. Kroupa). UdSSR: Prochorow, Reschko, Swjaginzew, Fomenko, Lowtschew (67. Weremejew), Konkow, Troschkin, Kolotow, Matwijenko, Onischtschenko (68. Nasarenko), Blochin. Schiedsrichter: Ok (Türkei); Zuschauer: 53 000; Tore: 1:0 Moder (35.), 2:0 Panenka (48.).

Am 22. Mai in Kiew:

UdSSR – CSSR 2:2 (0:1)

UdSSR: Rudakow, Fomenko, Konkow (55. Minajew), Swjaginzew, Lowtschew, Troschkin, Muntjan, Weremejew, Onischtschenko, Burjak, Blochin. CSSR: Viktor, Ondrus, Pivarnik, Jo. Capkovic (83. Jurkemik), Gögh, Dobias, Pollak, Moder, Masny, Gallis (88. Svehlik), Nehoda. Schiedsrichter: MacKenzie (Schottland); Zuschauer: 100 000; Tore: 0:1 Moder (44.), 1:1 Burjak (53.), 1:2 Moder (82.), 2:2 Blochin (88.).

CSSR qualifiziert

Am 25. April in Rotterdam:

Niederlande – Belgien 5:0 (2:0)

NIEDERLANDE: Schrijvers, van Kraay, Suurbier, Rijsbergen, Krol, Neeskens (82. Peters), Jansen, W.v.d. Kerkhof, Rep, Cruyff, Rensenbrink. BELGIEN: Piot, van Binst, Martens, Leekens, Gerets, Colls (46. van der Elst), Coeck, Verheyen, van der Eycken, van Gool, Lambert (84. Teugels). Schiedsrichter: Dubach (Schweiz); Zuschauer: 54 000; Tore: 1:0 Rijsbergen (17.), 2:0 Rensenbrink (28.), 3:0 Rensenbrink (58.), 4:0 Neeskens (80., Handelfmeter), 5:0 Rensenbrink (86.).

Am 22. Mai in Brüssel:

Belgien – Niederlande 1:2 (1:0)

BELGIEN: Pfaff, van Binst, Renquin, Dalving, Martens, van der Elst, Cools, Verheyen, van der Eycken, van Gool (68. Delesie), Wellens. NIEDERLANDE: Schrijvers, van Kraay, Suurbier, Rijsbergen, Krol, W. v. d. Kerkhof, Neeskens, van Hanegem (81. Peters), Rep, Cruyff, Rensenbrink. Schiedsrichter: Michelotti (Italien); Zuschauer: 45 000; Tore: 1:0 van Gool (28.), 1:1 Rep (64.), 1:2 Cruyff (79.).

Niederlande qualifiziert

Am 24. April in Madrid:

Spanien – Deutschland 1:1 (1:0)

SPANIEN: Iribar, Sol, Migueli (82. Satrustegui), Benito, Capon, Villar, Del Bosque, Camacho, Quini (82. Alabanda), Santillana, Churruca. DEUTSCHLAND: Maier, Vogts, Beckenbauer, Schwarzenbeck (46. Cullmann), Dietz (82. Reichel), Bonhof, Danner, Beer, Wimmer, Hölzenbein, Worm. Schiedsrichter: Taylor (England); Zuschauer: 63 000; Tore: 1:0 Santillana (21.), 1:1 Beer (60.).

Am 22. Mai in München:

Deutschland – Spanien 2:0 (2:0)

DEUTSCHLAND: Maier, Vogts, Beckenbauer, Schwarzenbeck, Dietz, Wimmer, Beer, Bonhof, Hoeneß, Toppmöller, Hölzenbein. SPANIEN: Miguel, Angel, Capon, Pirri, Sol (18. Cortabarria), Camacho, Villar (46. Ramos), Del Bosque, Asensi, Churruca, Santillana, Quini. Schiedsrichter: Wurtz (Frankreich); Zuschauer: 77 000; Tore: 1:0 Hoeneß (17.), 2:0 Toppmöller (43.).

Deutschland qualifiziert

SEMIFINALE

Am 16. Juni in Zagreb:

CSSR – Niederlande 3:1 (1:0, 1:1) n.V.

CSSR: Viktor, Pivarnik, Ondrus, Capkovic (106. Jurkemik), Gögh, Pollak, Moder (91. Vesely), Panenka, Dobias, Nehoda, Masny. NIEDERLANDE: Schrijvers, Suurbier, van Kraay, Rijsbergen (37. van Hanegem), Krol, Neeskens, Jansen, W. v.d. Kerkhof, Rep (65. Geels), Cruyff, Rensenbrink. Schiedsrichter: Thomas (Wales); Zuschauer: 40 000; Tore: 1:0 Ondrus (20.), 1:1 Ondrus (73., Eigentor), 2:1 Nehoda (114.), 3:1 Vesely (119.).

Am 17. Juni in Belgrad:

Deutschland – Jugoslawien 4:2 (0:2, 2:2) n.V.

DEUTSCHLAND: Maier, Vogts, Beckenbauer, Schwarzenbeck, Dietz, Wimmer (79. D. Müller), Beer, Bonhof, Danner (46. Flohe), Hoeneß, Hölzenbein. JUGOSLAWIEN: O. Petrovic, Buljan, Katalinski, Muzinic, Jerkovic, Surjak, Oblak (106. Vladic), Acimovic (106. Peruzovic), Popivoda, Dzajic. Schiedsrichter: Delcourt (Belgien); Zuschauer: 75 000; Tore: 0:1 Popivoda (18.), 0:2 Dzajic (32.), 1:2 Flohe (65.), 2:2 Müller (80.), 3:2 Müller (115.), 4:2 Müller (119.).

SPIEL UM DEN DRITTEN PLATZ

Am 19. Juni in Zagreb:

Niederlande – Jugoslawien 3:2 (2:1, 2:2) n.V.

NIEDERLANDE: Schrijvers, Suurbier, van Kraay, Krol, Jansen (46. Meutstege), Peters, Arntz (71. Kist), W. v.d. Kerkhof, R. v.d. Kerkhof, Geels, Rensenbrink. JUGOSLAWIEN: O. Petrovic, Buljan, Katalinski, Muzinic, Oblak, Surjak, Acimovic (46. Vladic), Jerkovic, Popivoda, Zungul (46. Halilhodzic), Dzajic. Schiedsrichter: Hungerbühler (Schweiz); Zuschauer: 10 000; Tore: 1:0 Geels (27.), 2:0 W. v.d. Kerkhof (39.), 2:1 Katalinski (43.), 2:2 Dzajic (83.), 3:2 Geels (107.).

ENDSPIEL

Am 20. Juni in Belgrad:

CSSR – Deutschland 2:2 (2:1, 2:2) n.V.*

CSSR: Viktor, Pivarnik, Ondrus, Capkovic, Gögh, Dobias, Panenka, Moder, Masny, Svehlik (79. Jurkemik), Nehoda. DEUTSCHLAND: Maier, Vogts, Beckenbauer, Schwarzenbeck, Dietz, Wimmer (46. Flohe), Beer (79. Bongartz), Hoeneß, D. Müller, Hölzenbein. Schiedsrichter: Gonella (Italien); Zuschauer: 33 000; Tore: 1:0 Svehlik (8.), 2:0 Dobias (25.), 2:1 D. Müller (28.), 2:2 Hölzenbein (90.).

* CSSR Sieger durch Elfmeterschießen 5:3.

UEFA-Jugendturnier 1976 in Ungarn

Gruppe A:

Wales – Jugoslawien		2:1
Ungarn – Italien		2:1
Italien – Jugoslawien		2:1
Ungarn – Wales		1:0
Jugoslawien – Ungarn		4:3
Wales – Italien		1:0

	Punkte	Tore
1. Ungarn	4:2	6:5
2. Wales	4:2	3:2
3. Jugoslawien	2:4	6:7
4. Italien	2:4	3:4

Gruppe B:

Spanien – Türkei	2:0
Island – Schweiz	0:0
Island – Türkei	0:0
Spanien – Schweiz	0:0
Schweiz – Türkei	1:0
Spanien – Island	3:0

	Punkte	Tore
1. Spanien	5:1	5:0
2. Schweiz	4:2	1:0
3. Island	2:4	0:3
4. Türkei	1:5	0:3

Gruppe C:

Deutschland – Finnland	2:1
Frankreich – CSSR	2:1
Frankreich – Deutschland	3:0
CSSR – Finnland	1:0
Deutschland – CSSR	3:2
Frankreich – Finnland	0:0

	Punkte	Tore
1. Frankreich	5:1	5:1
2. Deutschland	4:2	5:6
3. CSSR	2:4	4:5
4. Finnland	1:5	1:3

Gruppe D:

UdSSR – Niederlande	3:0
Dänemark – Nordirland	5:3
Niederlande – Nordirland	3:0
UdSSR – Dänemark	3:0
UdSSR – Nordirland	2:0
Dänemark – Niederlande	3:1

	Punkte	Tore
1. UdSSR	6:0	8:0
2. Dänemark	4:2	8:7
3. Niederlande	2:4	4:6
4. Nordirland	0:6	3:10

VORSCHLUSSRUNDE:

Am 4. Juni in Budapest:
UdSSR – Spanien 3:0 (2:0)

Am 4. Juni in Budapest:
Ungarn – Frankreich 1:1 (1:0)*
* Ungarn durch Elfmeterschießen (4:2) für das Endspiel qualifiziert

UM DEN DRITTEN PLATZ

Am 6. Juni in Budapest:
Spanien – Frankreich 3:0 (1:0)

ENDSPIEL

Am 6. Juni in Budapest:
UdSSR – Ungarn 1:0 (1:0)
UdSSR: Nowikow, Krjatschko, Parsadanjan, Bondarjew, Beresnow, Bal, Bessonow, Daraseja, Higujatulin (69. Aljukow), Hapsaliss, Nastaschewki. UNGARN: Kiss, Giron, Toma, Fejes, Mater, Farkas, Gyimesi, Porogi (54. Hegedüs), Tokar, Peter (58. Koroknai), Vincze. Schiedsrichter: Boosten (Niederlande); Zuschauer: 10 000; Tor: 1:0 Bessonow (16.).

A-NATIONALMANNSCHAFT

Am 3. September 1975 in Wien:

Österreich – Deutschland 0:2 (0:0)

ÖSTERREICH: Koncilia (Wacker Innsbruck), Kriess (Wacker Innsbruck), ab 62. Demantke (Admira Wien), Obermayer (Austria Wien), Pezzey (Wacker Innsbruck), Strasser (Admira Wien), Prohaska (Austria Wien), Weigl (Admira Wien), Jara (MSV Duisburg), Hickersberger (Kickers Offenbach), Kreuz (Feyenoord Rotterdam), Köglberger (Linzer ASK), ab 66. Stering (VÖEST Linz). DEUTSCHLAND: Maier (Bayern München), Kaltz (Hamburger SV), Schwarzenbeck (Bayern München), ab 26. Danner (Borussia Mönchengladbach), Beckenbauer (Bayern München), ab 46. Beer (Hertha BSC), Vogts (Borussia Mönchengladbach), Körbel (Eintracht Frankfurt), Wimmer (Borussia Mönchengladbach), ab 72. Keller (TSV 1860 München), Stielike (Borussia Mönchengladbach), Seel (Fortuna Düsseldorf), Gersdorff (Eintracht Braunschweig), Hölzenbein (Eintracht Frankfurt). Schiedsrichter: Palotai (Ungarn); Zuschauer: 72 100; Tore: 0:1 Beer (50.), 0:2 Beer (79.).

Am 11. Oktober in Düsseldorf:

Deutschland – Griechenland 1:1 (0:0)[1]

DEUTSCHLAND: Maier (Bayern München), Vogts (Borussia Mönchengladbach), Beckenbauer (Bayern München), Körbel (Eintracht Frankfurt), Kaltz (Hamburger SV), Breitner (Real Madrid), Netzer (Real Madrid), Beer (Hertha BSC), Hölzenbein (Eintracht Frankfurt), Kostedde (Hertha BSC), Heynckes (Borussia Mönchengladbach). GRIECHENLAND: Kelesidis (Olympiakos Piräus), Kyrastas (Olympiakos Piräus), Synetopoulos (Olympiakos Piräus), ab 46. Apostolidis (PAOK Saloniki), Firos (Aris Saloniki), Pallas (Aris Saloniki), Sarafis (PAOK Saloniki), Koudas (PAOK Saloniki), ab 85. Aslanidis (PAOK Saloniki), D. Papaionnaou (AEK Athen), Terzanidis (PAOK Saloniki), Kritikopoulos (Olympiakos Piräus), Delikaris (Olympiakos Piräus). Schiedsrichter: Thomas (Wales); Zuschauer: 67 000; Tore: 1:0 Heynckes (68.), 1:1 Delikaris (78.).

Am 19. November in Stuttgart:

Deutschland – Bulgarien 1:0 (0:0)[1]

DEUTSCHLAND: Maier (Bayern München), Vogts (Borussia Mönchengladbach), Beckenbauer (Bayern München), Schwarzenbeck (Bayern München), Dietz (MSV Duisburg), Wimmer (Borussia Mönchengladbach), Danner (Borussia Mönchengladbach), Stielike (Borussia Mönchengladbach), Hölzenbein (Eintracht Frankfurt), Beer (Hertha BSC), Heynckes (Borussia Mönchengladbach). BULGARIEN: Filipow (CSKA Sofia), Safirow (CSKA Sofia), Iwkow (Lewski/Spartak Sofia), Angelow (Akademik Sofia), Wassilew (CSKA Sofia), Kolew (CSKA Sofia), ab 72. Panow (Lewski/Spartak Sofia), Bonew (Lokomotiv Plowdiw), Rangelow (CSKA Sofia), Alexandrow (Slawia Sofia), ab 75. Woinow (Lewski/Spartak Sofia), Milanow (Lewski/Spartak Sofia), Swetkow (Slawia Sofia). Schiedsrichter: MacKenzie (Schottland); Zuschauer: 73 000; Tor: 1:0 Heynckes (65.).

Am 20. Dezember in Istanbul:

Türkei – Deutschland 0:5 (0:2)

TÜRKEI: Rasim (Bursaspor), Turgay (Trabzonspor), Ismail (Eskisehirspor), Kadir (Trabzonspor), Sabahattin (Fenerbahce), Engin (Fenerbahce), Alpaslan (Fenerbahce), ab 63. Kaplakaslan (Altay Izmir), Fatih (Galatasaray), Cemil (Fenerbahce), Gökmen (Galatasaray), ab 63. Ali (Galatasaray), Ali Kemal (Trabzonspor). DEUTSCHLAND: Kargus (Hamburger SV), Vogts (Borussia Mönchengladbach), Schwarzenbeck (Bayern München), Beckenbauer (Bayern München), Dietz (MSV Duisburg), ab 74. Reichel (Eintracht Frankfurt), Stielike (Mönchengladbach), ab 46. Worm (Duisburg), Danner (Mönchengladbach), Wimmer (Mönchengladbach), ab 74. Bonhof (Mönchengladbach), Hölzenbein (Eintracht Frankfurt), Beer (Hertha BSC), Heynckes (Mönchengladbach). Schiedsrichter: Michelotti (Italien); Zuschauer: 25 000; Tore: 0:1 Heynckes (18.), 0:2 Beer (25.), 0:3 Worm (57.), 0:4 Worm (65.), 0:5 Heynckes (77.).

Am 28. Februar 1976 in Dortmund:

Deutschland – Malta 8:0 (4:0)[1]

DEUTSCHLAND: Maier (Bayern München), Vogts (Borussia Mönchengladbach), Beckenbauer (Bayern München), Schwarzenbeck (Bayern München), Dietz (MSV Duisburg), Wimmer (Borussia Mönchengladbach), ab 57. Bongartz (Schalke 04), Beer (Hertha BSC), Stielike (Borussia Mönchengladbach), ab 46. Cullmann (1. FC Köln), Hölzenbein (Eintracht Frankfurt), Worm (MSV Duisburg), Heynckes (Borussia Mönchengladbach). MALTA: Sciberras (Sliema), Losco (Sliema), Holland (Floriana), Gouder (Hibernians), Farrugia (Floriana), R. Aquilina (Sliema), Vassallo (Floriana), Fenech (FC Valetta), Magro (FC Valetta), ab 46. Seychell (FC Valetta), R. Xuereb (Floriana), Lo Porto (Sliema), ab 28. E. Aquilina (Sliema). Schiedsrichter: Kuston (Polen); Zuschauer: 54 000; Tore: 1:0 Worm (5.), 2:0 Worm (27.), 3:0 Heynckes (35.), 4:0 Beer (40., Foulelfmeter), 5:0 Heynckes (59.), 6:0 Beer (77.), 7:0 Vogts (82.), 8:0 Hölzenbein (87.).

Am 24. April in Madrid:

Spanien – Deutschland 1:1 (1:0)[2]

SPANIEN: Iribar (Atletico Bilbao), Sol (Real Madrid), Migueli (FC Barcelona), ab 82. Satrustegui (Real San Sebastian), Benito (Real Madrid), Capon (Atletico Madrid), Villar (Atletico Bilbao), Del Bosque (Real Madrid), Camacho (Real Madrid), Quini (Sporting Gijon), ab 82. Alabanda (Betis Sevilla), Santillana (Real Madrid), Churruca (Sporting Gijon). DEUTSCHLAND: Maier (Bayern München), Vogts (Borussia Mönchengladbach), Beckenbauer (Bayern München), Schwarzenbeck (Bayern München), ab 46. Cullmann (1. FC Köln), Dietz (MSV Duisburg), ab 82. Reichel (Eintracht Frankfurt), Bonhof (Borussia Mönchengladbach), Danner (Borussia Mönchengladbach), Beer (Hertha BSC), Wimmer (Borussia Mönchengladbach), Hölzenbein (Eintracht Frankfurt), Worm (MSV Duisburg). Schiedsrichter: Taylor (England); Zuschauer: 63 000; Tore: 1:0 Santillana (21.), 1:1 Beer (60.).

Am 22. Mai in München:

Deutschland – Spanien 2:0 (2:0)[2]

DEUTSCHLAND: Maier (Bayern München), Vogts (Borussia Mönchengladbach), Beckenbauer (Bayern München), Schwarzenbeck (Bayern München), Dietz (MSV Duisburg), Wimmer (Borussia Mönchengladbach), Beer (Hertha BSC), Bonhof (Borussia Mönchengladbach), Hoeneß (Bayern München), Toppmöller (1. FC Kaiserslautern), Hölzenbein (Eintracht Frankfurt). SPANIEN: Miguel Angel (Real Madrid), Capon (Atletico Madrid), Pirri (Real Madrid), Sol (Real Madrid), ab 18. Cortabarria (Real San Sebastian), Camacho (Real Madrid), Villar (Atletico Bilbao), ab 46. Ramos (Espanol Barcelona), Del Bosque (Real Madrid), Asensi (FC Barcelona), Churruca (Sporting Gijon), Santillana (Real Madrid), Quini (Sporting Gijon). Schiedsrichter: Wurtz (Frankreich); Zuschauer: 77 000; Tore: 1:0 Hoeneß (17.), 2:0 Toppmöller (43.).

Am 17. Juni in Belgrad:

Deutschland – Jugoslawien 4:2 (0:2, 2:2) n. V.[3]

DEUTSCHLAND: Maier (Bayern München), Vogts (Borussia Mönchengladbach), Beckenbauer (Bayern München), Schwarzenbeck (Bayern München), Dietz (MSV Duisburg), ab 79. D. Müller (1. FC Köln), Beer (Hertha BSC), Bonhof (Borussia Mönchengladbach), Danner (Borussia Mönchengladbach), ab 46. Flohe (1. FC Köln), Hoeneß (Bayern München), Hölzenbein (Eintracht Frankfurt). JUGOSLAWIEN: O. Petrovic (Roter Stern Belgrad), Buljan (Hajduk Split), Katalinski (OGC Nizza), Zungul (Hajduk Split), Muzinic (Hajduk Split), Jerkovic (Hajduk Split), Surjak (Hajduk Split), Oblak (Schalke 04), ab 106. Vladic (Velez Mostar), Acimovic (Roter Stern Belgrad), ab 106. Peruzovic (Hajduk Split), Popivoda (Eintracht Braunschweig), Dzajic (SEC Bastia). Schiedsrichter: Delcourt (Belgien); Zuschauer: 75 000; Tore: 0:1 Popivoda (18.), 0:2 Dzajic (32.), 1:2 Flohe (65.), 2:2 Müller (80.), 3:2 Müller (115.), 4:2 Müller (119.).

Am 20. Juni in Belgrad:

CSSR – Deutschland 2:2 (2:1, 2:2) n. V.*[4]

CSSR: Viktor (Dukla Prag), Pivarnik (Slovan Bratislava), Ondrus (Slovan Bratislava), Capkovic (Slovan Bratislava), Gögh (Slovan Bratislava), Dobias (Spartak Trnava), ab 93. Vesely (Slavia Prag), Panenka (Bohemians Prag), Moder (Lok Kosice), Masny (Slovan Bratislava), Svehlik (Slovan Bratislava), ab 79. Jurkemik (Inter Bratislava), Nehoda (Dukla Prag). DEUTSCHLAND: Maier (Bayern München), Vogts (Borussia Mönchengladbach), Beckenbauer (Bayern München), Schwarzenbeck (Bayern München), Dietz (MSV Duisburg), Wimmer (Borussia Mönchengladbach), ab 46. Flohe (1. FC Köln), Bonhof (Borussia Mönchengladbach), Beer (Hertha BSC), ab 79. Bongartz (Schalke 04), Hoeneß (Bayern München), D. Müller (1. FC Köln), Hölzenbein (Eintracht Frankfurt). Schiedsrichter: Gonella (Italien); Zuschauer: 33 000; Tore: 1:0 Svehlik (8.), 2:0 Dobias (25.), 2:1 Müller (28.), 2:2 Hölzenbein (90.).
* CSSR Sieger durch Elfmeterschießen 5:3

[1] Gruppenspiel um die Europameisterschaft
[2] Viertelfinalspiel um die Europameisterschaft
[3] Semifinalspiel um die Europameisterschaft
[4] Endspiel um die Europameisterschaft

B-NATIONALMANNSCHAFT

Am 2. September 1975 in Augsburg:
Deutschland – Österreich 2:0 (1:0)
DEUTSCHLAND: Kargus (Hamburger SV), ab 46. Nigbur (Schalke 04), Dürnberger (Bayern München), Hahn (Bayer Uerdingen), Kliemann (Hertha BSC), Dietz (MSV Duisburg), ab 80. Baltes (Fortuna Düsseldorf), Kapellmann (Bayern München), Nickel (Eintracht Frankfurt), Keller (1860 München), ab 58. Thies (MSV Duisburg), Rummenigge (Bayern München), Memering (Hamburger SV), ab 72. Dremmler (Eintracht Braunschweig), Worm (MSV Duisburg). ÖSTERREICH: Feurer, Kircher, Pajenk, Ebster, Mirnegg, Daxbacher (75. Hala), Weber, Bartosch, Cerny, Haider (64. Widmann), W. Schwarz. Schiedsrichter: Dörflinger (Schweiz); Zuschauer: 20 000; Tore: 1:0 Keller (31.), 2:0 Dürnberger (61., Foulelfmeter).

Am 8. Oktober in Duisburg:
Deutschland – Rumänien 2:0 (0:0)
DEUTSCHLAND: Nigbur (Schalke 04), Sziedat (Hertha BSC), Hollmann (Eintracht Braunschweig), Hahn (Bayer Uerdingen), Konopka (1. FC Köln), ab 70. Neues (Rot-Weiß Essen), Handschuh (Eintracht Braunschweig), ab 46. Magath (1. FC Saarbrücken), Dietz (MSV Duisburg), Gersdorff (Eintracht Braunschweig), Geye (Fortuna Düsseldorf), ab 46. Worm (MSV Duisburg), Graul (Arminia Bielefeld), Pirrung (1. FC Kaiserslautern). RUMÄNIEN: Iorgulescu, Matescu, Decu, Hainal, Marin, Boeloeni, Stoica, Balaci (75. Romila), Troi, Rosznay, Zamfir (46. Raducanu). Schiedsrichter: Keizer (Niederlande); Zuschauer: 10 000; Tore: 1:0 Worm (74.), 2:0 Dietz (80.).

Am 25. Februar 1976 in Essen:
Deutschland – Italien 0:1 (0:0)
DEUTSCHLAND: Kargus (Hamburger SV), ab 46. Franke (Eintracht Braunschweig), Reichel (Eintracht Frankfurt), Zimmermann (Fortuna Düsseldorf), ab 74. Tenhagen (VfL Bochum), Cullmann (1. FC Köln), H. Kremers (Schalke 04), Körbel (Eintracht Frankfurt), Bongartz (Schalke 04), ab 46. Magath (1. FC Saarbrücken), Nickel (Eintracht Frankfurt), Bast (Rot-Weiß Essen), Seel (Fortuna Düsseldorf), Worm (MSV Duisburg), ab 46. Schäfer (Karlsruher SC). ITALIEN: Conti (46. F. Pulici), Tardelli, Mozzini, Facchetti, Maldera, P. Sala, Pecci, Boni, C. Sala, Graziani (89. Caso), P. Pulici. Schiedsrichter: Ericsson (Schweden); Zuschauer: 11 000; Tor: 0:1 P. Pulici (56.).

AMATEUR-NATIONALMANNSCHAFT

Am 12. November 1975 in Ensdorf:
Deutschland – Luxemburg * 1:0 (1:0)
DEUTSCHLAND: Muche (Borussia Neunkirchen), W. Schneider (MSV Duisburg), E. Traser (1. FC Saarbrücken), Schmitt (1. FC Saarbrücken), Weiler (1. FC Kaiserslautern), Schäffer (Borussia Mönchengladbach), Wilhelmi (1. FC Kaiserslautern), Eder (1. FC Nürnberg), Seliger (MSV Duisburg), Schlief (Werder Bremen), ab 46. Müllner (Werder Bremen), ab 67. Büchel (Viktoria Köln), Hammes (Wattenscheid 09). LUXEMBURG: Moes (Avenir Beggen), Gloden (Spora Luxemburg), Margue (Progres Niedercorn), Hansen (Spora), Flenghi (Red Boys Differdingen), Zuang (Stade Düdelingen), Michaux (Differdingen), ab 75 Graff (Obercorn), Mond (Jeunesse Esch), Thiellens (Wiltz), Dresch (Avenir Beggen), Landers (Aris Bonneweg). Schiedsrichter: Verbeke (Frankreich); Zuschauer: 4000; Tor: 1:0 Seliger (15.).

Am 10. März 1976 in Offenburg:
Deutschland – Österreich 1:0 (0:0)
DEUTSCHLAND: Holubeck (Viktoria Köln), ab 46. Muche (Borussia Neunkirchen), W. Schneider (MSV Duisburg), E. Traser (1. FC Saarbrücken), Schmitt (1. FC Saarbrücken), Fink (FC Augsburg), ab 58. Günther (VfB Stuttgart), Herget (SC 07 Gelsenkirchen), ab 46. Eder (1. FC Nürnberg), ab 74. Florian (Schwarz-Weiß Essen), Schmitz (TuS Langerwehe), Hammes (Wattenscheid 09), Ripke (Werder Bremen), Krause (Wattenscheid 09), Seliger (MSV Duisburg), ab 29. Stradt (Eintracht Frankfurt). ÖSTERREICH: Fleischmann, Demantke, Strasser, Oberhofer (60. Koreimann), Gerak, Pospischil (46. Poell), Wustinger, Horvath, Czerny (64. Batosch), Knorrek, Hagmayr. Schiedsrichter: Racine (Schweiz); Zuschauer: 2000; Tor: 1:0 Stradt (54.).
* A-Nationalmannschaft von Luxemburg

Am 7. April in Bremerhaven:
Deutschland – Dänemark* 1:0 (0:0)
DEUTSCHLAND: Muche (Borussia Neunkirchen), W. Schneider (MSV Duisburg), Herget (SC 07 Gelsenkirchen), U. Krause (Eintracht Braunschweig), Nicot (1. FC Köln), Wilhelmi (1. FC Kaiserslautern), ab 65. Jordan (SpVgg Neu Isenburg), Hammes (Wattenscheid 09), Müllner (Werder Bremen), Seliger (MSV Duisburg), ab 65. Briegel (1. FC Kaiserslautern), Schlief (Werder Bremen), Müller (VfB Stuttgart), ab 89. Schmitz (TuS Langerwehe). DÄNEMARK: Per Poulsen, Höjgaard, Larsen, K. H. Sörensen, Andersen, Peter Poulsen, Christensen (65. A. Hansen I), J. Sörensen (46. T. Hansen), K. Hansen, M. Hansen, Nielsen (75. A. Hansen II). Schiedsrichter: Herrmann (Luxemburg); Zuschauer: 2300; Tor: 1:0 Hammes (64.).
* Dänemark „unter 23"

JUGEND-NATIONALELF
in Finnland 29. Juli bis 3. August 1975
GRUPPENSPIELE

Am 30. Juli in Heinola:
Deutschland – Norwegen 5:1

Am 1. August in Kuusankoski:
Dänemark – Deutschland 4:2

SPIEL UM DEN DRITTEN PLATZ

Am 3. August in Lahti:
Deutschland – Island 2:1

Am 27. August in Royan:
Frankreich – Deutschland 1:2 (1:1)
Zuschauer: 4000; Tore: 1:0 Tusseau, 1:1 Lacuesta (Eigentor), 1:2 Gores (55.).

Am 30. August in Margueron:
Frankreich – Deutschland 2:1 (0:1)
Zuschauer: 2800; Tore: 0:1 Förster (Foulelfmeter).

Am 16. September in Aachen:
Deutschland – Belgien 1:1 (0:1)
DEUTSCHLAND: Heider (VfB Gaggenau), ab 41. Sandhofe (Schalke 04), Hintzen (MSV Duisburg), ab 41. Wagner (Schalke 04), Weyerich (1. FC Nürnberg), Wirtz (SV Kevelaer), ab 60. Busch (Fortuna Düsseldorf), Walz (VfR Bürstadt), Pagelsdorf (TSV Havelse), Milewski (Hannover 96), Jakob (VfB Stuttgart), ab 41. Schipper (Schalke 04), Klotz (VfB Stuttgart), ab 41. Reisinger (ASV Cham), Sommer (1. FC Nürnberg), ab 41. Dorok (1. FC Nürnberg), Gores (SV Gerolstein). Schiedsrichter: Weyland (Oberhausen); Zuschauer: 2500; Tore: 0:1 Hiel (29.), 1:1 Weyerich (71., Foulelfmeter).

Am 15. Oktober in Trelleborg:
Schweden – Deutschland 1:1 (1:0)*
DEUTSCHLAND: Sandhofe (Schalke 04), Walz (VfR Bürstadt), Stichler (Stuttgarter Kickers), Weyerich (1. FC Nürnberg), Busch (Fortuna Düsseldorf), Pagelsdorf (TSV Havelse), Bommer (Kickers Offenbach), Augenthaler (Bayern München), Milewski (Hannover 96), ab 47. Sommer (1. FC Nürnberg), Reisinger (ASV Cham), Gores (SV Gerolstein), ab 55. Dorok (1. FC Nürnberg). Schiedsrichter: Wahlen (Norwegen); Zuschauer: 2300; Tore: 1:0 Erlandsson (39.), 1:1 Sommer (75.).

23. Februar bis 7. März 1976 Turnier in Duschanbe (UdSSR)
GRUPPENSPIELE
Deutschland – CSSR 2:0
Deutschland – UdSSR I 0:0
Deutschland – Tadschikistan 2:1
Deutschland – Ungarn 2:0

SPIEL UM DEN DRITTEN PLATZ:
Deutschland – UdSSR II 2:0
Tore: 1:0 Augenthaler (46.), 2:0 Birner (69.).

Am 4. April in Heilbronn:

Deutschland – Schweden 0:0*

DEUTSCHLAND: Schmid (Kickers Offenbach), Walz (VfR Bürstadt), Dörmann (Schalke 04), Förster (VfB Stuttgart), Busch (Fortuna Düsseldorf), Klinger (Schwarz-Weiß Essen), Augenthaler (Bayern München), Bommer (Kickers Offenbach), ab 49. Borchers (Eintracht Frankfurt), Reisinger (ASV Cham), Birner (FC Augsburg), Gores (SV Gerolstein), ab 74. Dorok (1. FC Nürnberg). SCHWEDEN: Lorichs, Gustavsson, Maansson, Leinonen, Holmgren, M. Andersson, Sandberg, Karlsson I, Erlandsson (50. Karlsson II), Kilcevskis, Nilsson. Schiedsrichter: Poucek (CSSR); Zuschauer: 7500.

* Qualifikation zum UEFA-Jugendturnier

Am 13. April in Osnabrück:

Deutschland – Dänemark 1:0 (0:0)

DEUTSCHLAND: Sandhofe (Schalke 04), Walz (VfR Bürstadt), Dörmann (Schalke 04), Förster (VfB Stuttgart), Busch (Fortuna Düsseldorf), ab 54. Stichler (Stuttgarter Kickers), Augenthaler (Bayern München), ab 77. Klinger (Schwarz-Weiß Essen), Bommer (Kickers Offenbach), Bittcher (Schalke 04), Reisinger (ASV Cham), Birner (FC Augsburg), Gores (SV Gerolstein). Schiedsrichter: Ohmsen (Hamburg); Zuschauer: 5000; Tor: 1:0 Augenthaler (65.).

Am 11. Mai in Kopenhagen:

Dänemark – Deutschland 1:2 (0:0)

DEUTSCHLAND: Schmid (Kickers Offenbach), Walz (VfR Bürstadt), Dörmann (Schalke 04), Förster (VfB Stuttgart), Stichler (Stuttgarter Kickers), Augenthaler (Bayern München), Wacker (Eintracht Frankfurt), ab 41. Klinger (Schwarz-Weiß Essen), Bittcher (Schalke 04), Rohde (1. FC Paderborn), Birner (FC Augsburg), Dorok (1. FC Nürnberg), ab 41. Gores (SV Gerolstein). Schiedsrichter: Mortensen (Dänemark); Zuschauer: 670; Tore: 0:1 Gores (43.), 0:2 Augenthaler (46.), 1:2 Thychosen (69., Foulelfmeter).

Am 28. Mai in Tapolca:

Deutschland – Finnland 2:1 (0:1)*

DEUTSCHLAND: Schmid (Kickers Offenbach), Klinger (Schwarz-Weiß Essen), Dörmann (Schalke 04), Förster (VfB Stuttgart, Stichler (Stuttgarter Kickers), Wacker (Eintracht Frankfurt), ab 41. Dorok (1. FC Nürnberg), Augenthaler (Bayern München), Bittcher (Schalke 04), Bommer (Kickers Offenbach), Borchers (Eintracht Frankfurt), Gores (SV Gerolstein). Schiedsrichter: Ljujic (Jugoslawien); Zuschauer: 5000; Tore: 0:1 H. Lindholm (30.), 1:1 Bommer (42.), 2:1 Gores (69.).

Am 30. Mai in Ajka:

Frankreich – Deutschland 3:0 (2:0)*

DEUTSCHLAND: Schmid (Kickers Offenbach), Walz (VfR Bürstadt), Dörmann (Schalke 04), Förster (VfB Stuttgart), Busch (Fortuna Düsseldorf), Bommer (Kickers Offenbach), Augenthaler (Bayern München), Bittcher (Schalke 04), Gores (SV Gerolstein), Borchers (Eintracht Frankfurt), Dorok (1. FC Nürnberg). Schiedsrichter: Hamori (Ungarn); Zuschauer: 3000; Tore: 1:0 Tusseau (1.), 2:0 Zenier (21.), 3:0 Jeannol (41.).

Am 1. Juni in Balatonfüzfö:

Deutschland – CSSR 3:2 (1:0)*

DEUTSCHLAND: Sandhofe (Schalke 04), Stichler (Stuttgarter Kickers), Förster (VfB Stuttgart), Dörmann (Schalke 04), Busch (Fortuna Düsseldorf), Bommer (Kickers Offenbach), Klinger (Schwarz-Weiß Essen), ab 65. Augenthaler (Bayern München), Wacker (Eintracht Frankfurt), Reisinger (ASV Cham), Borchers (Eintracht Frankfurt), Dorok (1. FC Nürnberg), ab 41. Gores (SV Gerolstein). Schiedsrichter: Mangelli (Italien); Zuschauer: 3500; Tore: 1:0 Borchers (9.), 2:0 Borchers (61.), 3:0 Busch (73.), 3:1 Scany (75.), 3:2 Fedorisin (78.).

* Spiele im UEFA-Jugendturnier in Ungarn

SCHÜLER-LÄNDERSPIELE

Am 2. September 1975 in Wiesental:

Deutschland – Frankreich 5:0

Am 5. September in Daxlanden:

Deutschland – Frankreich 3:1 (2:0)

Zuschauer: 900; Tore: 1:0 Schaub (6.), 2:0 Geiger (9.), 2:1 Rousseau (42.), 3:1 Augustin (51.).

Am 30. April 1976 in Augsburg:

Deutschland – Österreich 3:0 (0:0)

DEUTSCHLAND: Immel (Eintracht Stadt Allendorf), Springwald (PFSV Neuss), Richter (Teutonia Lippstadt), Hillenhagen (Borussia Dortmund), Ulitzka (MSV Duisburg), Geiger (Union Böckingen), Schneider (Borussia Dortmund), Sick (SV Waldhof), Weecks (SC Waldniel), ab 36. Seene (Karlsruher SC), Schaub (SV Neuhof), Augustin (Borussia Dortmund). ÖSTERREICH: Schätzl, Lainer, Schneider, Fesselmahr, Haberl, Wolfsbauer, Skala (53. Stifter), Gruber, Kecskemeti (59. Sallmayer), Sauerwein, Keglevits (59. Pfeiler). Schiedsrichter: Klauser (Vaterstetten); Zuschauer: 39 000; Tore: 1:0 Seene, 2:0 Schaub, 3:0 Hillenhagen.

Am 8. Mai in Tilburg:

Niederlande – Deutschland 2:2 (0:2)

Zuschauer: 3000; Tore: 0:1 Schaub (28.), 0:2 Schaub (39., Foulelfmeter), 1:2 Kaiser (44., Foulelfmeter), 2:2 Kaiser (61.).

Am 18. Mai in Berlin:

Deutschland – England 3:1 (1:0)

DEUTSCHLAND: Immel (Eintracht Stadt Allendorf), Springwald (PFSV Neuss), Richter (Teutonia Lippstadt), Hillenhagen (Borussia Dortmund), Ulitzka (MSV Duisburg), Geiger (Union Böckingen), Seene (Karlsruher SC), Sick (SV Waldhof), ab 62. Splistesser (VfL Lohbrügge), Schneider (Borussia Dortmund), ab 78. Weecks (SC Waldniel), Schaub (SV Neuhof), Augustin (Borussia Dortmund). ENGLAND: Foyster, Wardle, Ormsby, Bigwale, Sisman, Walker, Carter (70. Dibble), Fillery, Clarke, Ritchie, Allen (50. McGrath). Schiedsrichter: Gabor (Berlin); Zuschauer: 58 000; Tore: 1:0 Augustin (35.), 2:0 Augustin (54.), 3:0 Schaub (56.), 3:1 Ritchie (67.).

Am 21. Mai in Koblenz:

Deutschland – England 3:3 (1:0)

DEUTSCHLAND: Immel (Eintracht Stadt Allendorf), Burger (FV Lahr), Hillenhagen (Borussia Dortmund), Ulitzka (MSV Duisburg), Richter (Teutonia Lippstadt), Splistesser (VfL Lohbrügge), Dickgießer (TSV Langenbrücken), Seene (Karlsruher SC), ab 73. Sick (SV Waldhof), Geiger (Union Böckingen), Schneider (Borussia Dortmund), Schaub (SV Neuhof), Augustin (Borussia Dortmund). ENGLAND: Foyster, Wardle, Brignull, Ormsby, Sisman, Fillery, Carter, Walker, Clarke, Ritchie, Allen. Schiedsrichter: Linn (Altendiez); Zuschauer: 25 000; Tore: 1:0 Schaub (34.), 1:1 Carter (56.), 1:2 Fillery (60.), 1:3 Fillery (78.), 2:3 Schneider (79.), 3:3 Schneider (80.).

Spiele um den Europapokal der Meister

ERSTE RUNDE

Am 17. September in Mönchengladbach:

Bor. Mönchengladbach – Wacker Innsbruck 1:1 (0:1)

MÖNCHENGLADBACH: Kleff, Vogts, Klinkhammer, Wittkamp, Bonhof, Schäffer, Simmonsen, Danner, Jensen, Stielike, Heynckes. INNSBRUCK: F. Koncilia, Baijlicz, Kriess, Eigenstiller, Pezzey, Flindt, Oberacher, P. Koncilia, Welzl, Schwarz, Rinker. Schiedsrichter: Burns (England); Zuschauer: 20 000; Tore: 0:1 Welzl (43.), 1:1 Simmonsen (83., Foulelfmeter).

Am 1. Oktober in Innsbruck:

Wacker Innsbruck – Bor. Mönchengladbach 1:6 (1:1)

INNSBRUCK: Schatz, Baijlicz, Kriess, Eigenstiller, Pezzey, Flindt (82. Kastner), Oberacher, P. Koncilia, Welzl, Schwarz, Rinker. MÖNCHENGLADBACH: Kleff, Vogts, Klinkhammer, Wohlers, Schäffer, Danner, Simmonsen, Wimmer (73. Köppel), Jensen, Stielike (76. Wittkamp), Heynckes. Schiedsrichter: Mathieu (Schweiz); Zuschauer: 20 000; Tore: 1:0 Flindt (23.), 1:1 Stielike (44.), 1:2 Simmonsen (63.), 1:3 Heynckes (64.), 1:4 Heynckes (68.), 1:5 Heynckes (75.), 1:6 Heynckes (88.).

Am 17. September in Esch sur Alzette:

Jeunesse Esch – Bayern München 0:5 (0:2)

ESCH: Hoffmann, Allamano, Schaul, Viola (62. Pigat), Morocutti, Schmit, Melde, Mond (57. Barboni), Zwally, Giuliani, Noel. MÜNCHEN: Maier, Horsmann, Dürnberger, Schuster, Beckenbauer, J. Weiß (75. Förster), Wunder, Zobel, Müller (39. Torstensson), Rummenigge, Kapellmann. Schiedsrichter: Ponnet (Belgien); Zuschauer: 18 000; Tore: 0:1 Zobel (29.), 0:2 Zobel (35.), 0:3 Schuster (63.), 0:4 Rummenigge (69.), 0:5 Rummenigge (78.).

Am 1. Oktober in München:

Bayern München – Jeunesse Esch 3:1 (1:0)

MÜNCHEN: Maier, Horsmann, Dürnberger, Schwarzenbeck, Beckenbauer, Roth, Kaczor, Schuster, Marek, Rummenigge, Kapellmann. ESCH: Hoffmann, Schaul, Schmit, Viola, Morocutti, Allamano, Melde, Mond, Zwally, Giuliani, Noel (46. Barboni). Schiedsrichter: Jelinek (CSSR); Zuschauer: 8000; Tore: 1:0 Schuster (30.), 2:0 Schuster (83.), 2:1 Zwally (86.), 3:1 Schuster (88.).

ZWEITE RUNDE

Am 22. Oktober in Düsseldorf:

Borussia Mönchengladbach – Juventus Turin 2:0 (2:0)

MÖNCHENGLADBACH: Kleff, Vogts, Schäffer, Wittkamp, Bonhof, Danner, Simmonsen, Wimmer, Jensen, Stielike, Heynckes. TURIN: Zoff, Spinosi, Gentile, Furino, Morini, Scirea, Cuccureddu, Tardelli, Anastasi, Gori (52. Altafini), Bettega. Schiedsrichter: Wurtz (Frankreich); Zuschauer: 65 000; Tore: 1:0 Heynckes (27.), 2:0 Simmonsen (36.).

Am 5. November in Turin:

Juventus Turin – Borussia Mönchengladbach 2:2 (1:0)

TURIN: Zoff, Gentile, Tardelli (76. Altafini), Furino, Morini, Scirea, Causio, Gori, Anastasi, Capello, Bettega (72. Damiani). MÖNCHENGLADBACH: Kleff, Vogts, Wittkamp, Schäffer, Bonhof, Danner, Simmonsen, Wimmer, Jensen, Stielike, Heynckes. Schiedsrichter: Linemayr (Österreich); Zuschauer: 68 000; Tore: 1:0 Gori (36.), 2:0 Bettega (63.), 2:1 Danner (70.), 2:2 Simmonsen (87.).

Am 22. Oktober in Malmö:

Malmö FF – Bayern München 1:0 (1:0)

MALMÖ: Möller, M. Andersson, Kristensson, R. Andersson, Jönsson, Tapper, Ljungberg, B. Larsson, Cervin, C. Andersson, T. Andersson. MÜNCHEN: Maier, Horsmann, Dürnberger, Schwarzenbeck, Beckenbauer, Roth, Wunder, Zobel (80. Torstensson), Schuster (76. Marek), Rummenigge, Kapellmann. Schiedsrichter: Rudnew (UdSSR); Zuschauer: 23 000; Tor: 1:0 T. Andersson (25.).

Am 5. November in München:

Bayern München – Malmö FF 2:0 (0:0)

MÜNCHEN: Maier, Horsmann, Dürnberger, Schwarzenbeck, Beckenbauer, Roth, Wunder, Zobel (80. Förster), Torstensson, Rummenigge, Kapellmann. MALMÖ: Möller, M. Andersson, Kristensson, R. Andersson, Jönsson, Tapper, Ljungberg, B. Larsson, Cervin, T. Andersson (62. C. Andersson), T. Larsson. Schiedsrichter: Stanew (Bulgarien); Zuschauer: 47 000; Tore: 1:0 Dürnberger (59., Foulelfmeter), 2:0 Torstensson (77.).

VIERTELFINALE

Am 3. März 1976 in Split:

Hajduk Split – PSV Eindhoven 2:0 (2:0)

SPLIT: Meskovic, Boljat, Peruzovic, Buljan, Rozic (52. Djoni), Mijac, Muzinic, Jerkovic, Zungul (63. Jovanic), Djordjevic, Surjak. EINDHOVEN: van Beveren, Poortvliet, Krijgh, v. Kraay, Strik (69. Dahlquist), W. v. d. Kerkhof, Quaars, Lubse (46. Deykers), R. v. d. Kerkhof, v. d. Kuylen, Edström. Schiedsrichter: Sanchez Ibanez (Spanien); Zuschauer: 30 000; Tore: 1:0 Mijac (9.), 2:0 Surjak (29.).

Am 17. März in Eindhoven:

PSV Eindhoven – Hajduk Split 3:0 (0:0, 2:0) n. V.

EINDHOVEN: van Beveren, Krijgh, Stevens, v. Kraay, Deykers, W. v. d. Kerkhof, v. d. Kuylen, Poortvliet (75. Deacy), Lubse, Edström, Dahlquist (95. Strik). SPLIT: Meskovic, Buljan, Peruzovic, Kurtela (90. Djoni), Boljat, Rozic, Jerkovic, Muzinic, Surjak, Djordjevic, Zungul (70. Jovanic). Schiedsrichter: Linemayr (Österreich); Zuschauer: 20 000; Tore: 1:0 Dahlquist (62.), 2:0 Lubse (64.), 3:0 v. d. Kuylen (102.).

Am 3. März in Simferopol:

Dynamo Kiew – AS St-Etienne 2:0 (1:0)

KIEW: Rudakow, Fomenko, Troschkin, Swjaginzew, Matwijenko, Konkow, Kolotow, Weremejew, Burjak, Onischtschenko (46. Damin), Blochin. St-ETIENNE: Curkovic, Janvion, Piazza, Lopez, Farison, Bathenay, Larque, Synaeghel, P. Revelli (75. Schaer), Rocheteau, H. Revelli. Schiedsrichter: Thomas (Wales); Zuschauer: 30 000; Tore: 1:0 Konkow (21.), 2:0 Blochin (54.).

Am 17. März in St-Etienne:

AS St-Etienne – Dynamo Kiew 3:0 (0:0, 2:0) n. V.

ST-ETIENNE: Curkovic, Janvion, Piazza, Lopez, Farison, Bathenay, Larque (80. Santini), Synaeghel, Rocheteau, Sarramagna (64. P. Revelli), H. Revelli. KIEW: Rudakow, Fomenko, Troschkin, Reschko, Matwijenko, Konkow, Burjak (82. Damin), Kolotow, Weremejew, Onischtschenko, Blochin. Schiedsrichter: Gonella (Italien); Zuschauer: 38 000; Tore: 1:0 H. Revelli (64.), 2:0 Larque (71.), 3:0 Rocheteau (113.).

Am 3. März in Düsseldorf:

Borussia Mönchengladbach – Real Madrid 2:2 (2:1)

MÖNCHENGLADBACH: Kleff, Klinkhammer, Vogts, Wittkamp, Stielike, Bonhof, Danner, Wimmer, Simmonsen, Jensen, Heynckes. MADRID: Miguel Angel, Sol, Pirri, Benito, Camacho, Velazquez, Del Bosque (70. Vitoria), Breitner, Netzer, Santillana, Roberto Martinez. Schiedsrichter: Rion (Belgien); Zuschauer: 69 000; Tore: 1:0 Jensen (2.), 2:0 Wittkamp (27.), 2:1 R. Martinez (45.), 2:2 Pirri (61.).

Am 17. März in Madrid:

Real Madrid – Borussia Mönchengladbach 1:1 (0:1)

MADRID: Miguel Angel, Benito, Pirri, Sol, Camacho, Breitner (15. Vitoria), Velazquez, Netzer, Amancio (77. Del Bosque), Santillana, Roberto Martinez. MÖNCHENGLADBACH: Kleff, Vogts, Wittkamp, Klinkhammer, Bonhof, Stielike, Wimmer, Danner (76. Hannes), Simmonsen, Jensen, Heynckes. Schiedsrichter: v. d. Kroft (Niederlande); Zuschauer: 120 000; Tore: 0:1 Heynckes (26.), 1:1 Santillana (52.).

Am 3. März in Lissabon:

Benfica Lissabon – Bayern München 0:0

LISSABON: Jose Henrique, Artur, Barros, Messias, Bastos Lopes, Sheu, Vitor Batista, Toni, Nene, Jordao, Moinhos (79. Nelinho). MÜNCHEN: Maier, Hansen, Schwarzenbeck, Beckenbauer, Horsmann, Roth, Rummenigge, Kapellmann, Hoeneß, Müller. Schiedsrichter: Gordon (Schottland); Zuschauer: 70 000.

Am 17. März in München:

Bayern München – Benfica Lissabon 5:1 (0:0)

MÜNCHEN: Maier, Hansen, Beckenbauer, Schwarzenbeck, Horsmann, Dürnberger, Kapellmann, Roth, Hoeneß, Müller, Rummenigge. LISSABON: Jose Henrique, Artur, Barros, Messias, Bastos Lopes, Toni, Vitor

Europapokal der Meister 1976

Erste Runde		Zweite Runde		Viertelfinale		Semifinale		Finale in Glasgow	
Bayern München	5 3								
Jeunesse Esch	0 1	Bayern München	0 2						
Malmö FF	2 1*	Malmö FF	1 0						
1. FC Magdeburg	1 2			Bayern München	0 5				
Benfica Lissabon	7 0			Benfica Lissabon	0 1				
Fenerbahce Istanbul	0 1	Benfica Lissabon	5 1						
Ujpest Doz. Budapest	4 1	Ujpest Doz. Budapest	2 3						
FC Zürich	0 5					Bayern München	1 2		
Bor. Mönchengladbach	1 6					Real Madrid	1 0		
Wacker Innsbruck	1 1	Bor. Mönchengladbach	2 2						
Juventus Turin	1 2	Juventus Turin	0 2						
CSKA Sofia	2 0			Real Madrid	2 1**				
Real Madrid	4 0			Bor. Mönchengladbach	2 1				
Dinamo Bukarest	1 1	Real Madrid	1 5						
Derby County	0 3	Derby County	4 1						
Slovan Bratislava	1 0							Bayern München	1
Viking Stavanger	2 0							AS St-Etienne	0
RWD Molenbeek	3 1	RWD Molenbeek	0 2						
Floriana La Valetta	0 0	Hajduk Split	4 3						
Hajduk Split	5 3			Hajduk Split	2 0				
Kuopion Palloseura	0 2			PSV Eindhoven	0 3				
Ruch Chorzow	5 2	Ruch Chorzow	1 0						
FC Linfield	1 0	PSV Eindhoven	3 4						
PSV Eindhoven	2 8					PSV Eindhoven	0 0		
Omonia Nikosia	2 0					AS St-Etienne	1 0		
Akranes Reykjavik	1 4	Akranes Reykjavik	0 0						
Olympiakos Piräus	2 0	Dynamo Kiew	3 2						
Dynamo Kiew	2 1			Dynamo Kiew	2 0				
Bohemians Dublin	1 1			AS St-Etienne	0 3				
Glasgow Rangers	4 1	Glasgow Rangers	0 1						
Kopenhagen BK	0 1	AS St-Etienne	2 2						
AS St-Etienne	2 3								

BAYERN MÜNCHEN: Maier, Hansen, Schwarzenbeck, Beckenbauer, Horsmann, Roth (1), Kapellmann, Dürnberger, Rummenigge, Müller, Hoeneß.

AS ST-ETIENNE: Curkovic, Janvion, Piazza, Lopez, Repellini, Bathenay, Larque, Santini, H. Revelli, P. Revelli, Sarramagna (Rocheteau).

* Malmö FF Sieger durch Elfmeterschießen 2:1;
** Real Madrid Sieger durch Auswärtstore.

Batista, Sheu, Vitor Martins (25. Moinhos), Nene (83. Nelinho), Jordao. Schiedsrichter: Ok (Türkei); Zuschauer: 74 500; Tore: 1:0 Dürnberger (49.), 2:0 Dürnberger (56.), 3:0 Rummenigge (68.), 3:1 Nene (70.), 4:1 Müller (72.), 5:1 Müller (80.).

SEMIFINALE

Am 31. März in St-Etienne:

AS St-Etienne – PSV Eindhoven 1:0 (1:0)

ST-ETIENNE: Curkovic, Janvion, Piazza, Lopez, Farison, Bathenay (84. Repellini), Larque, Synaeghel, Rocheteau, H. Revelli, P. Revelli. EINDHOVEN: van Beveren, Poortvliet (86. Deacy), Krijgh, v. Kraay, Deykers, Stevens, W. v. d. Kerkhof, v. d. Kuylen, R. v. d. Kerkhof, Dahlquist (46. Lubse), Edström. Schiedsrichter: Delcourt (Belgien); Zuschauer: 39 000; Tor: 1:0 Larque (15.).

Am 14. April in Eindhoven:

PSV Eindhoven – AS St-Etienne 0:0

EINDHOVEN: van Beveren, Krijgh, Stevens, v. Kraay, Deykers, W. v. d. Kerkhof, Poortvliet, v. d. Kuylen, R. v. d. Kerkhof, Lubse (73. Dahlquist), Edström (46. Deacy). ST-ETIENNE: Curkovic, Janvion, Piazza, Lopez, Farison, Bathenay, Larque, Synaeghel, Rocheteau (55. Sarramagna), H. Revelli, P. Revelli (76. Santini). Schiedsrichter: Taylor (England); Zuschauer: 22 000.

Am 31. März in Madrid:

Real Madrid – Bayern München 1:1 (1:1)

MADRID: Miguel Angel, Sol, Del Bosque, Benito, Camacho, Rubinan, Velazquez (35. Vitoria), Netzer, Amancio, Santillana, Roberto Martinez (65. Guerini). MÜNCHEN: Maier, Hansen, Beckenbauer, Schwarzenbeck, Horsmann, Roth, Dürnberger, Kapellmann, Hoeneß, Müller, Rummenigge. Schiedsrichter: Linemayr (Österreich); Zuschauer: 110 000; Tore: 1:0 R. Martinez (8.), 1:1 Müller (43.).

Am 14. April in München:

Bayern München – Real Madrid 2:0 (2:0)

MÜNCHEN: Maier, Hansen, Beckenbauer, Schwarzenbeck, Horsmann, Roth, Dürnberger, Kapellmann, Hoeneß, Müller, Rummenigge. MADRID: Miguel Angel, Sol, Pirri, Benito, Camacho, Del Bosque, Netzer, Breitner, Amancio, Santillana (63. Sanchez Barrios), Guerini. Schiedsrichter: Thomas (Wales); Zuschauer: 78 000; Tore: 1:0 Müller (9.), 2:0 Müller (31.).

ENDSPIEL

Am 12. Mai in Glasgow:

Bayern München – AS St-Etienne 1:0 (0:0)

MÜNCHEN: Maier, Hansen, Schwarzenbeck, Beckenbauer, Horsmann, Roth, Kapellmann, Dürnberger, Rummenigge, Müller, Hoeneß. ST-ETIENNE: Curkovic, Janvion, Piazza, Lopez, Repellini, Bathenay, Larque, Santini, H. Revelli, P. Revelli, Sarramagna (82. Rocheteau). Schiedsrichter: Palotai (Ungarn); Zuschauer: 54 000; Tor: 1:0 Roth (57.).

Spiele um den Europacup der Pokalsieger

ERSTE RUNDE

Am 16. September in Frankfurt:

Eintracht Frankfurt – FC Coleraine 5:1 (5:0)

FRANKFURT: Wienhold, Reichel, Neuberger, Krobbach, Müller, Körbel, Beverungen, Hölzenbein (46. Wenzel), Grabowski (52. Stradt), Nickel, Lorenz. COLERAINE: Magee, Gordon (46. McIntyre), McNutt, Beckett, Jackson, Murray, Cochrane, Jennings, Guy (65. Moffatt), Dickson, Simpson. Schiedsrichter: Müncz (Ungarn); Zuschauer: 11 000; Tore: 1:0 Körbel (13.), 2:0 Beverungen (22.), 3:0 Hölzenbein (28.), 4:0 Nickel (32.), 5:0 Nickel (41.), 5:1 Cochrane (80.).

Am 30. September in Coleraine:

FC Coleraine – Eintracht Frankfurt 2:6 (1:3)

COLERAINE: Magee, McCurdy, McNutt, Beckett, Jackson, Simpson (68. Gordon), Cochrane, Jennings, Guy, Dickson, Moffatt (53. Tweed). FRANKFURT: Dr. Kunter, Müller, Körbel, Beverungen, Neuberger, Weidle, Grabowski, Wenzel (53. Stradt), Hölzenbein (46. Lorenz). Schiedsrichter: Beck (Niederlande); Zuschauer: 3500; Tore: 1:0 McCurdy (20.), 1:1 Grabowski (21.), 1:2 Nickel (27.), 1:3 Lorenz (35.), 1:4 Grabowski (65.), 2:4 Cochrane (75.), 2:5 Hölzenbein (84.), 2:6 Grabowski (90.).

ZWEITE RUNDE

Am 22. Oktober in Madrid:

Atletico Madrid – Eintracht Frankfurt 1:2 (0:2)

MADRID: Reina, Capon, Diaz, Marcelino, Heredia, Bejarano Eusebio, Bermejo, Ayala, Garate (46. Becerra), Leal (46. Baena), Salcedo. FRANKFURT: Wienhold, Reichel, Neuberger, Körbel, Müller, Weidle, Beverungen, Hölzenbein, Wenzel, Grabowski, Nickel. Schiedsrichter: Burns (England); Zuschauer: 30 000; Tore: 0:1 Hölzenbein (6.), 0:2 Hölzenbein (14.), 1:2 Capon (50.).

Am 5. November in Frankfurt:

Eintracht Frankfurt – Atletico Madrid 1:0 (0:0)

FRANKFURT: Wienhold, Reichel, Neuberger, Körbel, Müller, Weidle, Beverungen, Hölzenbein, Wenzel (72. Lorenz), Grabowski, Nickel. MADRID: Reina, Fraguas, Capon, Marcelino (46. Leal), Diaz, Bejarano Eusebio, Aguilar, Bermejo, Ayala, Adelardo (72. Becerra), Baena. Schiedsrichter: Schaut (Belgien); Zuschauer: 45 000; Tor: 1:0 Reichel (88.).

VIERTELFINALE

Am 3. März 1976 in Glasgow:

Celtic Glasgow – Sachsenring Zwickau 1:1 (1:0)

GLASGOW: Latchford, P. McCluskey, McGrain, Aitken, Lynch, Edvaldsson, Dalglish, Hood, Wilson, Deans, Lennox. ZWICKAU: Croy, Lippmann, H. Schykowski, Stemmler, Reichelt, Leuschner, Blank, J. Schykowski, Dietzsch, Braun (66. Wutzler). Schiedsrichter: Axelryd (Schweden); Zuschauer: 46 000; Tore: 1:0 Dalglish (41.), 1:1 Blank (89.).

Am 17. März in Zwickau:

Sachsenring Zwickau – Celtic Glasgow 1:0 (1:0)

ZWICKAU: Croy, H. Schykowski, J. Schykowski, Stemmler, Lippmann, Leuschner, Dietzsch, Schwemmer, Blank, Bräutigam (80. Reichelt), Braun. GLASGOW: Latchford, P. McCluskey, Edvaldsson, Aitken, McGrain, Callaghan, Glavin (74. McNamara), Dalglish, Hood (67. Casey), Wilson, MacDonald. Schiedsrichter: Franco Martinez (Spanien); Zuschauer: 40 000; Tor: 1:0 Blank (4.).

Am 3. März in Den Haag:

FC Den Haag – West Ham United 4:2 (4:0)

DEN HAAG: Thie, Mansveld, de Caluwe, van Vliet, Korevaar, Kila, Perazic, Ouwehand, Schoenmaker, van Leeuwen, Swanenburg. WEST HAM: Day, McGiven (46. Coleman), Lock, T. Taylor, Lampard, Paddon, Curbishley, Bonds, Jennings, A. Taylor, Robson. Schiedsrichter: Glöckner (DDR); Zuschauer: 25 000; Tore: 1:0 Mansveld (12.), 2:0 Mansveld (16., Handelfmeter), 3:0 Mansveld (40., Foulelfmeter), 4:0 Schoenmaker (43.), 4:1 Jennings (50.), 4:2 Jennings (58.).

Am 17. März in London:

West Ham United – FC Den Haag 3:1 (3:0)

WEST HAM: Day, Coleman, T. Taylor (65. McGiven), Lock, Lampard, Bonds, Brooking, Paddon (46. Curbishley), A. Taylor, Jennings, Robson. DEN HAAG: Thie, Mansveld, Ouwehand, van Vliet, Korevaar, Kila (37. Jol), Perazic, Albertsen, Schoenmaker, van Leeuwen, Bres. Schiedsrichter: Palotai (Ungarn); Zuschauer: 30 000; Tore: 1:0 A. Taylor (27.), 2:0 Lampard (32.), 3:0 Bonds (35., Foulelfmeter), 3:1 Schoenmaker (59.).

Am 3. März in Brüssel:

RSC Anderlecht – FC Wrexham 1:0 (1:0)

ANDERLECHT: Ruiter, Dockx, Lomme, van den Daele (46. Andersen), Broos, van der Elst, Haan, Coeck (18. de Groote), Ressel, van Binst, Rensenbrink. WREXHAM: Lloyd, Evans, Fogg, Davis, May, Thomas, Whittle, Sutton, Lee, Ashcroft, Griffiths. Schiedsrichter: Raus (Jugoslawien); Zuschauer: 30 000; Tor: 1:0 van Binst (10.).

Am 17. März in Wrexham:

FC Wrexham – RSC Anderlecht 1:1 (0:0)

WREXHAM: Lloyd, Evans, Fogg, Davis, May, Whittle, Tinnion, Sutton, Lee, Ashcroft, Griffiths. ANDERLECHT: Ruiter, Dockx, van der Elst, van den Daele, Broos, Haan, Lomme, Coeck, Ressel, van Binst, Rensenbrink. Schiedsrichter: Biwersi (Deutschland); Zuschauer: 20 000; Tore: 1:0 Lee (60.), 1:1 Rensenbrink (76.).

Am 2. März in Graz:

Sturm Graz – Eintracht Frankfurt 0:2 (0:0)

GRAZ: Muftic, Wirth, Russ, Weber, Huberts, Steiner, Hofmeister (65. Gruber), Zamut (73. Thaler), Kulmer, Stendal, Jurtin. FRANKFURT: Wienhold, Reichel, Neuberger, Körbel, Müller, Weidle, Beverungen, Grabowski, Nickel, Hölzenbein, Wenzel. Schiedsrichter: Gussoni (Italien); Zuschauer: 12 000; Tore: 0:1 Hölzenbein (74.), 0:2 Wenzel (87.).

Am 16. März in Frankfurt:

Eintracht Frankfurt – Sturm Graz 1:0 (0:0)

FRANKFURT: Dr. Kunter, Reichel, Körbel, Neuberger, Müller, Weidle (85. Kraus), Grabowski, Beverungen, Hölzenbein, Wenzel, Nickel. GRAZ: Muftic, Weber, Wirth, Russ, Huberts (72. Hofmeister), Thaler, Pichler, Zamut, Kulmer, Stendal, Jurtin. Schiedsrichter: Garrido (Portugal); Zuschauer: 18 000; Tor: 1:0 Hölzenbein (85.).

Europacup der Pokalsieger 1976

Erste Runde		Zweite Runde		Viertelfinale		Semifinale		Finale in Brüssel	
RSC Anderlecht	0 2								
Rapid Bukarest	1 0	RSC Anderlecht	3 0						
Borac Banja Luka	9 5	Borac Banja Luka	0 1						
US Rümelingen	0 1			RSC Anderlecht	1 1				
FC Wrexham	2 1			FC Wrexham	0 1				
Djurgard. Stockholm	1 1	FC Wrexham	2 1						
Stal Rzeszow	4 4	Stal Rzeszow	0 1						
Skeid Oslo	1 0					RSC Anderlecht	3 2		
Sachsenring Zwickau	0 2					Sachsenring Zwickau	0 0		
Panathinaikos Athen	0 0	Sachsenring Zwickau	0 1*						
AC Florenz	3 3	AC Florenz	1 0						
Besiktas Istanbul	0 0			Sachsenring Zwickau	1 1				
Celtic Glasgow	2 7			Celtic Glasgow	1 0				
Valur Reykjavik	0 0	Celtic Glasgow	0 3						
Boavista Porto	0 3	Boavista Porto	0 1						
Spartak Trnava	0 0							RSC Anderlecht	4
Haladas Szombathely	7 1							West Ham United	2
FC La Valetta	0 1	Haladas Szombathely	0 1						
Slawia Sofia	1 1	Sturm Graz	2 1						
Sturm Graz	3 0			Sturm Graz	0 0				
FC Basel	1 1			Eintracht Frankfurt	2 1				
Atletico Madrid	2 1	Atletico Madrid	1 0						
FC Coleraine	1 2	Eintracht Frankfurt	2 1						
Eintracht Frankfurt	5 6					Eintracht Frankfurt	2 1		
Home Farm	1 0					West Ham United	1 3		
RC Lens	1 6	RC Lens	2 1						
Vejle BK	0 0	FC Den Haag	3 3						
FC Den Haag	2 2			FC Den Haag	4 1				
Anorthosis Famagusta	0 1			West Ham United	2 3				
Ararat Jerewan	9 1	Ararat Jerewan	1 1						
Reipas Lahti	2 0	West Ham United	1 3						
West Ham United	2 3								

RSC ANDERLECHT: Ruiter, van Binst, Lomme, Broos, Thissen, Dockx, Coeck (Vercauteren), van der Elst (2), Ressel, Haan, Rensenbrink (2).

WEST HAM UNITED: Day, Coleman, Bonds, T. Taylor, Lampard (A. Taylor), McDowell, Brooking, Paddon, Holland (1), Jennings, Robson (1).

* Sachsenring Zwickau Sieger durch Elfmeterschießen 5:4.

SEMIFINALE

Am 31. März in Zwickau:

Sachsenring Zwickau – RSC Anderlecht 0:3 (0:2)

ZWICKAU: Croy, H. Schykowski, Lippmann, Stemmler, J. Schykowski (67. Reichelt), Schwemmer, Leuschner (53. Nestler), Dietzsch, Blank, Bräutigam, Braun. ANDERLECHT: Ruiter, Lomme, Broos, van Binst, Thissen, Dockx, van der Elst, Haan, Coeck, Ressel, Rensenbrink. Schiedsrichter: Helies (Frankreich); Zuschauer: 40 000; Tore: 0:1 van der Elst (26.), 0:2 van der Elst (38.), 0:3 Rensenbrink (67.).

Am 14. April in Brüssel:

RSC Anderlecht – Sachsenring Zwickau 2:0 (1:0)

ANDERLECHT: Ruiter, van Binst, Dockx, Broos, Thissen, Vercauteren, van der Elst, Coeck, Ressel, Haan, Rensenbrink. ZWICKAU: Croy, H. Schykowski, Reichelt, Stemmler, J. Schykowski, Schwemmer, Leuschner, Dietzsch, Braun (63. Lippmann), Nestler, Bräutigam. Schiedsrichter: Sanchez Ibanez (Spanien); Zuschauer: 25 000; Tore: 1:0 Rensenbrink (43.), 2:0 van der Elst (58.).

Am 31. März in Frankfurt:

Eintracht Frankfurt – West Ham United 2:1 (1:1)

FRANKFURT: Dr. Kunter, Reichel, Neuberger, Simons, Beverungen, Körbel, Kraus (74. Weidle), Grabowski, Nickel, Hölzenbein, Wenzel. WEST HAM: Day, Coleman, T. Taylor, Bonds, Lampard, McDowell, Holland, Paddon, Brooking, Jennings, Robson. Schiedsrichter: Rudnew

(UdSSR); Zuschauer: 50 000; Tore: 0:1 Paddon (9.), 1:1 Neuberger (29.), 2:1 Kraus (47.).

Am 14. April in London:

West Ham United – Eintracht Frankfurt 3:1 (0:0)
WEST HAM: Day, Coleman, T. Taylor, Bonds, Lampard, McDowell, Paddon, Brooking, Holland, Jennings, Robson. FRANKFURT: Dr. Kunter, Reichel, Neuberger, Lorenz, Beverungen, Weidle, Körbel, Grabowski, Nickel, Hölzenbein, Wenzel. Schiedsrichter: Hungerbühler (Schweiz); Zuschauer: 40 000; Tore: 1:0 Brooking (49.), 2:0 Robson (68.), 3:0 Brooking (77.), 3:1 Beverungen (88.).

ENDSPIEL

Am 5. Mai in Brüssel:

RSC Anderlecht – West Ham United 4:2 (1:1)
ANDERLECHT: Ruiter, van Binst, Lomme, Broos, Thissen, Dockx, Coeck (32. Vercauteren), van der Elst, Ressel, Haan, Rensenbrink. WEST HAM: Day, Coleman, Bonds, T. Taylor, Lampard (46. A. Taylor), McDowell, Brooking, Paddon, Holland, Jennings, Robson. Schiedsrichter: Wurtz (Frankreich); Zuschauer: 60 000; Tore: 0:1 Holland (28.), 1:1 Rensenbrink (43.), 2:1 van der Elst (48.), 2:2 Robson (68.), 3:2 Rensenbrink (74., Foulelfmeter), 4:2 van der Elst (89.).

Spiele um den UEFA-Pokal

ERSTE RUNDE

Am 17. September in Berlin:

Hertha BSC Berlin – HJK Helsinki 4:1 (3:1)
BERLIN: Wolter, Sziedat (81. Diefenbach), Brück, Kliemann, Hanisch, Walbeek, Sidka, Weiner, Kostedde, Horr, Magnusson (62. Wohlfarth). HELSINKI: Alaja, Kautiainen, Dahllund, Virtanen (46. Dromberg), Forssell (75. Haaskivi), Peltoniemi, Bäckman, Kangaskorpi, Paldanius, Rahja, Toivola. Schiedsrichter: Rolles (Luxemburg); Zuschauer: 7500; Tore: 1:0 Kostedde (4.), 2:0 Horr (5.), 3:0 Horr (23.), 3:1 Kangaskorpi (34.), 4:1 Kostedde (56.).

Am 1. Oktober in Helsinki:

HJK Helsinki – Hertha BSC Berlin 1:2 (1:0)
HELSINKI: Alaja, Kautiainen, Dahllund, Virtanen, Forssell, Salo, Bäckman, Kangaskorpi, Paldanius, Rahja, Toivola. BERLIN: Wolter, Sziedat, Brück, Hanisch, Weiner, Walbeek, Sidka (75. Hermandung), Diefenbach, Kostedde, Horr, Grau (65. Wohlfarth). Schiedsrichter: Swistek (Polen); Zuschauer: 2000; Tore: 1:0 Salo (2.), 1:1 Sidka (47.), 1:2 Grau (50.).

Am 14. September in Duisburg:

MSV Duisburg – Paralimni Famagusta 7:1 (5:1)
DUISBURG: Linders, W. Schneider, Dietz, Pirsig (46. L. Schneider), Bella, Bregmann, Seliger, Lehmann, Worm, Bücker, Thies (77. Büssers). FAMAGUSTA: D. Konstantinou, Mavroudis, Papaloukas, Mertakas, Adamou, M. Tsoukkas, K. Tsoukkas, Chatjiyiannis, Vlittis, A. Konstantinou, Goumenos (77. Kezou). Schiedsrichter: Victor (Luxemburg); Zuschauer: 5000; Tore: 1:0 Mertakas (3., Eigentor), 1:1 Chatjiyiannis (11.), 2:1 Lehmann (16.), 3:1 Lehmann (24.), 4:1 Lehmann (24.), 5:1 Worm (40.), 6:1 Thies (49.), 7:1 Worm (87.).

Am 16. September in Oberhausen:

Paralimni Famagusta – MSV Duisburg 2:3 (1:2)
FAMAGUSTA: D. Konstantinou, Mavroudis, Papaloukas, Mertakas, Adamou, M. Tsoukkas (36. Flouri), K. Tsoukkas, Chatjiyiannis, Vlittis, A. Konstantinou, Goumenos. DUISBURG: Linders, L. Schneider, Dietz (77. Bregmann), Bruckmann, Bella, Büssers, Seliger, Lehmann (46. Montelett), Krause, Bücker, Worm. Schiedsrichter: Herrmann (Luxemburg); Zuschauer: 3000; Tore: 0:1 Dietz (16.), 1:1 A. Konstantinou (19.), 1:2 Krause (44.), 1:3 Seliger (64.), 2:3 Mertakas (85.).

Am 17. September in Köln:

1. FC Köln – BK 1903 Kopenhagen 2:0 (2:0)
KÖLN: Topalovic, Strack, Hein, W. Weber, Cullmann, Konopka, Glowacz, Flohe, Simmet, Overath, Löhr (55. Hiestermann). KOPENHAGEN:

UEFA-Pokal 1976

Erste Runde			Zweite Runde		
FC Liverpool	0	3			
Hibernians Edinburgh	1	1	FC Liverpool	3	6
Real San Sebastian	3	1*	Real San Sebastian	1	0
Grasshoppers Zürich	3	1			
Slask Wroclaw	1	4	Slask Wroclaw	1	2
GAIS Göteborg	2	2	Royal Antwerpen	1	1
Royal Antwerpen	4	1			
Aston Villa	1	0			
Dynamo Dresden	2	4	Dynamo Dresden	2	1
ASA Tirgu Mures	2	1	Honved Budapest	2	0
Honved Budapest	2	1			
Bohemians Prag	1	1			
Torpedo Moskau	4	1	Torpedo Moskau	4	3
SSC Neapel	1	1	Galatas. Istanbul	2	0
Galatasaray Istanbul	0	3			
Rapid Wienerberger	1	1			
FC Barcelona	0	6	FC Barcelona		4
PAOK Saloniki	1	1	Lazio Rom		0
Lazio Rom	0	3			
Tschernomorez Odessa	1	0			
Vasas Budapest	0	4	Vasas Budapest	3	1
VÖEST Linz	2	0	Sporting Lissabon	1	2
Sporting Lissabon	2	3			
Sliema Wanderers	1	1			
Lewski/Spartak Sofia	3	4	Lewski/Sp. Sofia	2	2
Eskisehirspor	0	1	MSV Duisburg	3	1
MSV Duisburg	7	3			
Paralimni Famagusta	1	2			
Ajax Amsterdam	6	8	Ajax Amsterdam	0	4
Glentoran Belfast	1	0	Hertha BSC Berlin	1	1
Hertha BSC Berlin	4	2			
HJK Helsinki	1	1			
Vojvodina Novi Sad	0	1	AEK Athen	0	3
AEK Athen	0	3	Inter Bratislava	2	1
Real Saragossa	0	2			
Inter Bratislava	5	3			
Olympique Marseille	0	0	Carl Zeiss Jena	1	0
Carl Zeiss Jena	3	1	Stal Mielec	0	1
Holbaek BK	0	1			
Stal Mielec	1	2			
IBK Keflavik	0	0	Dundee United	1	1
Dundee United	2	4	FC Porto	2	1
Avenir Beggen	0	0			
FC Porto	7	3			
Universitatea Craiova	1	1	R. Stern Belgrad	1	0
Roter Stern Belgrad	3	1	Hamburger SV	1	4
Young Boys Bern	0	2			
Hamburger SV	0	4			
BK 1903 Kopenhagen	0	2	1. FC Köln	0	0
1. FC Köln	2	3	Spartak Moskau	2	1
AIK Stockholm	1	0			
Spartak Moskau	1	1			
Vålerengens Oslo	1	1	Athlone Town	0	0
Athlone Town	3	1	AC Milan	0	3
FC Everton	0	0			
AC Milan	0	1			
Molde FK	1	0	Östers Växjö	1	0
Östers Växjö	0	6	AS Rom	0	2
Dunaw Russe	0	1			
AS Rom	2	0			
Feyenoord Rotterdam	1	0	Ipswich Town	3	0
Ipswich Town	2	2	FC Brügge	0	4
Olympique Lyon	4	0			
FC Brügge	3	3			

Dritte Runde		Viertelfinale		Semifinale		Endspiele	
FC Liverpool	2 3						
Slask Wroclaw	1 0						
		FC Liverpool	0 2				
		Dynamo Dresden	0 1				
Dynamo Dresden	3 1						
Torpedo Moskau	0 3						
				FC Liverpool	1 1		
				FC Barcelona	0 1		
FC Barcelona	3 1						
Vasas Budapest	1 0						
		FC Barcelona	4 4				
		Lewski/Sp. Sofia	0 5				
Lewski/Sp. Sofia	1 2***						
Ajax Amsterdam	2 1						
Inter Bratislava	1 0						
Stal Mielec	0 2						
		Stal Mielec	1 0				
		Hamburger SV	1 1				
FC Porto	0 2						
Hamburger SV	1 1						
				Hamburger SV	1 0		
				FC Brügge	1 1		
Spartak Moskau	0 2						
AC Milan	4 0						
		AC Milan	0 2				
		FC Brügge	2 1				
AS Rom	0 0						
FC Brügge	1 1						

Endspiele:

FC LIVERPOOL: Clemence, Hughes, Smith, Kennedy (1), Neal, Thompson, Callaghan, Keegan (1), Fairclough, Heighway, Toshack (Case, 1).
FC BRÜGGE: Jensen, Bastijns, Krieger, Leekens, Volders, Cools (1), van der Eycken, de Cubber, van Gool, Lambert (1), Le Fevre.

FC Liverpool 3 1
FC Brügge 2 1

FC BRÜGGE: Jensen, Bastijns, Krieger, Leekens, Volders, Cools, de Cubber (Hinderyckx), van der Eycken, van Gool, Lambert (1, Sanders), Le Fevre.
FC LIVERPOOL: Clemence, Hughes, Neal, Kennedy, Thompson, Keegan (1), Callaghan, Smith, Case, Toshack (Fairclough), Heighway.

* Real San Sebastian d. Auswärtstore qualifiziert;
** Lazio verzichtete auf Heimspiel. Begegnung mit 3:0 für Barcelona gewertet;
*** Sieger durch Elfmeterschießen.

Poulsen, Frederiksen, Andersen, Andresen, Petersen, Jönsson (72. Kristensen), Lorentzen, Thorn, Lund, Kristiansen, Nielsen (85. Saabye). Schiedsrichter: Foote (Schottland); Zuschauer: 7000; Tore: 1:0 Andresen (17., Eigentor), 2:0 Löhr (25., Foulelfmeter).

Am 1. Oktober in Kopenhagen:

BK 1903 Kopenhagen – 1. FC Köln 2:3 (1:0, 2:0) n. V.

KOPENHAGEN: Poulsen, Frederiksen, Andresen, Lorentzen, Petersen, Andersen, Jönsson (76. Römer Lausen), Thorn (96. Kristensen), Kristiansen, Lund, Nielsen. KÖLN: Topalovic, Konopka, Zimmermann, W. Weber, Cullmann, Strack, Glowacz, Flohe, Neumann (69. Brücken), Overath, Löhr. Schiedsrichter: Byrne (Eire); Zuschauer: 3000; Tore: 1:0 Kristiansen (14.), 2:0 Kristiansen (65.), 2:1 Brücken (96.), 2:2 Brücken (110.), 2:3 Brücken (119.).

Am 17. September in Bern:

Young Boys Bern – Hamburger SV 0:0

BERN: Eichenberger, Brechbühl, Rebmann, Trümpler, Andersen, Odermatt, Burkhardt, Conz, Siegenthaler (64. Noventa), Schild, Bruttin. HAMBURG: Kargus, Kaltz, Nogly, Björnmose, Hidien (68. Ripp), Blankenburg, Sperlich, Bertl, Memering, Eigl, Volkert. Schiedsrichter: Franco Martinez (Spanien); Zuschauer: 18 000.

Am 1. Oktober in Hamburg:

Hamburger SV – Young Boys Bern 4:2 (1:0)

HAMBURG: Kargus, Kaltz, Nogly, Bertl, Hidien, Blankenburg, Sperlich, Björnmose, Reimann (78. Eigl), Ettmayer, Volkert. BERN: Eichenberger, Brechbühl, Rebmann, Trümpler, Conz, Andersen (46. Odermatt), Burkhardt, Cominboeuf, Siegenthaler, Schild, Noventa (68. Bruttin). Schiedsrichter: Partridge (England); Zuschauer: 29 000; Tore: 1:0 Reimann (15.), 2:0 Bertl (50.), 2:1 Siegenthaler (65.), 3:1 Bertl (67.), 4:1 Björnmose (85.), 4:2 Siegenthaler (87.).

ZWEITE RUNDE

Am 22. Oktober in Berlin:

Hertha BSC Berlin – Ajax Amsterdam 1:0 (0:0)

BERLIN: Wolter, Sziedat, Brück, Kliemann, Weiner, Hermandung (85. Walbeek), Sidka, Beer, Kostedde, Horr, Grau. AMSTERDAM: Schrijvers, van Dord, Suurbier, Dusbaba, Krol, Notten, Hulshoff, Geels (46. Meyer), Mühren, Brokamp, Helling. Schiedsrichter: Gonella (Italien); Zuschauer: 55 000; Tor: 1:0 Kostedde (49.).

Am 5. November in Amsterdam:

Ajax Amsterdam – Hertha BSC Berlin 4:1 (2:1)

AMSTERDAM: Schrijvers, van Santen, Suurbier, Dusbaba, Krol, Notten, Hulshoff (58. Meyer), Geels, Mühren, Brokamp, Steffenhagen. BERLIN: Wolter, Sziedat, Brück, Kliemann, Weiner, Szymanek, Sidka, Beer, Kostedde (69. Hermandung), Horr, Grau. Schiedsrichter: Dörflinger (Schweiz); Zuschauer: 46 000; Tore: 1:0 Brokamp (24.), 2:0 Geels (28., Foulelfmeter), 2:1 Kostedde (41.), 3:1 Brokamp (76.), 4:1 Meyer (85.).

Am 21. Oktober in Duisburg:

MSV Duisburg – Lewski/Spartak Sofia 3:2 (1:2)

DUISBURG: Linders, W. Schneider, Dietz, Pirsig, Bella, Bregmann, Seliger, L. Schneider, Worm, Bücker (64. Bruckmann), Thies (46. Krause). SOFIA: Iljew, Gaidarski, Tischanski (78. Borisow), Aladschow, Iwkow, Stojanow, Woinow, Pawlow (38. Swetkow), Milanow, Panow, Jordanow. Schiedsrichter: Lobo (Portugal); Zuschauer: 18 000; Tore: 0:1 Panow (11.), 1:1 W. Schneider (17.), 1:2 Panow (31.), 2:2 Worm (73.), 3:2 Krause (91.).

Am 4. November in Sofia:

Lewski/Spartak Sofia – MSV Duisburg 2:1 (0:0)

SOFIA: Iljew, Pawlow, Tischanski, Gaidarski, Iwkow, Stojanow (76. Swetkow), Woinow (74. Borisow), Jordanow, Milanow, Panow, Spassow. DUISBURG: Linders, W. Schneider, Dietz, Pirsig, Bella, L. Schneider, Seliger, Bregmann, Worm, Bücker, Büssers. Schiedsrichter: Briguglio (Malta); Zuschauer: 55 000; Tore: 1:0 Iwkow (49.), 1:1 Worm (59.), 2:1 Panow (83., Handelfmeter).

Am 22. Oktober in Moskau:

Spartak Moskau – 1. FC Köln 2:0 (1:0)

MOSKAU: Prochorow, Bukijewskij, Samochin, Abramow, Osjanin, Lowtschew, Bulgakow, Minajew, Papajew, Gladilin, Andrejew. KÖLN: Topa-

lovic, Konopka, Zimmermann, W. Weber, Cullmann, Strack, Glowacz (83. Simmet), Flohe, Brücken, Overath, Löhr. Schiedsrichter: Eriksson (Schweden); Zuschauer: 10 000; Tore: 1:0 Lowtschew (16.), 2:0 Lowtschew (89.).

Am 5. November in Köln:

1. FC Köln – Spartak Moskau 0:1 (0:0)

KÖLN: Topalovic, Konopka, Strack, W. Weber, Cullmann, Simmet, Glowacz (66. G. Weber), Flohe, Brücken (66. Neumann), Overath, Löhr. MOSKAU: Prochorow, Bukijewskij, Samochin, Abramow, Osjanin, Lowtschew, Bulgakow, Minajew, Papajew, Kokorew, Andrejew. Schiedsrichter: Camacho (Spanien); Zuschauer: 23 000; Tor: 0:1 Andrejew (62.).

Am 22. Oktober in Belgrad:

Roter Stern Belgrad – Hamburger SV 1:1 (1:1)

BELGRAD: O. Petrovic, Jelikic, Novkovic (60. Krivokuca), Baralic, Keri, Muslin, V. Petrovic, Filipovic (40. Stamenkovic), Savic, Nikolic, Susic. HAMBURG: Kargus, Kaltz, Nogly, Bertl, Hidien, Blankenburg, Björnmose, Memering, Reimann, Ettmayer, Volkert. Schiedsrichter: Schiller (Österreich); Zuschauer: 35 000; Tore: 1:0 Susic (23.), 1:1 Björnmose (24.).

Am 5. November in Hamburg:

Hamburger SV – Roter Stern Belgrad 4:0 (1:0)

HAMBURG: Kargus, Kaltz, Nogly, Bertl, Hidien, Blankenburg, Sperlich (56. Zaczyk), Memering, Reimann, Ettmayer, Volkert. BELGRAD: O. Petrovic, Novkovic, Krivokuca, Nikolic, Keri, Muslin, V. Petrovic (64. Jelikic), Acimovic, Savic, Susic (46. Calasan), Stamenkovic. Schiedsrichter: Corver (Niederlande); Zuschauer: 61 300; Tore: 1:0 Reimann (14.), 2:0 Ettmayer (78.), 3:0 Memering (82.), 4:0 Reimann (90.).

DRITTE RUNDE

Am 26. November in Hamburg:

Hamburger SV – FC Porto 2:0 (1:0)

HAMBURG: Kargus, Memering, Nogly, Bertl, Ripp, Blankenburg, Zaczyk, Björnmose, Reimann, Ettmayer, Volkert. PORTO: Tibi, Murca, Ronaldo, Simoes, A. Teixeira, Octavio, Gabriel, Seninho, Oliveira, Cubillas, Dinis. Schiedsrichter: Somlai (Ungarn); Zuschauer: 40 000; Tore: 1:0 Murca (15., Eigentor), 2:0 Volkert (89., Foulelfmeter).

Am 10. Dezember in Porto:

FC Porto – Hamburger SV 2:1 (1:1)

PORTO: Rui, Murca, Ronaldo, Simoes, A. Teixeira, Octavio, Julio (55. Rodolfo), Seninho, Ademir (81. Aylton), Cubillas, Gomes. HAMBURG: Kargus, Ripp, Nogly, Björnmose, Hidien, Blankenburg, Zaczyk, Bertl, Reimann, Memering, Volkert. Schiedsrichter: Wurtz (Frankreich); Zuschauer: 42 000; Tore: 0:1 Reimann (29.), 1:1 Julio (31.), 2:1 Cubillas (72.).

VIERTELFINALE

Am 3. März 1976 in Brügge:

FC Brügge – AC Milan 2:0 (1:0)

BRÜGGE: Jensen, Bastijns, Krieger, Leekens, Volders (46. Sanders), Cools, van der Eycken, van Gool, Lambert, de Cubber, Le Fevre. MAILAND: Albertosi, Anquilletti, Sabadini, Turone, Bet, Maldera, Scala, Benetti (80. Bergamaschi), Bigon, Rivera (74. Calloni), Chiarugi. Schiedsrichter: Vigliani (Frankreich); Zuschauer: 20 000; Tore: 1:0 Le Fevre (5.), 2:0 Krieger (62.).

Am 17. März in Mailand:

AC Milan – FC Brügge 2:1 (1:0)

MAILAND: Albertosi, Sabadini, Anquilletti, Turone, Bet, Maldera, Bergamaschi (60. Vincenzi), Scala, Calloni, Bigon (83. Biasiolo), Chiarugi. BRÜGGE: Jensen, Bastijns, Krieger, Leekens, Volders, Cools, van der Eycken, Sanders, van Gool, Holenstein, Le Fevre (46. Hinderyckx). Schiedsrichter: MacKenzie (Schottland); Zuschauer: 55 000; Tore: 1:0 Bigon (31.), 2:0 Chiarugi (65.), 2:1 Sanders (74.).

Am 3. März in Barcelona:

FC Barcelona – Lewski/Spartak Sofia 4:0 (2:0)

BARCELONA: Mora, Tome, Migueli, Marcial, Albaladejo, Neeskens, Rexach, Sotil (65. Heredia), Cruyff, Asensi, Mir (53. Fortes). SOFIA: Staikow, Grantscharow, Gaidarski, Aladschow, Iwkow, Tischanski, Woinow,

Stojanow (60. Spassow), Milanow, Panow, Jordanow (46. Borisow). Schiedsrichter: Dubach (Schweiz); Zuschauer: 60 000; Tore: 1:0 Neeskens (38., Handelfmeter), 2:0 Marcial (44.), 3:0 Asensi (80.), 4:0 Heredia (89.).

Am 17. März in Sofia:

Lewski/Spartak Sofia – FC Barcelona 5:4 (2:2)

SOFIA: Staikow, Grantscharow, Tischanski, Aladschow, Iwkow (74. Gaidarski), Pawlow, Woinow, Jordanow, Milanow, Panow, Spassow. BARCELONA: Mora, Tome, Migueli, Costas, Albaladejo, Neeskens, Rexach, Marcial, Cruyff, Asensi, Heredia. Schiedsrichter: Burns (England); Zuschauer: 80 000; Tore: 1:0 Panow (7.), 2:0 Jordanow (9.), 2:1 Marcial (38.), 2:2 Asensi (45.), 3:2 Spassow (47.), 3:3 Heredia (57.), 3:4 Neeskens (62., Foulelfmeter), 4:4 Jordanow (87.), 5:4 Panow (89., Elfmeter).

Am 3. März in Hamburg:

Hamburger SV – Stal Mielec 1:1 (1:0)

HAMBURG: Kargus, Memering, Nogly, Björnmose, Hidien, Blankenburg, Sperlich, Bertl, Reimann, Ettmayer, Volkert. MIELEC: Kukla, Rzesny, Kosinski, Oratowski, Per, Bielewicz, Lato, Kasperczak, Hnatio, Krawczyk, Karas. Schiedsrichter: Iwanow (UdSSR); Zuschauer: 40 000; Tore: 1:0 Bertl (11.), 1:1 Oratowski (46.).

Am 17. März in Mielec:

Stal Mielec – Hamburger SV 0:1 (0:1)

MIELEC: Kukla, Rzesny, Kosinski, Oratowski, Per, Bielewicz, Lato, Kasperczak, Hnatio, Domarski (65. Sekulski), Krawczyk. HAMBURG: Kargus, Kaltz, Nogly, Björnmose, Hidien, Blankenburg, Memering, Zaczyk (70. Eigl), Reimann, Ettmayer, Volkert. Schiedsrichter: Hungerbühler (Schweiz); Zuschauer: 35 000; Tor: 0:1 Nogly (17.).

Am 3. März in Dresden:

Dynamo Dresden – FC Liverpool 0:0

DRESDEN: Boden, M. Müller, Ganzera, Schmuck, K. Müller, Häfner, Schade, Riedel, Sachse (76. Richter), Kotte, Heidler. LIVERPOOL: Clemence, Smith, Neal, Thompson, Kennedy, Hughes, Keegan, Case, Heighway, Fairclough (60. Hall), Callaghan. Schiedsrichter: Delcourt (Belgien); Zuschauer: 33 000.

Am 17. März in Liverpool:

FC Liverpool – Dynamo Dresden 2:1 (1:0)

LIVERPOOL: Clemence, Smith, Neal, Thompson, Kennedy, Hughes, Keegan, Case, Heighway (80. Fairclough), Toshack, Callaghan. DRESDEN: Boden, M. Müller, Ganzera, Schmuck, K. Müller, Häfner, Weber, Kreische, Riedel, Kotte, Heidler. Schiedsrichter: Wurtz (Frankreich); Zuschauer: 39 000; Tore: 1:0 Case (24.), 2:0 Keegan (47.), 2:1 Heidler (63.).

SEMIFINALE

Am 30. März in Barcelona:

FC Barcelona – FC Liverpool 0:1 (0:1)

BARCELONA: Mora, Marcial, Tome, Migueli, Corominas, Neeskens, Cruyff, Asensi, Rexach, Mir (77. Clares), Fortes. LIVERPOOL: Clemence, Hughes, Smith, Thompson, Neal, Kennedy, Case, Callaghan, Keegan, Heighway, Toshack. Schiedsrichter: Schiller (Österreich); Zuschauer: 75 000; Tor: 0:1 Toshack (13.).

Am 14. April in Liverpool:

FC Liverpool – FC Barcelona 1:1 (0:0)

LIVERPOOL: Clemence, Smith, Neal, Thompson, Hughes, Kennedy, Case (80. Hall), Heighway, Keegan, Toshack, Callaghan. BARCELONA: Mora, Costas, Migueli, Rife, Albaladejo (74. Tome), Corominas (79. De La Cruz), Neeskens, Marcial, Rexach, Cruyff, Heredia. Schiedsrichter: Lattanzi (Italien); Zuschauer: 55 000; Tore: 1:0 Thompson (51.), 1:1 Rexach (52.).

Am 31. März in Hamburg:

Hamburger SV – FC Brügge 1:1 (0:0)

HAMBURG: Kargus, Kaltz, Nogly, Blankenburg, Hidien, Björnmose, Ettmayer (76. Bertl), Zaczyk, Memering, Reimann, Volkert (76. Sperlich). BRÜGGE: Jensen, Bastijns, Leekens, Krieger, Volders, Cools, de Cubber, van der Eycken, van Gool, Lambert, Le Fevre (75. Sanders). Schiedsrichter: Palotai (Ungarn); Zuschauer: 50 000; Tore: 0:1 Lambert (48.), 1:1 Reimann (77.).

Am 14. April in Brügge:

FC Brügge – Hamburger SV 1:0 (0:0)

BRÜGGE: Jensen, Bastijns, Krieger, Leekens, Volders, Cools, van der Eycken, Le Fevre (82. Sanders), van Gool, Lambert, Hinderyckx (46. de Cubber). HAMBURG: Kargus, Kaltz, Blankenburg, Nogly, Hidien, Björnmose, Zaczyk, Memering, Bertl, Reimann, Volkert. Schiedsrichter: Davidson (Schottland); Zuschauer: 32 000; Tor: 1:0 Kaltz (85., Eigentor).

ENDSPIELE

Am 28. April in Liverpool.

FC Liverpool – FC Brügge 3:2 (0:2)

LIVERPOOL: Clemence, Hughes, Smith, Kennedy, Neal, Thompson, Callaghan, Keegan, Fairclough, Highway, Toshack (46. Case). BRÜGGE: Jensen, Bastijns, Krieger, Leekens, Volders, Cools, van der Eycken, de Cubber, van Gool, Lambert, Le Fevre. Schiedsrichter: Biwersi (Deutschland); Zuschauer: 56 000; Tore: 0:1 Lambert (5.), 0:2 Cools (12.), 1:2 Kennedy (58.), 2:2 Case (60.), 3:2 Keegan (65., Foulelfmeter).

Am 19. Mai in Brügge:

FC Brügge – FC Liverpool 1:1 (1:1)

BRÜGGE: Jensen, Bastijns, Krieger, Leekens, Volders, Cools, de Cubber (68. Hinderyckx), van der Eycken, van Gool, Lambert (75. Sanders), Le Fevre. LIVERPOOL: Clemence, Hughes, Neal, Kennedy, Thompson, Keegan, Callaghan, Smith, Case, Toshack (64. Fairclough), Heighway. Schiedsrichter: Glöckner (DDR); Zuschauer: 33 000; Tore: 1:0 Lambert (11., Handelfmeter); 1:1 Keegan (15.).

Belgien

	Punkte	Tore
1. FC Brügge	52:20	81:38
2. RSC Anderlecht	48:24	65:36
3. RWD Molenbeek	47:25	60:30
4. SC Lokeren	45:27	58:33
5. SV Waregem	44:28	61:39
6. Beveren-Waas	44:28	41:24
7. Beerschot Antwerpen	41:31	59:54
8. Standard Lüttich	39:33	53:46
9. Lierse SK	39:33	59:44
10. FC Lüttich	35:37	59:62
11. FC Antwerpen	34:38	40:55
12. AS Ostende	31:41	42:61
13. CS Brügge	31:41	41:52
14. La Louviere	30:42	42:59
15. FC Mechelen	29:43	45:62
16. SC Charleroi	27:45	47:62
17. FC Beringen	27:45	27:50
18. Berchem Sport	21:51	22:57
19. RC Mechelen	20:52	27:65

Pokalsieger: RSC Anderlecht (4:0 gegen Lierse SK).

Bulgarien

	Punkte	Tore
1. CSKA Sofia	43:17	61:30
2. Lewski/Spartak Sofia	41:19	58:33
3. Akademik Sofia	37:23	35:25
4. Lok Plowdiw	33:27	43:33
5. Slawia Sofia	32:28	43:41
6. Trakia Plowdiw	32:28	24:26
7. Sliwen	31:29	29:30
8. Lok Sofia	29:31	35:33
9. Dunaw Russe	29:31	32:38
10. Beroe Stara Zagora	28:32	35:39
11. Spartak Warna	27:33	32:33
12. Pirin Blagoewgrad	27:33	24:28
13. Botew Wratza	27:33	30:36
14. Minior Pernik	26:34	30:46
15. Tscherno More Warna	24:36	35:44
16. Spartak Plewen	14:46	32:63

Pokalsieger: Lewski/Spartak Sofia (4:3 n. V. gegen CSKA Sofia).

CSSR

	Punkte	Tore
1. Banik Ostrava	37:23	37:29
2. Slovan Bratislava	36:24	49:25
3. Slavia Prag	36:24	50:33
4. Dukla Prag	35:25	52:36
5. Union Teplice	32:28	36:44
6. Inter Bratislava	31:29	34:27
7. Zbrojovka Brünn	31:29	35:28
8. Lok Kosice	30:30	55:50
9. Bohemians Prag	30:30	35:31
10. Spartak Trnava	29:31	35:32
11. VSS Kosice	28:32	45:42
12. ZVL Zilina	28:32	38:42
13. Skoda Pilsen	27:33	34:48
14. Jednota Trencin	26:34	23:53
15. LIAZ Jablonec	24:36	28:51
16. TZ Trinec	20:40	22:37

Pokalsieger: Sparta Prag (3:2 und 1:0 gegen Slovan Bratislava).

Dänemark (1975)

	Punkte	Tore
1. Köge BK	41:19	61:31
2. Holbaek IF	41:19	59:37
3. Naestved IF	38:22	56:42
4. KB Kopenhagen	37:23	67:42
5. Esbjerg FB	34:26	38:34
6. BK 1903 Kopenhagen	33:27	52:36
7. Aalborg BK	33:27	62:49
8. Vanlöse IF	33:27	49:54
9. BK 1901 Nyköbing	30:30	43:55
10. Vejle BK	26:34	44:51
11. Frem Kopenhagen	26:34	43:52
12. Randers Freja	25:35	35:50
13. Fremad Amager	24:36	45:54
14. BK 1893 Kopenhagen	22:38	33:47
15. Slagelse IF	20:40	35:58
16. BK 1909 Odense	17:43	47:78

Pokalsieger: Esbjerg FB (2:1 gegen Holbaek IF).

DDR

	Punkte	Tore
1. Dynamo Dresden	43: 9	70:23
2. Berliner FC Dynamo	37:15	67:24
3. 1. FC Magdeburg	36:16	59:33
4. 1. FC Lok Leipzig	31:21	40:34
5. FC Carl Zeiss Jena	29:23	50:43
6. Wismut Aue	27:25	30:35
7. FC Rot-Weiß Erfurt	26:26	44:36
8. Hallescher FC Chemie	25:27	37:35
9. Sachsenring Zwickau	22:30	29:43
10. Stahl Riesa	21:31	35:46
11. FC Karl-Marx-Stadt	21:31	25:41
12. FC Vorw. Frankf./O.	20:32	41:57
13. Chemie Leipzig	14:38	25:62
14. Energie Cottbus	12:40	23:63

Pokalsieger: 1. FC Lok Leipzig (3:0 gegen FC Vorwärts Frankfurt/O.)

Eire

	Punkte
1. FC Dundalk	40:12
2. Finn Harps	34:18
3. FC Waterford	34:18
4. Cork Hibernians	31:21
5. FC Drogheda	28:24
6. Athlone Town	28:24
7. Cork Celtic	27:25
8. Bohemians Dublin	26:26
9. Shelbourne Dublin	21:31
10. Sligo Rovers	20:32
11. St. Patrick's Athletic	19:33
12. Home Farm	17:35
13. FC Limerick	16:36
14. Shamrock Rovers	15:37

Pokalsieger: Bohemians Dublin (1:0 gegen FC Drogheda).

England
I. Division

	Punkte	Tore
1. FC Liverpool	60:24	66:31
2. Queen's Park Rangers	59:25	67:33
3. Manchester United	56:28	68:42
4. Derby County	53:31	75:58
5. Leeds United	51:33	65:46
6. Ipswich Town	46:38	54:48
7. Leicester City	45:39	48:51
8. Manchester City	43:41	64:46
9. Tottenham Hotspur	43:41	63:63
10. Norwich City	42:42	58:58
11. FC Everton	42:42	60:66
12. Stoke City	41:43	48:50
13. FC Middlesbrough	40:44	46:45
14. Coventry City	40:44	47:57
15. Newcastle United	39:45	71:62
16. Aston Villa	39:45	51:59
17. Arsenal London	36:48	47:53
18. West Ham United	36:48	48:71
19. Birmingham City	33:51	57:75
20. Wolverh. Wanderers	30:54	51:68
21. FC Burnley	28:56	43:66
22. Sheffield United	22:62	33:82

Pokalsieger: FC Southampton (1:0 gegen Manchester United).

Finnland (1975)

	Punkte	Tore
1. Turun Palloseura	32:12	34:18
2. Kuopion Palloseura	30:14	40:24
3. Kokkolan P.-Veikot	27:17	31:21
4. Mikkelin P.-Kissat	26:18	40:27
5. Kuopion P.-Toverit	26:18	32:22
6. Reipas Lahti	23:21	47:35
7. Vaasan Palloseura	22:22	29:28
8. HJK Helsinki	18:26	29:37
9. Mikkelin Palloilijat	18:26	23:36
10. Valkeakosken Haka	15:29	21:36
11. Oulun Työväen	15:29	19:38
12. Myllykosken Pallo	12:32	22:45

Pokalsieger: Reipas Lahti.

Frankreich

	Punkte	Tore
1. AS Saint-Etienne	57 6*	68:39
2. OGC Nizza	54 7	67:40
3. FC Sochaux	52 6	59:50
4. FC Nantes	50 6	67:44
5. Stade Reims	47 5	68:49
6. FC Metz	47 7	72:62
7. AS Nancy	45 7	67:59
8. SEC Bastia	45 4	59:53
9. Olympique Marseille	42 1	60:60
10. Girondins Bordeaux	40 1	59:59
11. Olympique Nimes	40 3	50:53
12. US Valenciennes	40 4	44:54
13. Olympique Lille	40 4	59:73
14. Paris St-Germain	39 2	63:60
15. RC Lens	38 2	58:66
16. Olympique Lyon	37 4	55:61
17. Troyes-Aubes	37 3	48:54
18. AS Monaco	35 2	53:73
19. Racing Strassburg	32 3	39:56
20. Olympique Avignon	20 0	30:80

* Für einen Sieg mit mindestens drei Toren Unterschied gibt es einen Bonuspunkt.
Pokalsieger: Olympique Marseille (2:0 gegen Olympique Lyon).

Griechenland

	Punkte	Tore
1. PAOK Saloniki	49:11	60:17
2. AEK Athen	44:16	57:18
3. Olympiakos Piräus	41:19	48:28
4. Panathinaikos Athen	38:22	47:28
5. Iannina	36:24	40:32
6. Aris Saloniki	35:25	50:27
7. Ethnikos Piräus	29:31*	43:39
8. Iraklis Saloniki	27:33	33:39
9. Atromitos Athen	26:34*	27:33
10. Panachaiki Patras	25:35	22:35
11. Pierikos	23:37	26:38
12. Panionios Athen	22:38	15:36
13. Kastoria	22:38	21:45
14. Apollon Athen	21:39	26:49
15. Panaitolikos Agrinion	19:41	17:41
16. Panseraikos Serres	17:43	21:47

* Je drei Punkte Abzug wegen Bestechung.
Pokalsieger: Iraklis Saloniki (4:4 n. V. und 6:5 nach Elfmeterschießen gegen Olympiakos Piräus).

Island (1975)

	Punkte	Tore
1. Akranes Reykjavik	19: 9	28:13
2. Fram Reykjavik	17:11	19:17
3. Valur Reykjavik	16:12	20:16
4. Vikingur Reykjavik	15:13	17:10
5. IBK Keflavik	13:15	13:12
6. FH Hafnavird	13:15	9:20
7. KR Reykjavik	10:16	11:16
8. IBV Vestmannaeyjar	9:17	13:26

Pokalsieger: IBK Keflavik.

Italien

	Punkte	Tore
1. AC Turin	45:15	49:22
2. Juventus Turin	43:17	46:26
3. AC Milan	38:22	42:28
4. Inter Mailand	37:23	36:28
5. SSC Neapel	36:24	40:27
6. AC Cesena	32:28	39:35
7. FC Bologna	32:28	32:32
8. AC Perugia	31:29	31:34
9. FC Florenz	27:33	39:39
10. AS Rom	25:35	25:31
11. Hellas Verona	24:36	35:46
12. Sampdoria Genua	24:36	21:32
13. Lazio Rom	23:37	35:40
14. Ascoli Calcio	23:37	19:34
15. AC Como	21:39	28:36
16. US Cagliari	19:41	25:52

Pokalsieger: SSC Neapel (4:0 gegen Hellas Verona).

Jugoslawien

	Punkte	Tore
1. Partizan Belgrad	50:18	60:30
2. Hajduk Split	49:19	56:22
3. Dinamo Zagreb	44:24	38:23
4. Roter Stern Belgrad	41:27	53:30
5. Vojvodina Novi Sad	34:34	41:32
6. Sloboda Tuzla	33:35	46:42
7. FC Sarajevo	33:35	45:50
8. OFK Belgrad	33:35	40:48
9. Velez Mostar	32:36	39:37
10. Borac Banja Luka	32:36	34:40
11. FK Rijeka	31:37	35:37
12. Zeljeznicar Sarajevo	31:37	40:47
13. Celik Zenica	30:38	29:35
14. Olimpija Ljubljana	30:38	37:44
15. Radnicki Nis	29:39	30:41
16. Buducnost Titograd	29:39	24:42
17. Vadar Skoplje	28:40	27:36
18. Radnicki Kragujevac	21:47	26:60

Pokalsieger: Hajduk Split (1:0 n. V. gegen Dinamo Zagreb).

Luxemburg

	Punkte	Tore
1. Jeunesse Esch	34:10	60:24
2. Red Boys Differdingen	30:14	46:24
3. US Rümelingen	25:19	32:21
4. Etzella Ettelbrück	25:19	39:29
5. Aris Bonneweg	24:20	31:23
6. Progres Niedercorn	22:22	30:37
7. Chiers Rodange	21:23	36:39
8. Avenir Beggen	20:24	28:29
9. Alliance Düdelingen	20:24	36:39
10. Stade Düdelingen	18:26	27:31
11. Union Luxemburg	17:27	20:35
12. Fola Esch	8:36	14:58

Pokalsieger: Jeunesse Esch (2:1 gegen Aris Bonneweg).

Niederlande

	Punkte	Tore
1. PSV Eindhoven	53:15	89:27
2. Feyenoord Rotterdam	52:16	88:40
3. Ajax Amsterdam	50:18	74:38
4. FC Twente Enschede	46:22	64:32
5. AZ '67 Alkmaar	39:29	46:39
6. FC Den Haag	37:31	65:51
7. NEC Nijmegen	37:31	43:38
8. Roda JC Kerkrade	37:31	40:36
9. Telstar Velsen	29:39	42:48
10. Sparta Rotterdam	29:39	32:42
11. NAC Breda	28:40	26:53
12. De Graafschap	28:40	41:69
13. Go Ahead Deventer	27:41	43:58
14. FC Utrecht	27:41	36:57
15. EEV Eindhoven	27:41	40:63
16. FC Amsterdam	24:44	39:52
17. MVV Maastricht	23:45	34:64
18. Excelsior Rotterdam	19:49	24:59

Pokalsieger: PSV Eindhoven (1:0 n. V. gegen Roda JC Kerkrade).

Nordirland

	Punkte
1. Crusaders Belfast	32:12
2. Glentoran Belfast	30:14
3. FC Coleraine	28:16
4. FC Linfield Belfast	26:18
5. Bangor City	23:21
6. Ballymena United	19:25
7. FC Portadown	17:27
8. Ards Newtonards	17:27
9. Larne	15:29
10. Cliftonville Belfast	15:29
11. Glenavon Belfast	14:30
12. Distillery Belfast	9:35

Pokalsieger: Carrick Rangers (2:1 gegen FC Linfield Belfast).

Norwegen (1975)

	Punkte	Tore
1. Viking Stavanger	30:14	38:20
2. Brann Bergen	27:17	36:27
3. Start Kristiansand	27:17	29:20
4. Rosenborg Trondheim	27:17	36:28
5. Strömsgod. Drammen	24:20	39:27
6. Mjöndalen Drammen	24:20	21:21
7. Lilleström	23:21	27:20
8. Molde FK	22:22	27:29
9. FK Fredrikstad	22:22	31:25
10. Skeid Oslo	17:27	18:23
11. Valerengens Oslo	16:28	19:36
12. Os Bergen	5:39	15:60

Pokalsieger: Bodö Glint (2:0 gegen Vard Haugesund).

Österreich

	Punkte	Tore
1. Austria-WAC	52:20	77:29
2. Wacker Innsbruck	45:27	68:38
3. Rapid Wienerberger	40:32	55:50
4. Austria Salzburg	39:33	47:48
5. Admira-Wacker	36:36	51:54
6. VÖEST Linz	35:37	44:44
7. Linzer ASK	31:41	46:55
8. Sturm Graz	30:42	38:51
9. Grazer AK	29:43	39:60
10. Austria Klagenfurt	23:49	30:66

Pokalsieger: Rapid Wienerberger (1:2 und 1:0 gegen Wacker Innsbruck). Rapid Sieger durch Auswärtstor.

Polen

	Punkte	Tore
1. Stal Mielec	38:22	45:23
2. GKS Tychy	38:22	38:34
3. Wisla Krakau	37:23	39:19
4. Ruch Chorzow	37:23	34:24
5. Widzew Lodz	32:28	33:33
6. Pogon Szczecin	31:29	46:41
7. Slask Wroclaw	31:29	36:33
8. Legia Warschau	29:31	44:46
9. Gornik Zabrze	28:32	38:39
10. Zaglebie Sosnowiec	28:32	37:38
11. ROW Rybnik	28:32	30:40
12. Lech Posen	27:33	33:46
13. LKS Lodz	26:34	27:33
14. Szombierki Bytom	25:35	37:42
15. Stal Rzeszow	24:36	23:35
16. Polonia Bytom	21:39	19:33

Pokalsieger: Slask Wroclaw (2:0 gegen Stal Mielec).

Portugal

	Punkte	Tore
1. Benfica Lissabon	50:10	94:20
2. Boavista Porto	48:12	65:23
3. Belenenses Lissabon	40:20	45:28
4. FC Porto	39:21	73:33
5. Sporting Lissabon	38:22	54:28
6. Vitoria Guimaraes	36:24	49:32
7. Braga	28:32	35:43
8. Estoril-Praia	28:32	31:45
9. Vitoria Setubal	26:34	39:42
10. Academica Coimbra	23:37	32:47
11. Atletico Lissabon	23:37	23:49
12. Leixoes Porto	22:38	30:65
13. FC Beira-Mar	21:39	28:47
14. Tomar	21:39	32:61
15. FC Farense	19:41	33:65
16. CUF Barreiro	18:42	15:50

Pokalsieger: Boavista Porto (2:1 gegen Vitoria Guimaraes).

Rumänien

	Punkte	Tore
1. Steaua Bukarest	51:17	79:33
2. Dinamo Bukarest	44:24	68:35
3. ASA Tirgu Mures	38:30	48:42
4. Sportul Bukarest	37:31	52:41
5. Politehnica Timisoara	37:31	54:52
6. Universitatea Craiova	36:32	41:32
7. SC Bacau	35:33	37:35
8. CSM Resita	34:34	39:55
9. Bihor	33:35	43:46
10. FC Constanta	32:36	34:36
11. FC Arges Pitesti	32:36	36:47
12. Jiul Petroseni	32:36	42:54
13. Politehnica Iassi	31:37	46:50
14. Rapid Bukarest	31:37	40:47
15. UTA Arad	31:37	46:56
16. Olimpia Sathmar	31:37	35:56
17. CFR Cluj	28:40	30:39
18. Universitatea Cluj	19:49	30:45

Pokalsieger: Steaua Bukarest (1:0 gegen CSU Galati).

Schottland

	Punkte	Tore
1. Glasgow Rangers	54:18	60:24
2. Celtic Glasgow	48:24	71:42
3. Hibernian Edinburgh	43:29	55:43
4. FC Motherwell	40:32	57:49
5. Hearts of Midlothian	35:37	39:45
6. Ayr United	33:39	46:59
7. FC Aberdeen	32:40	49:50
8. Dundee United	32:40	46:48
9. FC Dundee	32:40	49:62
10. FC St. Johnstone	11:61	29:79

Pokalsieger: Glasgow Rangers (3:1 gegen Hearts of Midlothian).

Schweden (1975)

	Punkte	Tore
1. Malmö FF	42:10	53:17
2. Östers Växjö	37:15	66:26
3. Djurgard. Stockholm	34:18	36:25
4. BOIS Landskrona	30:22	32:32
5. AIK Stockholm	29:23	43:30
6. Atvidabergs FF	26:26	31:39
7. Örebro SK	25:27	34:35
8. IFK Norrköping	23:29	44:49
9. Elfsborg Boras	23:29	35:44
10. Hammarby IF	22:30	49:44
11. Örgryte IS Göteborg	21:31	31:42
12. Halmstad BK	19:33	28:36
13. GAIS Göteborg	19:33	24:41
14. GJF Sundsvall	14:38	21:56

Pokalsieger: Malmö FF (1:0 gegen Djurgardens Stockholm).

Schweiz

	Punkte	Tore
1. FC Zürich	44: 8	69:26
2. Servette Genf	39:13	50:14
3. FC Basel	34:18	59:38
4. Grasshoppers Zürich	32:20	54:37
5. Young Boys Bern	31:21	41:27
6. Neuchatel Xamax	30:22	37:25
7. FC St. Gallen	27:25	41:39
8. Lausanne Sports	26:26	35:39
9. FC Sion	21:31	40:54
10. CS Chenois	19:33	30:42
11. FC Winterthur	18:34	34:65
12. FC Lugano	16:36	19:37
13. FC La Chaux-de-Fonds	14:38	27:61
14. FC Biel	13:39	26:58

Pokalsieger: FC Zürich (1:0 gegen Servette Genf).

Spanien

	Punkte	Tore
1. Real Madrid	48:20	54:26
2. FC Barcelona	34:25	61:41
3. Atletico Madrid	42:26	60:38
4. Espanol Barcelona	40:28	48:45
5. Atletico Bilbao	39:29	43:38
6. Hercules Alicante	36:32	33:37
7. Betis Sevilla	35:33	34:49
8. Real San Sebastian	34:34	45:45
9. FC Salamanca	34:34	31:33
10. FC Valencia	32:36	43:41
11. FC Sevilla	32:36	35:39
12. Rac. Santander	32:36	45:56
13. Real Saragossa	30:38	45:43
14. Union Las Palmas	30:38	38:43
15. FC Elche	28:40	38:49
16. Real Oviedo	27:41	41:45
17. FC Granada	26:42	29:50
18. Sporting Gijon	24:44	41:46

Pokalsieger: Atletico Madrid (1:0 gegen Real Saragossa).

Türkei

	Punkte	Tore
1. Trabzonspor	43:17	36:14
2. Fenerbahce Istanbul	40:20	40:18
3. Galatasaray Istanbul	37:23	36:23
4. Adanaspor	36:24	36:27
5. Altay Izmir	31:29	30:30
6. Giresunspor	28:32	27:27
7. Boluspor	28:32	34:38
8. Eskisehirspor	27:33	29:29
9. Bursaspor	27:33	30:33
10. Besiktas Istanbul	27:33	25:32
11. Orduspor	27:33	20:27
12. Adanademirspor	27:33	26:34
13. Zonguldakspor	26:34	25:25
14. Göztepe Izmir	26:34	31:32
15. Ankaragücü	25:35	33:48
16. Balikesirspor	25:35	18:39

Pokalsieger: Galatasaray Istanbul (1:0 und 0:1 und 5:4 im Elfmeterschießen gegen Trabzonspor).

UdSSR (1975)

	Punkte	Tore
1. Dynamo Kiew	43:17	53:30
2. Schachtjor Donezk	38:22	45:23
3. Dynamo Moskau	38:22	39:23
4. Torpedo Moskau	34:26	42:33
5. Ararat Jerewan	34:26	40:38
6. Karpatij Lwow	32:28	36:28
7. Dnjepropetrowsk	31:29	33:30
8. Dynamo Tbilisi	31:29	32:32
9. Sarja Woroschilowgr.	31:29	32:37
10. Spartak Moskau	28:32	27:30
11. Lok. Moskau	26:34	28:33
12. Tschern. Odessa	26:34	27:35
13. CSKA Moskau	25:35	29:36
14. Zenit Leningrad	24:36	27:42
15. Pachtakor Taschkent	23:37	31:44
16. SKA Rostow	16:44	23:50

Pokalsieger: Ararat Jerewan (2:1 gegen Sarja Woroschilowgrad).

Ungarn

	Punkte	Tore
1. Ferencvaros Budapest	46:14	65:38
2. Videot. Szekesfehervar	44:16	61:26
3. Ujpest Dozsa Budapest	42:18	79:51
4. Honved Budapest	36:24	47:32
5. Vasas Budapest	34:26	65:41
6. MTK/VM Budapest	29:31	53:41
7. Haladas Szombathely	29:31	36:43
8. BTC Salgotarjan	28:32	40:45
9. Banyasz Tatabanya	28:32	41:50
10. TE Zalaegerszeg	27:33	47:49
11. Raba ETO Györ	25:35	36:49
12. SC Csepel	25:35	35:48
13. Rakoczi Kaposvar	24:36	41:52
14. Diosgyör Miskolc	24:36	26:44
15. Bekecsaba	24:36	25:45
16. Szeged OL	15:45	27:70

Pokalsieger: Ferencvaros Budapest (1:0 gegen MTK/VM Budapest).

Mönchengladbach

Vorrunde	gegen	Res.	Pl.
14. 8. H	MSV Duisburg		
21. 8. A	Hertha BSC		
28. 8. H	VfL Bochum		
4. 9. A	Bor. Dortmund		
11. 9. H	Werder Bremen		
18. 9. A	Kaiserslautern		
25. 9. H	Rot-Weiß Essen		
2. 10. A	Eintr. Frankfurt		
9. 10. H	Fort. Düsseldorf		
23. 10. A	Braunschweig		
30. 10. H	Tennis Borussia		
6. 11. A	1. FC Köln		
13. 11. H	Schalke 04		
20. 11. A	Hamburger SV		
27. 11. H	Saarbrücken		
4. 12. A	Karlsruher SC		
11. 12. H	Bayern München		

Rückrunde	gegen		
15. 1. A	MSV Duisburg		
22. 1. H	Hertha BSC		
29. 1. A	VfL Bochum		
5. 2. H	Bor. Dortmund		
12. 2. A	Werder Bremen		
26. 2. H	Kaiserslautern		
5. 3. A	Rot-Weiß Essen		
12. 3. H	Eintr. Frankfurt		
19. 3. A	Fort. Düsseldorf		
26. 3. H	Braunschweig		
2. 4. A	Tennis Borussia		
12. 4. H	1. FC Köln		
16. 4. A	Schalke 04		
23. 4. H	Hamburger SV		
7. 5. A	Saarbrücken		
14. 5. H	Karlsruher SC		
21. 5. A	Bayern München		

Hamburger SV

Vorrunde	gegen	Res.	Pl.
14. 8. H	Bor. Dortmund		
21. 8. A	Werder Bremen		
28. 8. H	Kaiserslautern		
4. 9. A	Rot-Weiß Essen		
11. 9. H	Eintr. Frankfurt		
18. 9. A	Fort. Düsseldorf		
25. 9. H	Braunschweig		
2. 10. A	Tennis Borussia		
9. 10. H	1. FC Köln		
23. 10. A	Schalke 04		
30. 10. A	Bayern München		
6. 11. H	Saarbrücken		
13. 11. A	Karlsruher SC		
20. 11. H	Mönchengladbach		
27. 11. A	MSV Duisburg		
4. 12. H	Hertha BSC		
11. 12. A	VfL Bochum		

Rückrunde	gegen		
15. 1. A	Bor. Dortmund		
22. 1. H	Werder Bremen		
29. 1. A	Kaiserslautern		
5. 2. H	Rot-Weiß Essen		
12. 2. A	Eintr. Frankfurt		
26. 2. H	Fort. Düsseldorf		
5. 3. A	Braunschweig		
12. 3. H	Tennis Borussia		
19. 3. A	1. FC Köln		
26. 3. H	Schalke 04		
2. 4. H	Bayern München		
12. 4. A	Saarbrücken		
16. 4. H	Karlsruher SC		
23. 4. A	Mönchengladbach		
7. 5. H	MSV Duisburg		
14. 5. A	Hertha BSC		
21. 5. H	VfL Bochum		

FC Bayern München

Vorrunde	gegen	Res.	Pl.
14. 8. H	Fort. Düsseldorf		
21. 8. A	MSV Duisburg		
28. 8. H	Braunschweig		
4. 9. A	Hertha BSC		
11. 9. H	Tennis Borussia		
18. 9. A	VfL Bochum		
25. 9. H	1. FC Köln		
2. 10. A	Bor. Dortmund		
9. 10. H	Schalke 04		
23. 10. A	Werder Bremen		
30. 10. H	Hamburger SV		
6. 11. A	Kaiserslautern		
13. 11. H	Saarbrücken		
20. 11. A	Rot-Weiß Essen		
27. 11. A	Karlsruher SC		
4. 12. H	Eintr. Frankfurt		
11. 12. A	Mönchengladbach		

Rückrunde	gegen		
15. 1. A	Fort. Düsseldorf		
22. 1. H	MSV Duisburg		
29. 1. A	Braunschweig		
5. 2. H	Hertha BSC		
12. 2. A	Tennis Borussia		
26. 2. H	VfL Bochum		
5. 3. A	1. FC Köln		
12. 3. H	Bor. Dortmund		
19. 3. A	Schalke 04		
26. 3. H	Werder Bremen		
2. 4. A	Hamburger SV		
12. 4. H	Kaiserslautern		
16. 4. A	Saarbrücken		
23. 4. H	Rot-Weiß Essen		
7. 5. H	Karlsruher SC		
14. 5. A	Eintr. Frankfurt		
21. 5. H	Mönchengladbach		

1. FC Köln

Vorrunde		gegen	Res.	Pl.
14. 8.	H	Kaiserslautern		
21. 8.	A	Rot-Weiß Essen		
28. 8.	H	Eintr. Frankfurt		
4. 9.	A	Fort. Düsseldorf		
11. 9.	H	Braunschweig		
18. 9.	A	Tennis Borussia		
25. 9.	A	Bayern München		
2. 10.	H	Schalke 04		
9. 10.	A	Hamburger SV		
23. 10.	H	Saarbrücken		
30. 10.	A	Karlsruher SC		
6. 11.	H	Mönchengladbach		
13. 11.	A	MSV Duisburg		
20. 11.	H	Hertha BSC		
27. 11.	A	VfL Bochum		
4. 12.	H	Bor. Dortmund		
11. 12.	A	Werder Bremen		

Rückrunde		gegen		
15. 1.	A	Kaiserslautern		
22. 1.	H	Rot-Weiß Essen		
29. 1.	A	Eintr. Frankfurt		
5. 2.	H	Fort. Düsseldorf		
12. 2.	A	Braunschweig		
26. 2.	H	Tennis Borussia		
5. 3.	H	Bayern München		
12. 3.	A	Schalke 04		
19. 3.	H	Hamburger SV		
26. 3.	A	Saarbrücken		
2. 4.	H	Karlsruher SC		
12. 4.	A	Mönchengladbach		
16. 4.	H	MSV Duisburg		
23. 4.	A	Hertha BSC		
7. 5.	H	VfL Bochum		
14. 5.	A	Bor. Dortmund		
21. 5.	H	Werder Bremen		

Eintracht Braunschweig

Vorrunde		gegen	Res.	Pl.
14. 8.	H	Eintr. Frankfurt		
21. 8.	A	Fort. Düsseldorf		
28. 8.	A	Bayern München		
4. 9.	H	Tennis Borussia		
11. 9.	A	1. FC Köln		
18. 9.	H	Schalke 04		
25. 9.	A	Hamburger SV		
2. 10.	H	Saarbrücken		
9. 10.	A	Karlsruher SC		
23. 10.	H	Mönchengladbach		
30. 10.	A	MSV Duisburg		
6. 11.	H	Hertha BSC		
13. 11.	A	VfL Bochum		
20. 11.	H	Bor. Dortmund		
27. 11.	A	Werder Bremen		
4. 12.	H	Kaiserslautern		
11. 12.	A	Rot-Weiß Essen		

Rückrunde		gegen		
15. 1.	A	Eintr. Frankfurt		
22. 1.	H	Fort. Düsseldorf		
29. 1.	H	Bayern München		
5. 2.	A	Tennis Borussia		
12. 2.	H	1. FC Köln		
26. 2.	A	Schalke 04		
5. 3.	H	Hamburger SV		
12. 3.	A	Saarbrücken		
19. 3.	H	Karlsruher SC		
26. 3.	A	Mönchengladbach		
2. 4.	H	MSV Duisburg		
12. 4.	A	Hertha BSC		
16. 4.	H	VfL Bochum		
23. 4.	A	Bor. Dortmund		
7. 5.	H	Werder Bremen		
14. 5.	A	Kaiserslautern		
21. 5.	H	Rot-Weiß Essen		

FC Schalke 04

Vorrunde		gegen	Res.	Pl.
14. 8.	H	Werder Bremen		
21. 8.	A	Kaiserslautern		
28. 8.	H	Rot-Weiß Essen		
4. 9.	A	Eintr. Frankfurt		
11. 9.	H	Fort. Düsseldorf		
18. 9.	A	Braunschweig		
25. 9.	H	Tennis Borussia		
2. 10.	A	1. FC Köln		
9. 10.	A	Bayern München		
23. 10.	H	Hamburger SV		
30. 10.	A	Saarbrücken		
6. 11.	H	Karlsruher SC		
13. 11.	A	Mönchengladbach		
20. 11.	H	MSV Duisburg		
27. 11.	A	Hertha BSC		
4. 12.	H	VfL Bochum		
11. 12.	A	Bor. Dortmund		

Rückrunde		gegen		
15. 1.	A	Werder Bremen		
22. 1.	H	Kaiserslautern		
29. 1.	A	Rot-Weiß Essen		
5. 2.	H	Eintr. Frankfurt		
12. 2.	A	Fort. Düsseldorf		
26. 2.	H	Braunschweig		
5. 3.	A	Tennis Borussia		
12. 3.	H	1. FC Köln		
19. 3.	H	Bayern München		
26. 3.	A	Hamburger SV		
2. 4.	H	Saarbrücken		
12. 4.	A	Karlsruher SC		
16. 4.	H	Mönchengladbach		
23. 4.	A	MSV Duisburg		
7. 5.	H	Hertha BSC		
14. 5.	A	VfL Bochum		
21. 5.	H	Bor. Dortmund		

1. FC Kaiserslautern

Vorrunde		gegen	Res.	Pl.
14. 8.	A	1. FC Köln		
21. 8.	H	Schalke 04		
28. 8.	A	Hamburger SV		
4. 9.	H	Saarbrücken		
11. 9.	A	Karlsruher SC		
18. 9.	H	Mönchengladbach		
25. 9.	A	MSV Duisburg		
2. 10.	H	Hertha BSC		
9. 10.	A	VfL Bochum		
23. 10.	H	Bor. Dortmund		
30. 10.	A	Werder Bremen		
6. 11.	H	Bayern München		
13. 11.	H	Rot-Weiß Essen		
20. 11.	A	Eintr. Frankfurt		
27. 11.	H	Fort. Düsseldorf		
4. 12.	A	Braunschweig		
11. 12.	H	Tennis Borussia		

Rückrunde		gegen		
15. 1.	H	1. FC Köln		
22. 1.	A	Schalke 04		
29. 1.	H	Hamburger SV		
5. 2.	A	Saarbrücken		
12. 2.	H	Karlsruher SC		
26. 2.	A	Mönchengladbach		
5. 3.	H	MSV Duisburg		
12. 3.	A	Hertha BSC		
19. 3.	H	VfL Bochum		
26. 3.	A	Bor. Dortmund		
2. 4.	H	Werder Bremen		
12. 4.	A	Bayern München		
16. 4.	A	Rot-Weiß Essen		
23. 4.	H	Eintr. Frankfurt		
7. 5.	A	Fort. Düsseldorf		
14. 5.	H	Braunschweig		
21. 5.	A	Tennis Borussia		

Rot-Weiß Essen

Vorrunde		gegen	Res.	Pl.
14. 8.	A	Tennis Borussia		
21. 8.	H	1. FC Köln		
28. 8.	A	Schalke 04		
4. 9.	H	Hamburger SV		
11. 9.	A	Saarbrücken		
18. 9.	H	Karlsruher SC		
25. 9.	A	Mönchengladbach		
2. 10.	H	MSV Duisburg		
9. 10.	A	Hertha BSC		
23. 10.	H	VfL Bochum		
30. 10.	A	Bor. Dortmund		
6. 11.	H	Werder Bremen		
13. 11.	A	Kaiserslautern		
20. 11.	H	Bayern München		
27. 11.	A	Eintr. Frankfurt		
4. 12.	A	Fort. Düsseldorf		
11. 12.	H	Braunschweig		

Rückrunde		gegen		
15. 1.	H	Tennis Borussia		
22. 1.	A	1. FC Köln		
29. 1.	H	Schalke 04		
5. 2.	A	Hamburger SV		
12. 2.	H	Saarbrücken		
26. 2.	A	Karlsruher SC		
5. 3.	H	Mönchengladbach		
12. 3.	A	MSV Duisburg		
19. 3.	H	Hertha BSC		
26. 3.	A	VfL Bochum		
2. 4.	H	Bor. Dortmund		
12. 4.	A	Werder Bremen		
16. 4.	H	Kaiserslautern		
23. 4.	A	Bayern München		
7. 5.	H	Eintr. Frankfurt		
14. 5.	H	Fort. Düsseldorf		
21. 5.	A	Braunschweig		

Eintracht Frankfurt

Vorrunde		gegen	Res.	Pl.
14. 8.	A	Braunschweig		
21. 8.	H	Tennis Borussia		
28. 8.	A	1. FC Köln		
4. 9.	H	Schalke 04		
11. 9.	A	Hamburger SV		
18. 9.	H	Saarbrücken		
25. 9.	A	Karlsruher SC		
2. 10.	H	Mönchengladbach		
9. 10.	A	MSV Duisburg		
23. 10.	H	Hertha BSC		
30. 10.	A	VfL Bochum		
6. 11.	H	Bor. Dortmund		
13. 11.	A	Werder Bremen		
20. 11.	H	Kaiserslautern		
27. 11.	H	Rot-Weiß Essen		
4. 12.	A	Bayern München		
11. 12.	H	Fort. Düsseldorf		

Rückrunde		gegen		
15. 1.	H	Braunschweig		
22. 1.	A	Tennis Borussia		
29. 1.	H	1. FC Köln		
5. 2.	A	Schalke 04		
12. 2.	H	Hamburger SV		
26. 2.	A	Saarbrücken		
5. 3.	H	Karlsruher SC		
12. 3.	A	Mönchengladbach		
19. 3.	H	MSV Duisburg		
26. 3.	A	Hertha BSC		
2. 4.	H	VfL Bochum		
12. 4.	A	Bor. Dortmund		
16. 4.	H	Werder Bremen		
23. 4.	A	Kaiserslautern		
7. 5.	A	Rot-Weiß Essen		
14. 5.	H	Bayern München		
21. 5.	A	Fort. Düsseldorf		

MSV Duisburg

Vorrunde		gegen	Res.	Pl.
14. 8.	A	Mönchengladbach		
21. 8.	H	Bayern München		
28. 8.	H	Hertha BSC		
4. 9.	A	VfL Bochum		
10. 9.	H	Bor. Dortmund		
18. 9.	A	Werder Bremen		
25. 9.	H	Kaiserslautern		
2. 10.	A	Rot-Weiß Essen		
9. 10.	H	Eintr. Frankfurt		
23. 10.	A	Fort. Düsseldorf		
30. 10.	H	Braunschweig		
6. 11.	A	Tennis Borussia		
13. 11.	H	1. FC Köln		
20. 11.	A	Schalke 04		
27. 11.	H	Hamburger SV		
4. 12.	A	Saarbrücken		
11. 12.	H	Karlsruher SC		

Rückrunde		gegen		
15. 1.	H	Mönchengladbach		
22. 1.	A	Bayern München		
29. 1.	A	Hertha BSC		
5. 2.	H	VfL Bochum		
12. 2.	A	Bor. Dortmund		
26. 2.	H	Werder Bremen		
5. 3.	A	Kaiserslautern		
12. 3.	H	Rot-Weiß Essen		
19. 3.	A	Eintr. Frankfurt		
26. 3.	H	Fort. Düsseldorf		
2. 4.	A	Braunschweig		
12. 4.	H	Tennis Borussia		
16. 4.	A	1. FC Köln		
23. 4.	H	Schalke 04		
7. 5.	A	Hamburger SV		
14. 5.	H	Saarbrücken		
21. 5.	A	Karlsruher SC		

Hertha BSC Berlin

Vorrunde		gegen	Res.	Pl.
14. 8.	A	Karlsruher SC		
21. 8.	H	Mönchengladbach		
28. 8.	A	MSV Duisburg		
4. 9.	H	Bayern München		
11. 9.	H	VfL Bochum		
18. 9.	A	Bor. Dortmund		
21. 9.	H	Werder Bremen		
2. 10.	A	Kaiserslautern		
9. 10.	H	Rot-Weiß Essen		
23. 10.	A	Eintr. Frankfurt		
30. 10.	H	Fort. Düsseldorf		
6. 11.	A	Braunschweig		
13. 11.	H	Tennis Borussia		
20. 11.	A	1. FC Köln		
27. 11.	H	Schalke 04		
4. 12.	A	Hamburger SV		
11. 12.	H	Saarbrücken		

Rückrunde		gegen		
15. 1.	H	Karlsruher SC		
22. 1.	A	Mönchengladbach		
29. 1.	H	MSV Duisburg		
5. 2.	A	Bayern München		
12. 2.	A	VfL Bochum		
26. 2.	H	Bor. Dortmund		
5. 3.	A	Werder Bremen		
12. 3.	H	Kaiserslautern		
19. 3.	A	Rot-Weiß Essen		
26. 3.	H	Eintr. Frankfurt		
2. 4.	A	Fort. Düsseldorf		
12. 4.	H	Braunschweig		
16. 4.	A	Tennis Borussia		
23. 4.	H	1. FC Köln		
7. 5.	A	Schalke 04		
14. 5.	H	Hamburger SV		
21. 5.	A	Saarbrücken		

Fortuna Düsseldorf

Vorrunde		gegen	Res.	Pl.
14. 8.	A	Bayern München		
21. 8.	H	Braunschweig		
28. 8.	A	Tennis Borussia		
4. 9.	H	1. FC Köln		
11. 9.	A	Schalke 04		
18. 9.	H	Hamburger SV		
25. 9.	A	Saarbrücken		
2. 10.	H	Karlsruher SC		
9. 10.	A	Mönchengladbach		
23. 10.	H	MSV Duisburg		
30. 10.	A	Hertha BSC		
6. 11.	H	VfL Bochum		
13. 11.	A	Bor. Dortmund		
20. 11.	H	Werder Bremen		
27. 11.	A	Kaiserslautern		
4. 12.	H	Rot-Weiß Essen		
11. 12.	A	Eintr. Frankfurt		

Rückrunde		gegen		
15. 1.	H	Bayern München		
22. 1.	A	Braunschweig		
29. 1.	H	Tennis Borussia		
5. 2.	A	1. FC Köln		
12. 2.	H	Schalke 04		
26. 2.	A	Hamburger SV		
5. 3.	H	Saarbrücken		
12. 3.	A	Karlsruher SC		
19. 3.	H	Mönchengladbach		
26. 3.	A	MSV Duisburg		
2. 4.	H	Hertha BSC		
12. 4.	A	VfL Bochum		
16. 4.	H	Bor. Dortmund		
23. 4.	A	Werder Bremen		
7. 5.	H	Kaiserslautern		
14. 5.	A	Rot-Weiß Essen		
21. 5.	H	Eintr. Frankfurt		

Werder Bremen

Vorrunde		gegen	Res.	Pl.
14.	8.	A Schalke 04		
21.	8.	H Hamburger SV		
28.	8.	A Saarbrücken		
4.	9.	H Karlsruher SC		
11.	9.	A Mönchengladbach		
18.	9.	H MSV Duisburg		
21.	9.	A Hertha BSC		
2.	10.	H VfL Bochum		
9.	10.	A Bor. Dortmund		
23.	10.	H Bayern München		
30.	10.	H Kaiserslautern		
6.	11.	A Rot-Weiß Essen		
13.	11.	H Eintr. Frankfurt		
20.	11.	A Fort. Düsseldorf		
27.	11.	H Braunschweig		
4.	12.	A Tennis Borussia		
11.	12.	H 1. FC Köln		

Rückrunde		gegen		
15.	1.	H Schalke 04		
22.	1.	A Hamburger SV		
29.	1.	H Saarbrücken		
5.	2.	A Karlsruher SC		
12.	2.	H Mönchengladbach		
26.	2.	A MSV Duisburg		
5.	3.	H Hertha BSC		
12.	3.	A VfL Bochum		
19.	3.	H Bor. Dortmund		
26.	3.	A Bayern München		
2.	4.	A Kaiserslautern		
12.	4.	H Rot-Weiß Essen		
16.	4.	A Eintr. Frankfurt		
23.	4.	H Fort. Düsseldorf		
7.	5.	A Braunschweig		
14.	5.	H Tennis Borussia		
21.	5.	A 1. FC Köln		

VfL Bochum

Vorrunde		gegen	Res.	Pl.
14.	8.	A Saarbrücken		
21.	8.	H Karlsruher SC		
28.	8.	A Mönchengladbach		
4.	9.	H MSV Duisburg		
11.	9.	A Hertha BSC		
18.	9.	H Bayern München		
25.	9.	H Bor. Dortmund		
2.	10.	A Werder Bremen		
9.	10.	H Kaiserslautern		
23.	10.	A Rot-Weiß Essen		
30.	10.	H Eintr. Frankfurt		
6.	11.	A Fort. Düsseldorf		
13.	11.	H Braunschweig		
20.	11.	A Tennis Borussia		
27.	11.	H 1. FC Köln		
4.	12.	A Schalke 04		
11.	12.	H Hamburger SV		

Rückrunde		gegen		
15.	1.	H Saarbrücken		
22.	1.	A Karlsruher SC		
29.	1.	H Mönchengladbach		
5.	2.	A MSV Duisburg		
12.	2.	H Hertha BSC		
26.	2.	A Bayern München		
5.	3.	A Bor. Dortmund		
12.	3.	H Werder Bremen		
19.	3.	A Kaiserslautern		
26.	3.	H Rot-Weiß Essen		
2.	4.	A Eintr. Frankfurt		
12.	4.	H Fort. Düsseldorf		
16.	4.	A Braunschweig		
23.	4.	H Tennis Borussia		
7.	5.	A 1. FC Köln		
14.	5.	H Schalke 04		
21.	5.	A Hamburger SV		

Karlsruher SC

Vorrunde		gegen	Res.	Pl.
14.	8.	H Hertha BSC		
21.	8.	A VfL Bochum		
28.	8.	H Bor. Dortmund		
4.	9.	A Werder Bremen		
11.	9.	H Kaiserslautern		
18.	9.	A Rot-Weiß Essen		
25.	9.	H Eintr. Frankfurt		
2.	10.	A Fort. Düsseldorf		
9.	10.	H Braunschweig		
23.	10.	A Tennis Borussia		
30.	10.	H 1. FC Köln		
6.	11.	A Schalke 04		
13.	11.	H Hamburger SV		
20.	11.	A Saarbrücken		
27.	11.	H Bayern München		
4.	12.	H Mönchengladbach		
11.	12.	A MSV Duisburg		

Rückrunde		gegen		
15.	1.	A Hertha BSC		
22.	1.	H VfL Bochum		
29.	1.	A Bor. Dortmund		
5.	2.	H Werder Bremen		
12.	2.	A Kaiserslautern		
26.	2.	H Rot-Weiß Essen		
5.	3.	A Eintr. Frankfurt		
12.	3.	H Fort. Düsseldorf		
19.	3.	A Braunschweig		
26.	3.	H Tennis Borussia		
2.	4.	A 1. FC Köln		
12.	4.	H Schalke 04		
16.	4.	A Hamburger SV		
23.	4.	H Saarbrücken		
7.	5.	A Bayern München		
14.	5.	A Mönchengladbach		
21.	5.	H MSV Duisburg		

1. FC Saarbrücken

Vorrunde		gegen	Res.	Pl.
14. 8.	H	VfL Bochum		
21. 8.	A	Bor. Dortmund		
28. 8.	H	Werder Bremen		
4. 9.	A	Kaiserslautern		
11. 9.	H	Rot-Weiß Essen		
18. 9.	A	Eintr. Frankfurt		
25. 9.	H	Fort. Düsseldorf		
2. 10.	A	Braunschweig		
9. 10.	H	Tennis Borussia		
23. 10.	A	1. FC Köln		
30. 10.	H	Schalke 04		
6. 11.	A	Hamburger SV		
13. 11.	A	Bayern München		
20. 11.	H	Karlsruher SC		
27. 11.	A	Mönchengladbach		
4. 12.	H	MSV Duisburg		
11. 12.	A	Hertha BSC		

Rückrunde		gegen		
15. 1.	A	VfL Bochum		
22. 1.	H	Bor. Dortmund		
29. 1.	A	Werder Bremen		
5. 2.	H	Kaiserslautern		
12. 2.	A	Rot-Weiß Essen		
26. 2.	H	Eintr. Frankfurt		
5. 3.	A	Fort. Düsseldorf		
12. 3.	H	Braunschweig		
19. 3.	A	Tennis Borussia		
26. 3.	H	1. FC Köln		
2. 4.	A	Schalke 04		
12. 4.	H	Hamburger SV		
16. 4.	H	Bayern München		
23. 4.	A	Karlsruher SC		
7. 5.	H	Mönchengladbach		
14. 5.	A	MSV Duisburg		
21. 5.	H	Hertha BSC		

Tennis Borussia Berlin

Vorrunde		gegen	Res.	Pl.
14. 8.	H	Rot-Weiß Essen		
21. 8.	A	Eintr. Frankfurt		
28. 8.	H	Fort. Düsseldorf		
4. 9.	A	Braunschweig		
11. 9.	A	Bayern München		
18. 9.	H	1. FC Köln		
25. 9.	A	Schalke 04		
2. 10.	H	Hamburger SV		
9. 10.	A	Saarbrücken		
23. 10.	H	Karlsruher SC		
30. 10.	A	Mönchengladbach		
6. 11.	H	MSV Duisburg		
13. 11.	A	Hertha BSC		
20. 11.	H	VfL Bochum		
27. 11.	A	Bor. Dortmund		
4. 12.	H	Werder Bremen		
11. 12.	A	Kaiserslautern		

Rückrunde		gegen		
15. 1.	A	Rot-Weiß Essen		
22. 1.	H	Eintr. Frankfurt		
29. 1.	A	Fort. Düsseldorf		
5. 2.	H	Braunschweig		
12. 2.	H	Bayern München		
26. 2.	A	1. FC Köln		
5. 3.	H	Schalke 04		
12. 3.	A	Hamburger SV		
19. 3.	H	Saarbrücken		
26. 3.	A	Karlsruher SC		
2. 4.	H	Mönchengladbach		
12. 4.	A	MSV Duisburg		
16. 4.	H	Hertha BSC		
23. 4.	A	VfL Bochum		
7. 5.	H	Bor. Dortmund		
14. 5.	A	Werder Bremen		
21. 5.	H	Kaiserslautern		

Borussia Dortmund

Vorrunde		gegen	Res.	Pl.
14. 8.	A	Hamburger SV		
21. 8.	H	Saarbrücken		
28. 8.	A	Karlsruher SC		
4. 9.	H	Mönchengladbach		
10. 9.	A	MSV Duisburg		
18. 9.	H	Hertha BSC		
25. 9.	A	VfL Bochum		
2. 10.	H	Bayern München		
9. 10.	H	Werder Bremen		
23. 10.	A	Kaiserslautern		
30. 10.	H	Rot-Weiß Essen		
6. 11.	A	Eintr. Frankfurt		
13. 11.	H	Fort. Düsseldorf		
20. 11.	A	Braunschweig		
27. 11.	H	Tennis Borussia		
4. 12.	A	1. FC Köln		
11. 12.	H	Schalke 04		

Rückrunde		gegen		
15. 1.	H	Hamburger SV		
22. 1.	A	Saarbrücken		
29. 1.	H	Karlsruher SC		
5. 2.	A	Mönchengladbach		
12. 2.	H	MSV Duisburg		
26. 2.	A	Hertha BSC		
5. 3.	H	VfL Bochum		
12. 3.	A	Bayern München		
19. 3.	A	Werder Bremen		
26. 3.	H	Kaiserslautern		
2. 4.	A	Rot-Weiß Essen		
12. 4.	H	Eintr. Frankfurt		
16. 4.	A	Fort. Düsseldorf		
23. 4.	H	Braunschweig		
7. 5.	A	Tennis Borussia		
14. 5.	H	1. FC Köln		
21. 5.	A	Schalke 04		